Jein! Bindungsängste erkennen und bewältigen

Stefanie Stahl

Jein!
Bindungsängste erkennen und bewältigen

Hilfe für Betroffene und deren Partner

Ellert & Richter Verlag

Inhalt

I. Die vielen Gesichter der Bindungsangst
7   Warum so viele Geschichten traurig enden
9   Ich bin sooo verliebt!
13 Ein Plädoyer für die Wahlfreiheit
17 Bindungsängste spielen gern Versteck: der Jäger, die Prinzessin, der Maurer
24 Jäger, Prinzessinnen und Maurer – die Gemeinsamkeiten der Beziehungsängstlichen
27 Hilfe für Betroffene – Hilfe für Partner
28 Flucht, Angriff, Totstellreflex: die Abwehrstrategien
59 Die drei Phasen einer Beziehung mit einem beziehungsängstlichen Menschen
67 Nebenwirkungen der Bindungsangst – Schwierigkeiten im Alltagsleben

II. Ursachen der Bindungsangst
71 Die Rolle der Mutter
77 Die Rolle des Vaters
79 Sicher oder unsicher – die verschiedenen Bindungsstile
79 Die sichere Bindung – „Ich bin okay, du bist okay!"
81 Die unsichere Bindung
82 Die anklammernde Bindung – „Ich bin nicht okay, aber du bist okay!"
84 Die ängstlich-vermeidende Bindung – „Ich bin nicht okay, und du bist nicht okay!"
86 EXKURS: Ein ungutes Paar. Bindungsangst und Narzissmus
92 Die gleichgültig-vermeidende Bindung – „Ich bin mir egal, und du bist mir egal!"
96 Spezialfall gleichgültiger Vermeider: Leise Narzissten und einsame Cowboys
107 Ohne Bindung kein Einfühlungsvermögen
109 Führt Bindungsangst zu einem schlechten Charakter?

111	Der kleine Unterschied: Bindungsängste bei Frauen und Männern
113	Bindungsangst und Aggression: Ohne Bindung kein guter Umgang mit Aggression, Wut und Konflikten
120	Erziehung, Enttäuschung und Gesellschaft – Ursachen, die im späteren Leben Beziehungsängste begünstigen
133	Produziert unsere Gesellschaft Bindungsphobiker?

III. Auswege aus der Bindungsangst für Betroffene

138	Warum sich der Weg lohnt
139	Acht Schritte aus der Bindungsangst – ein Wegweiser zu Selbsterkenntnis und Veränderung
161	EXKURS: Focusing – so finden Sie den Zugang zu Ihren Gefühlen
182	Sprachtipps für Menschen mit Beziehungsängsten

IV. Die Partner von Bindungsängstlichen. Auswege aus der Abhängigkeit

189	Ohnmächtige Copiloten – die Partner der Bindungsphobiker
196	Emotionaler Kontrollverlust – der Verstand sagt „Mach Schluss!", aber das Herz sagt „Bleib!"
198	Jeden kann der Wahnsinn treffen
201	Emotionaler Kontrollverlust und seine Folgen für den Partner
201	So erkennen Sie emotionalen Kontrollverlust
202	Acht Symptome und Wirkungsmechanismen der Partner von Bindungsängstlichen
223	Verheiratet mit einem Beziehungsphobiker – die Resignierten und die Träumer
224	Aufgerieben in der Beziehung – der Absturz in Angst und Depression
227	Negative Verstärkung – die Beziehung ist wie eine Sucht
229	Auswege aus dem Kontrollverlust – finden Sie wieder zu sich selbst
235	Auswege aus der Abhängigkeit: neun Hilfen, die den erwachsenen Anteil in Ihnen stärken
244	EXKURS: Warum komme ich immer an die Falschen? Bindungswunsch und Bindungszwang
267	Abschied von meinen Leserinnen und Lesern
267	Ein Nachwort für die PsychotherapeutInnen unter den Lesern
270	Danksagung
270	Anhang/Literatur

Before I fall in love
I'm preparing to leave her.
Robbie Williams

Die vielen Gesichter der Bindungsangst

Warum so viele Geschichten traurig enden

Oh bitte, lass diese Geschichte nicht traurig enden. So heißt es in einem Liebesroman von Martin Suter. Aber sie endet traurig. Und doch auch hoffnungsvoll, da die Liebesbeziehung zwar scheitert, der Protagonist aber an ihr reift. Der Roman endet damit, dass der Protagonist beginnt, einen Roman über seine traurige Liebe zu schreiben.

Im Leben enden viele Liebesgeschichten traurig, ohne dass die Protagonisten an ihnen reifen. Stattdessen begeben sie sich in die nächste Geschichte mit neuer Besetzung und kleinen Variationen in der Handlung. Jedoch der Plot, also der Aufbau der Geschichte, verändert sich nicht. Und sie endet wieder traurig. Dieses Buch möchte seine Leserinnen und Leser unterstützen, die eigenen Handlungen umzugestalten und neue Geschichten zu erleben, die ein Happy End wahrscheinlicher machen.

Es gibt sehr viele Beziehungsratgeber, eigentlich, so möchte man meinen, braucht die Welt keinen weiteren. Die meisten geben Ratschläge für Paare, die in ihrer Beziehung festgefahren sind. Paare, die nicht mehr miteinander reden können, ohne zu streiten. Oder Paare, die gar nicht streiten, deren Beziehung aber starr und öde geworden ist. Es werden hilfreiche Anregungen gegeben, wie man anders und besser miteinander reden kann, wie man wieder Respekt für den Partner entwickelt und wie man die Leidenschaft neu entfacht. Weiter gibt es Ratgeber, die die naturgegebenen Unterschiede zwischen Männern und Frauen betrachten und erklären, wie man es trotz dieser Unterschiede miteinander aushalten kann.

All diese Bücher bauen auf einer gemeinsamen Grundvoraussetzung auf: Dass sich zwei Menschen zusammengefunden haben, die sowohl fähig als auch gewillt sind, in einer Paarbeziehung zu leben. Sie wenden sich also an jene Menschen, die grundsätzlich in der Lage sind in einer Partnerschaft zu existieren. Auf diesem Fundament stehen alle weiteren Überlegungen zu den möglichen Ursachen von Partnerschaftsproblemen und deren Lösung. Genau in diesem Punkt unterscheidet sich dieses Buch. Es setzt einen Schritt früher an: Es beleuchtet jene tief liegenden und zumeist unbewussten Ängste, die nahe und vertrauensvolle Liebesbeziehungen von Anfang an zum Scheitern verurteilen. Was nicht bedeutet, dass die Betroffenen Beziehungen nicht anfangen – das tun sie zumeist. Dann aber sorgen sie dafür, teils bewusst, teils unbewusst, dass die Beziehung in die Brüche geht. Dieses Buch soll jene zerstörerischen Mechanismen ans Tageslicht bringen, die immer dann zum Zuge kommen, wenn ein Mensch sich eigentlich nach Nähe sehnt, aber mit der Nähe einer Beziehung gar nicht leben kann. Diesen Menschen und ihren Partnern ist nicht geholfen, wenn man ihnen goldene Regeln an die Hand gibt, wie man ein konstruktives Gespräch führt oder wie man sich die Hausarbeit und Kindererziehung am besten teilt. Ihre Probleme wurzeln auch nicht in den biologischen Unterschieden der Geschlechter. Das Scheitern ihrer Beziehungen findet auf einer tieferen Etage statt. Es sind die „Kellergeister" in der Psyche dieser Menschen, die aus diversen Ängsten dafür sorgen, dass echte Nähe nicht entstehen kann und jede Beziehung zerbricht.

Bindungsangst. Ein viel zitiertes und scheinbar bekanntes Phänomen. Kurioserweise fühlen sich die Betroffenen zumeist davon nicht angesprochen. Das habe ich oft beobachtet: Der Bindungsängstliche weist es in der Regel weit von sich, bindungsängstlich zu sein. Die betroffenen Partner waten durch ein Gewirr von Widersprüchlichkeiten und Ungereimtheiten im Verhalten des Begehrten (oder der Begehrten) und können das Phänomen auch nicht beim Namen nennen. Ebenso ergeht es denjenigen, die einen bindungsängstlichen Menschen zum Partner (unbedingt!) haben wollen, aber ihn irgendwie nicht einfangen, ihn nicht fest an sich binden können. Deshalb kennen wir zwar das treffliche Wort Bindungsangst, aber wenig Betroffene. Tatsächlich gibt es derer aber viele. Es wird jedoch selten die richtige „Diagnose" gestellt. Und dies liegt meines Erachtens an der Vielfalt der Gesichter, hinter denen sich Bindungsängste verstecken können. Deswegen möchte ich Ihnen die zahlreichen Gesichter der Bindungsangst vorstellen und die psychologischen Ursachen erklären. Denn nur durch das Erkennen und Verstehen ihrer Angst können Betroffene etwas für sich verändern. Auch die Partner oder Würde-gern-Partner von bindungsängstlichen Menschen können nur etwas an ihrem eigenen Verhalten ändern, wenn sie die Ursachen des Phänomens verstehen und damit auch ein Verständnis dafür gewinnen, was diese Menschen für sie so anziehend macht. Weiterhin werde ich konkrete Schritte beschreiben, wie man seine Bindungsängste bewältigen oder zumindest besser handhaben kann. Auch den Partnern möchte ich im letzten Abschnitt dieses Buches Hilfestellung für die Beziehung mit einem bindungsängstlichen Menschen geben. Letztlich soll dieses Buch dem Leser und der Leserin auch einen Kompass an die Hand geben, der zeigt, wie man Bindungsvermeider frühzeitig erkennt, möglichst bevor man sich hoffnungslos in sie verliebt und damit fast zwangsläufig in sein Unglück rennt.

Dieses Buch wendet sich an Laien und an Fachleute. Die Laien habe ich ganz bewusst vorangestellt, da mir sehr daran liegt, psychologisches Wissen so zu vermitteln, dass jeder davon profitieren kann.

Ich bin sooo verliebt!

Ganz gleich, ob bindungsängstliche oder bindungsfähige Menschen eine Beziehung beginnen, am Anfang steht meist das aufregende Gefühl des Verliebtseins. Deshalb möchte auch ich dieses Buch mit dem Phänomen des Verliebtseins beginnen. Die meisten Menschen haben dieses Gefühl schon mindestens einmal, zumeist mehrmals erlebt. Ich sage sehr wohl die meisten, nicht alle. Es ist ein alter Hut, dass die romantische Liebeshochzeit eine Erfindung des letzten Jahrhunderts ist und früher die Vernunftehe vorherrschte. In muslimischen Ländern sagt man noch heute: „Die Liebe kommt nach zehn Jahren." Das ist eigentlich sehr klug, da Liebe und Partnerschaft in erster Linie gegenseitige Verantwortung bedeuten, füreinander da sein in „guten wie in schlechten Zeiten". Ein tiefes Gefühl der Zuneigung stellt sich dann ein, wenn man gemeinsam durchs Leben geht, sich aufeinander verlassen kann und die Fürsorge und die Zuwendung des anderen spürt. Für dieses Gefühl ist es nicht unbedingt notwendig, dass man am Anfang der Beziehung verliebt war. Dieses Gefühl resultiert aus realen Erfahrungen mit dem Partner, die man über Jahre hinweg gemacht hat. In der ersten Verliebtheit projizieren wir dagegen vor allem unsere eigenen Sehnsüchte und Träume in den Partner. Wir sehen in ihm denjenigen, der all unsere Wünsche erfüllen wird. Mit Liebe hat dieser rauschhafte Zustand am Anfang vieler Beziehungen allerdings wenig zu tun. In unserer westlichen Welt ist es so, dass man sich zunächst verliebt und dann mit diesem Menschen, sofern die Liebe erwidert wird, eine Beziehung versucht. Wenn man Glück hat, geht die Verliebtheit in jene Liebe über, die über die Jahre, manchmal bis zum Tod trägt. Ob sich diese Liebe wirklich entwickelt, kann einem allerdings niemand vorher garantieren.

Ich stelle hier die möglicherweise provozierende Behauptung auf, dass viele Liebesbeziehungen vermutlich besser verliefen, wenn die Eltern oder gute Freunde den oder die Partner/in aussuchen würden. Die guten Freunde oder auch die Eltern (sofern sie vernünftige Menschen sind) würden die Sache mit Vernunft und angemessenem Abstand angehen und somit bestünde eine gute Chance, einen Partner zu finden, der wirklich zu einem passt. Denn die Verliebtheit ist nicht unbedingt der beste Ratgeber bei der Partnerwahl. Gerade im Zustand des Verliebtseins neigen wir dazu, unsere Angebeteten nicht nur in ein rosarotes, sondern häufig in ein gänzlich verzerrtes Licht zu tauchen. Und uns selbst übrigens auch. Denn die inneren Erfahrungen und Muster, die letztlich mitbestimmen, in wen wir uns verlieben und in wen nicht, sind uns normalerweise nicht bewusst. Somit bleibt das sich Verlieben ein reines Glücksspiel, bei dem wir blind oder mindestens verblendet alles auf eine Karte setzen.

Das Verliebtsein an sich ist ja ohnehin eine merkwürdige Angelegenheit. Ein guter Freund von mir vertritt hierzu die nicht sehr oft anzutreffende Auffassung, dass er diesen Zustand entsetzlich findet und ihn nie mehr im Leben erleiden möchte. Er ist verheiratet, sogar recht glücklich, soweit ich das beurteilen kann, und gehört somit nicht zu den bindungsängstlichen Naturen, von denen noch ausführlich die Rede sein wird. (Wobei allerdings kurz angemerkt sein soll, dass sich auch Bindungsphobiker zuweilen zu einer Heirat hinreißen lassen!) Dieser Freund sagt über den Zustand der Verliebtheit Folgendes: „Es ist ein furchtbares Gefühl, einem dreht sich ständig der Magen um, man verliert den Appetit, alle Gedanken kreisen nur noch um die eine Frau, man verblödet quasi. Man gerät außer sich und zittert. Wie kann man sich so einen Zustand nur wünschen?" Er hat recht. Denn Verliebtsein fühlt sich innerlich genauso an wie Prüfungsangst und die will normalerweise auch kein Mensch haben. Wenn Sie sich vorstellen, Sie stünden mit allen Symptomen der Verliebtheit kurz vor einer Prüfung – sozusagen auf dem Flur und die Tür wird sich gleich öffnen und Sie werden zur Prüfung gebeten –, dann werden Sie feststellen, dass sich Verliebtheit und Prüfungsangst verblüffend ähnlich anfühlen: Man hat feuchte Hände, kribbeln in der Bauchgegend, man kann an nichts anderes mehr denken und so weiter. Vor der Tür zum Prüfungszimmer würden Sie richtigerweise denken „Ich habe Prüfungsangst" und nicht „Ich bin verliebt". Warum empfindet der Körper zwei scheinbar so unterschiedliche Situationen so gleich? Weil er schlau ist: Denn Verliebtheit ist wie Prüfungsangst! Vergleichbar mit Lampenfieber, das auch nur eine Spielart der Prüfungsangst ist. Die Gedanken beim Verliebtsein drehen sich nämlich nur scheinbar um das begehrte Liebesobjekt. Tatsächlich drehen sie sich – wie so häufig – um sich selbst: Bin ich attraktiv genug? Findet er/sie mich toll? Bin ich interessant? Bin ich sein/ihr Typ? Oder wenn die Beziehung schon im ersten Stadium angelangt ist, kommen neue Variationen hinzu: Bin ich toll genug, damit du immer bei mir bleibst? Wenn du mich morgens ungeschminkt siehst, läufst du dann davon? Wenn du erst einmal merkst, wie ich wirklich bin, verlierst du dann das Interesse? Oder wie die von mir sehr geschätzte Autorin und Psychologin Elisabeth Lukas es treffend formuliert: „Man zittert um sein kleines bisschen Ich." Dasselbe gilt übrigens, wenn man verlassen wird. Man fragt sich: Was habe ich falsch gemacht? War ich nicht schön/intelligent/nett/verständnisvoll (die Aufzählung kann man beliebig fortsetzen) genug? Auch hier zittert man zwar nicht mehr, aber man weint um sein „kleines bisschen Ich". Das innere Drama spitzt sich dem Höhepunkt zu, wenn man wegen eines oder einer anderen verlassen wird: Was ist an ihm/ihr so viel besser als an mir? Ich fühle mich total wertlos und bin zutiefst gekränkt, dass da jemand toller sein soll als ich.

Die Fragen „Krieg ich dich?" und „Bleibst du bei mir?" sind eng mit dem eigenen Selbstwertgefühl verflochten. Sie werden wie eine

Prüfung empfunden. Und zwar als existenzielle Prüfung schlechthin mit dem Prüfungsstoff: Bin ich ein liebenswertes Geschöpf? Bekomme ich im Leben das, was ich haben will? Kann ich im Leben auf das Einfluss nehmen, was mir ganz wichtig ist, nämlich diesen einen Partner zu bekommen und ihn bei mir zu halten? Deswegen bricht für viele Menschen auch die Welt zusammen, wenn sie verlassen werden – zumindest, wenn ihnen die Beziehung sehr wichtig war. Wenn man sich wirklich „eingelassen" hat, wie man heute sagt. Dabei, so möchte ich behaupten, weint man, wenn man Liebeskummer hat, zu 90 Prozent um sich selbst. Liebe und Beziehung haben eine stark Selbstwert erhaltende und somit selbsterhaltende und somit im subjektiven Empfinden „lebenserhaltende" Funktion. Deshalb entstanden auch Redewendungen wie „Du bist wie ein Teil von mir" oder „Ich kann ohne dich nicht leben" und „den/die Geliebte(n) zu verlieren ist wie sterben". Zu der Bedeutung für den Selbstwert, den Beziehungen für uns haben, kommt die existenzielle Bedeutung von Bindungen hinzu. Wir Menschen sind genetisch darauf ausgelegt, in Bindungen, in Sippen zu leben. Somit hat der Verlust von einer Bindung auf einer tiefen, existenziellen Ebene auch immer etwas sehr Bedrohliches.

Während es nun „normale" Menschen in Kauf nehmen, dass sie, wenn sie eine Beziehung wagen, auch verlassen werden können beziehungsweise eine Beziehung auch immer das Risiko des Scheiterns in sich birgt, lässt der Bindungsängstliche es gar nicht so weit kommen. Der Bindungsängstliche hält immer einen gewissen Sicherheitsabstand ein, er lässt sich nicht wirklich auf einen Partner oder eine Partnerin ein oder vermeidet Beziehungen ganz. Sein Beziehungsmodus lautet „jein" oder „nein", aber niemals „ja". Ein wesentlicher Grund hierfür ist das tiefe und zumeist unbewusste Empfinden eines beziehungsängstlichen Menschen, dass er es tatsächlich nicht überleben würde, verlassen zu werden. Im tiefsten Inneren ist er davon überzeugt, dass dies sein Tod wäre. Diejenigen hingegen, die echte Nähe riskieren, haben die innere Überzeugung, dass sie zwar furchtbar traurig wären, wenn es nicht klappt, aber im innersten Kern sind sie sich sicher: Ich werde es überleben. Und: Irgendwann wird wieder ein/e andere/r kommen, mit der/dem es klappen kann. Dieses innere Selbstvertrauen ist die Voraussetzung, um jemand anderem vertrauen zu können. Man kann es auf eine einfache Formel bringen: ohne Selbstvertrauen kein Fremdvertrauen. Allerdings ist die Angst zu scheitern, die das Epizentrum ihrer Bindungsangst ist, den Bindungsängstlichen normalerweise nicht bewusst. Stattdessen fühlen sie sich bei dem Gedanken an eine feste Bindung oder gar Ehe einfach nur eingeengt, als wenn sie in eine Falle geraten würden. Auf der bewussten Ebene herrscht zumeist ein starker Wunsch nach Freiheit vor, die sie durch eine Beziehung stark gefährdet sehen. Dieser Wunsch taucht vor allem immer dann auf, wenn sie in eine feste Beziehung geraten sind oder eine lockere Beziehung zu fest zu werden droht. Solange sie nicht fest gebunden sind, können sie durchaus einer tiefen Sehnsucht nach Liebe und Beziehung Raum geben. Deswegen rennen einige von ihnen auch von Beziehung zu Beziehung, immer auf der Suche nach dem oder der „Richtigen". Andere leben zwar scheinbar in einer festen Beziehung oder sind sogar verheiratet, schaffen es jedoch durch zahlreiche Manöver so viel Distanz zum Partner zu bewahren, dass sie ihren Fluchtimpuls in Schach halten können. Wieder andere sind notorische Junggesellen oder Junggesellinnen, die sich gar nicht auf feste Beziehungen einlassen und sich mit ihrem Alleinleben mehr oder minder gut arrangiert haben. Bindungsängste haben viele Gesichter. Sie können sich hinter den unterschiedlichsten Beziehungsformen verbergen und sich in ganz unterschiedlichen Verhaltensweisen der Betroffenen äußern. Die zugrunde liegenden Ängste weisen jedoch einen gemeinsamen roten Faden auf.

Ein Plädoyer für die Wahlfreiheit

Nun kann man die völlig berechtigte Frage stellen: Muss man denn unbedingt in einer festen Beziehung leben? Es gibt doch so viele interessante Dinge, Themen und Menschen, denen man sich widmen kann, ohne sein Glück in einer festen Beziehung, Ehe oder Familie zu suchen. Dieser Auffassung stimme ich uneingeschränkt zu. Man kann ein sehr erfülltes Leben – oder zumindest Lebensabschnitte – verbringen, ohne in einer Partnerschaft zu leben. Allein zu leben ist in jedem Fall erfüllender als in einer unglücklichen oder gar krank machenden Beziehung zu verharren. Wofür ich jedoch mit meiner ganzen Überzeugung eintrete, ist, dass man die innere Wahlfreiheit haben sollte.

Dies gilt sowohl für jene bindungsängstlichen Naturen, die selbst sehr unter ihrem Problem leiden, als auch für jene, die selbst wenig Leidensdruck verspüren, ihre Partner jedoch dafür umso mehr. Im Übrigen gilt dies auch für all jene, die eher vom Gegenteil der Bindungsangst betroffen sind, also jene, die sich an Beziehungen festklammern, selbst wenn sie krank machen, weil sie der Überzeugung sind, dass sie ohne einen Partner nicht leben können.

Einige Bindungsängstliche machen gern aus der Not eine Tugend, indem sie ihren Beziehungsstil oder ihr zumeist durch Affären unterbrochenes Singledasein zur Lebenskunst erheben. Andere wurschteln beziehungsmäßig vor sich hin, ohne sich viele Gedanken zu machen. Wieder andere machen sich viele Gedanken, aber kommen ihrem Problem nicht auf die Schliche oder scheitern am Versuch, etwas zu verändern.

In jedem Fall fügen bindungsängstliche Menschen ihren Partnern oder jenen, die es gern wären, viel Leid zu. Die Bindungsangst ist also nicht allein ihr Problem – sondern auch zwangsläufig das ihrer Mitspieler. Nun ziehen sich viele auf den bequemen Standpunkt zurück, dass der andere ja jederzeit gehen kann, es also seine Verantwortung ist, wenn er das Theater mitmacht beziehungsweise an der Beziehung festhält. Dieser Standpunkt ist zwar nicht völlig falsch, aber er blendet die eigene Verantwortung zu weit aus und verlagert sie zu stark auf das Gegenüber. Denn der Bindungsängstliche trägt selbst oft nicht unwesentlich dazu bei, dass es der anderen Person schwerfällt, ihn endgültig zu verlassen. Allerdings sollte auch der betroffene Partner sich einige weitreichende Fragen über seine inneren Beweggründe stellen, warum er den Näheflüchter nicht in die Wüste schickt.

Ich halte es für die unbedingte Entwicklungsaufgabe eines jeden – egal ob er nun Bindungsängste aufweist oder nicht – daran zu arbeiten, sich seiner inneren Motive, Ängste, Überzeugungen und Bedürfnisse bewusst zu werden. Jeder Mensch sollte sich deshalb um Reflexion bemühen. „Reflexion" und „reflektieren" sind die Lieblingswörter von Psychologen und das hat seinen Grund. Sie bedeuten, dass man sich seine inneren Gedanken, Gefühle und Motive bewusst macht, oder umgekehrt formuliert: dass man sich nichts vormacht. Jemand, der reflektiert handelt, handelt bedächtig, er hat sein Tun also bedacht – durchdacht.

Jemand, der reflektiert handelt, hat sein Tun aber nicht nur durchdacht, sondern auch durchfühlt, das heißt, er hat einen guten Kontakt zu seinen Gefühlen und vermag deshalb eine psychologische Verbindung zwischen seinen Gefühlen, Gedanken und Taten herzustellen. Nun ist es aber nicht leicht, sich selbst auf die Schliche zu kommen, denn hierfür ist es notwendig, auch jene Emotionen und versteckten inneren Überzeugungen aufzuspüren, die dem Bewusstsein nicht unmittelbar zugänglich sind. In der Computer-Sprache könnte man auch sagen: Man sollte das Betriebssystem hinter der Benutzeroberfläche erkennen. In der Psychologie benutzen wir auch gern die Metapher des Eisbergs. Bei einem Eisberg ragt nur die Spitze sichtbar aus dem Meer heraus. Unter der Meeresoberfläche verbirgt sich jedoch ein gigantischer Rumpf. Die Spitze des Eisbergs ist unser Bewusstsein – der Rumpf steht für das Unbewusste. Unser Handeln, Fühlen und Denken wird weitgehend unbewusst gesteuert und darin liegt eine enorme potenzielle Fehlerquelle. Anders als das Tier, das in der Regel keine unbewussten Konflikte kennt und deshalb instinktiv richtig handelt, handelt der Mensch häufig instinktiv falsch. Das heißt, wir können uns im Unterschied zu Tieren nicht unbedingt auf unseren Instinkt – unser Unbewusstes – verlassen. Denn jeder von uns hat aufgrund seiner Vergangenheit eine teils bewusste, teils unbewusste Prägung erfahren, die bei keinem Menschen ausschließlich positiv und gesund ist. Die unbewussten, verdrängten Wesensanteile in uns, die ich auch gern als die Kellergeister der Psyche bezeichne, haben sehr viel Macht. Sie geben sich jedoch nicht zu erkennen, bleiben häufig unentdeckt im Untergrund und steuern von dort aus das Geschehen, ohne dass es dem „Wirt", also dem betroffenen Menschen, bewusst ist.

Den Kellergeistern der Psyche und der Macht des Unbewussten könnte man ein eigenes Buch widmen und es gibt zu diesem Thema auch unzählige Bücher. Ich möchte mich deswegen an dieser Stelle kurz fassen: Im vorherigen Abschnitt hatte ich bereits erwähnt, dass den Bindungsphobikern ihre Ängste zumeist nicht bewusst sind und sie stattdessen eher einen diffusen Freiheitsdrang verspüren, der sie zu zahlreichen Ausweich-Manövern veranlasst. Einige von ihnen pflegen auch bestimmte Ideologien, um ihrem Problem nicht ins Auge zu sehen. Dies kann eine individuell geschusterte Privat-Ideologie sein, beispielsweise die innere Überzeugung: „Ich bin ein ganz besonderes Wesen und solange ich nicht jemandem begegne, der wirklich perfekt zu mir passt, gehe ich keinerlei Kompromiss ein." Oder auch ganz schlicht: „Ich stehe über diesen Liebesangelegenheiten." Andere greifen auf bereits existierende Weltanschauungen, Philosophien, Religionen oder esoterische Haltungen zurück und nutzen sie, um ihre Bindungsängste zu verschleiern. So bietet beispielsweise das angestrebte Ideal der Buddhisten, sich von allen Bindungen zu lösen, ein maßgeschneidertes philosophisches Versteck für Bindungsphobiker. Auf diese Weise kann man dann aus der Not, frei von Reflexion und unbelästigt von tieferen Einsichten, eine Tugend machen. Nur der Form halber halte ich fest, dass dies sicherlich nicht in der Absicht Buddhas lag, dem ich positiv unterstelle, dass er eine reflektierte Person war und mit Beziehungen zu anderen Menschen wertschätzend und überlegt umgegangen ist.

Bindungsängste verursachen viel Leid. Außer jenen Bindungsphobikern, die sich tatsächlich konsequent aus Beziehungen heraus halten (und das sind die wenigsten), oder jenen, die einen Mitspieler finden, der die Bedingungen ohne Leid akzeptieren kann (was sehr selten vorkommt), sind Beziehungen mit Bindungsphobikern (also die meisten) von Leid und Unglück geprägt. Mit einem Bindungsphobiker eine Beziehung einzugehen oder ihm/ihr hinterherzulaufen, ist geradezu die Garantie zum Unglücklichsein.

Gerade weil Bindungsängste so viel Schmerz und Leid verursachen, schreibe ich dieses Plädoyer für die Wahlfreiheit: Man kann mit und ohne Liebesbeziehung zufrieden sein. Für beide Daseinsformen gibt es viele gute Gründe. Ebenso gibt es sehr viele unterschiedliche Beziehungsmodelle, auch hier kann man frei wählen, solange alle Beteiligten einverstanden sind. Aber jeder Mensch sollte die Verantwortung für sein Handeln übernehmen – auch und gerade in Beziehungen – und sich irgendwann entscheiden, statt sich auf Kosten des Partners oder der ständig wechselnden Partner und Affären in einem ewigen „Jein" einzurichten. Auch für die Partner wäre es sehr wichtig, sich selbst auf die Schliche zu kommen und zu ergründen, warum sie so viel Leid akzeptieren und sich nicht von der Beziehung lösen können.

Um jedoch überhaupt etwas verändern zu können, muss man sowohl als Betroffener, aber auch als Partner erst einmal das Problem der Bindungsangst als solches erkennen – was ja oft gar nicht so leicht ist. Deswegen werde ich im nächsten Abschnitt auf die vielen Gesichter der Bindungsangst eingehen und in späteren Kapiteln auch auf die Problematik jener Menschen, die sich aus bindungsängstlichen Beziehungen nicht lösen können. Natürlich werde ich mich nicht nur auf die Beschreibung und die Ursachen dieser Probleme beschränken, sondern auch Lösungen und Hilfe anbieten.

Bindungsängste spielen gern Versteck: der Jäger, die Prinzessin, der Maurer

Ich möchte Ihnen jetzt einige Varianten der Bindungsangst vorstellen, indem ich ein paar typische Verläufe von Beziehungen skizziere, bei denen mindestens einer der Partner unter Bindungsangst leidet. Es gibt unter Fachleuten auch die Ansicht, dass der Partner eines Bindungsängstlichen zwangsläufig ebenfalls Bindungsängste aufweise, weil er sich ansonsten diesen Partner nicht ausgesucht hätte. Diese Auffassung vertrete ich nicht – aber dazu in Kapitel IV mehr. Da die Bindungsangst sich hinter vielen Gewändern verbirgt, sind die folgenden drei Beispiele nur eine kleine Auswahl, die Ihnen jedoch ein Gespür für die grundlegende Problematik vermitteln sollen.

> *Der Jäger: Ich will dich unbedingt – solange ich dich noch nicht habe!*
>
> Eigentlich war Peter gar nicht Sonjas Typ. Sie hatte ihn bei einer Party kennengelernt, sie hatten sich gut unterhalten, aber er interessierte sie nicht näher. Zwei Tage später rief er sie an und fragte, ob sie nicht Lust habe, mit ihm zu einer Kneipeneröffnung zu gehen, zu der er eingeladen sei. Sonja fand die Einladung sehr reizvoll, zumal es sich um eine Szene-Kneipe handelte, in der sie bestimmt auch viele andere Bekannte treffen würde, und sagte spontan zu. Es wurde ein amüsanter Abend. Es war deutlich, dass Peter an ihr Interesse hatte, wobei er sie jedoch nicht bedrängte. So hing er nicht an ihrem Rockzipfel, sondern drehte zwischendurch seine Runden und unterhielt sich mit diesem und

jenem. Er war gut gelaunt und unkompliziert. Wieder ein paar Tage später lud er sie in ein schickes Restaurant zum Essen ein. Sonja hatte eigentlich schon ein bisschen Bauchschmerzen, als sie ihm zusagte, weil sie ihm keine falsche Hoffnung machen wollte. Andererseits reizte sie die Einladung, also sagte sie zu. Peter flirtete wieder mit ihr und sie machte vorsichtige Andeutungen, dass sie sein Interesse eher nur auf „freundschaftlicher" Ebene erwidern könne. Dies schien Peter jedoch gar nicht zu irritieren – er blieb bei seiner guten Laune und flirtete weiter. In der folgenden Zeit meldete sich Peter häufiger bei Sonja, um sich mit ihr zu verabreden. Wobei er immer attraktive Unternehmungen vorschlug. Peter war nämlich Küchenchef eines Sternerestaurants, kannte viele Leute und wurde häufig zu Weinproben und anderen kulinarischen Events eingeladen. Aufgrund seines Wissens über Speisen und Weine machte es viel Spaß, mit ihm Essen zu gehen. Die Treffen mit Peter hatten immer einen besonderen Glanz, wenn sie auch aufgrund seiner Arbeitszeiten nicht so leicht zu arrangieren waren. Was Sonja besonders imponierte, war, dass Peter nie beleidigt war, wenn sie einmal keine Zeit hatte, und auch nie gekränkt reagierte, wenn sie seine Annäherungsversuche zurückwies. Das fand sie sehr souverän und irgendwie cool. Kurz und gut, eines Abends sagte Sonja nicht mehr Nein. Nachdem sie noch ein Glas Wein in ihrer Wohnung getrunken hatten, verbrachte Sonja die Nacht mit Peter. Es wurde eine schöne Nacht. Den ganzen nächsten Tag hatte Sonja so ein beschwingtes und warmes Gefühl – sie hatte sich ein bisschen verliebt. Die folgenden Wochen sahen sie sich häufiger, wenn auch nicht täglich. Sonja haderte immer noch, ob das so das Richtige für sie sein könnte. Denn in einigen Hinsichten entsprach Peter gar nicht ihren Vorstellungen, und sie hatte Zweifel, ob das langfristig gut gehen könnte. Deswegen machte sie auch keinerlei Aussagen über eine mögliche gemeinsame Zukunft. Peter schien das nicht zu stören, er nagelte sie in keiner Weise fest. Dann fuhren sie das erste Mal für ein gemeinsames Wochenende in ein kleines romantisches Städtchen. Es war eine wunderbare Zeit und Sonja warf ihre restlichen Zweifel über Bord. Nach diesem Wochenende war ihr klar, dass sie sich richtig in Peter verliebt hatte und sie sich eine längere Beziehung mit ihm vorstellen könnte. Nun war es auch Sonja, die sich bei Peter meldete, sie hatte nun häufiger Sehnsucht nach ihm und wollte ihn öfter als bisher sehen. Peter hatte jedoch zunehmend seltener Zeit: Im Moment sei viel los im Restaurant, Hochzeitsgesellschaft, Firmenfeier – nein, an seinem freien Abend müsse er zu einer Weinprobe, die leider in reiner Herrenrunde stattfinde, es tue ihm leid – „ich melde mich morgen bei dir". Kurzum, Peter fing an, sich rar zu machen, und er wurde auch unzuverlässig, was er vorher nie gewesen war. Sonja litt. Sie hatte Sehnsucht, sie war verliebt. Was war nur los? Mit ihren Freundinnen beredete sie das Problem eingehend: Da hat er das gesagt, da hat er dies gemacht ... da hab ich dies gesagt, da hab ich das gemacht ...; was meinst du, der ist doch verliebt – oder etwa doch nicht ...? Wie würdest du die folgende Situation deuten, also ... usw. Es nagten die Zweifel an ihr und eines Abends, als Peter dann doch einmal wieder Zeit hatte, stellte sie ihn zur Rede, was er von ihr wolle und wie er ihre Beziehung in der Zukunft sehe. Peter versuchte sich herauszureden: „Das Restaurant beansprucht mich im Moment total ...; Ich bin irgendwie noch nicht so weit ...; Die Zeit mit dir ist immer wunderschön, ich denk auch oft an dich, auch wenn ich nicht anrufe ...; Lass mir etwas mehr Zeit ...; Lass uns das doch weiter locker sehen ...". Nach diesem Gespräch ging Sonja sehr verwirrt nach Hause – was hatte er eigentlich genau gesagt? Sie zerbrach sich den Kopf, um seine Aussagen auf einen Nenner zu bringen und zu verstehen, was in ihm vorging.

Was ist passiert? Peter gehört zu jenen Bindungsvermeidern, die ich als die klassischen „Jäger" bezeichne, wobei ausdrücklich gesagt sein soll, dass es sich hierbei nicht um ein ausschließlich männliches Phänomen handelt. Ihr Leben ist durchzogen von vielen Beziehungen und/oder Affären. Manche haben auch schon eine oder sogar mehrere Ehen hinter sich gebracht. Der Jäger ist vor allem an der Jagd als solcher interessiert. Auf den ersten zehn Metern einer Eroberung oder einer Beziehung ist er zumeist unschlagbar. Typische Kennzeichen sind Charme, Umgänglichkeit und eine sehr geringe Kränkbarkeit. Das gefiel auch Sonja an Peter so gut: Peter reagierte nie beleidigt auf Zurückweisungen. Zurückweisungen machen Jägern normalerweise nicht viel aus, solange sie noch die Chance auf einen späteren Erfolg sehen. Im Gegenteil, die Abfuhr, solange sie nicht zu endgültig ist, steigert ihren Jagdtrieb. Aber auch ein endgültiger Korb trifft sie nicht allzu tief, denn: „Auch andere Mütter haben schöne Töchter/Söhne – neues Spiel, neues Glück". Jäger können auch einen erstaunlich langen Atem haben, was die Verfolgung ihrer Ziele betrifft. Dadurch entsteht fälschlicherweise beim Gegenüber der Eindruck: Er/Sie muss es ja wirklich ernst meinen. Dabei sehen die Umworbenen meist nicht, dass der Jäger häufig nicht nur ein „Wild" im Visier hat, weil Jäger meist gute Spieler sind und geschickt vorgehen. Der Verlauf der Beziehungsgeschichte von Sonja und Peter ist typisch: Der Jäger verliert immer genau dann sein Interesse, wenn die Jagd beendet ist. Das ist normalerweise in dem Moment der Fall, wenn der Jäger spürt, dass der/die Gejagte anfängt, ernsthaft Interesse an einer Beziehung zu haben, und der Jäger das Gefühl hat: „Ich habe dich jetzt sicher". Insofern kann dieses Spiel auch über Jahre gehen, zum Beispiel wenn die umworbene Person selbst bindungsängstlich ist.

Die Prinzessin – keiner ist gut genug für mich!

Rita und Thomas verliebten sich auf den ersten Blick ineinander. Sie begegneten sich das erste Mal in einem Supermarkt – ihre Blicke brannten sich förmlich ineinander. Als Rita Thomas an der Kasse warten sah, ging sie mit wild klopfendem Herzen auf ihn zu und überreichte ihm ihre Telefonnummer. Am nächsten Abend waren sie das erste Mal verabredet und wurden sofort ein Paar. Rita war rasend verliebt. Sie fand, die Begegnung mit Thomas war „schicksalhaft" und sie war sich absolut sicher, endlich den Richtigen gefunden zu haben. Thomas ging es genauso und sie verbrachten stürmische Monate. Als jedoch das erste Gefühl der Verliebtheit bei Rita abzuflauen begann, störten sie immer mehr Dinge an Thomas. Oft fand sie, dass seine Kleidung nicht zusammenpasste. Und er erzählte so langatmig, als wenn ihm die Intelligenz fehlen würde, um das Wesentliche zusammenzufassen. Außerdem nervte es sie total, wie sehr er von dem Lob seines Chefs abhängig war. Sie fand immer mehr, dass Thomas zu verkrampft war, es ihm an Lässigkeit fehlte. Nun gehörte Rita nicht zu den Menschen, die ein Blatt vor den Mund nehmen, sie ersparte Thomas keine Kritik. Denn nur so, dachte sie, hätte er auch die Chance, sich zu verändern. Thomas wehrte sich wenig und gab Rita in vielen Punkten recht. Auch das ging ihr irgendwie auf die Nerven. Insgeheim wünschte sie sich, er würde ihr ein paar mehr Grenzen setzen, das wäre männlicher. Stattdessen oft dieser hündisch-verliebte Blick von ihm, unerträglich. Natürlich hatte Rita auch Schuldgefühle, schließlich hatte Thomas ihr eigentlich nichts getan, aber sie fand, er müsste einfach ein bisschen mehr an sich arbeiten. Schließlich kam Rita zu dem Ergebnis, dass Thomas doch nicht der Richtige sei, sie bräuchte einen etwas souveräneren Mann, der mehr mit beiden Füßen im Leben stünde. Rita machte Schluss und fühlte sich danach wie befreit. Für Thomas brach die Welt zusammen, was hatte er nur falsch gemacht?

Hier hat Rita ein Bindungsproblem. Nun können Sie einwenden, das kann ja schließlich jedem einmal passieren, dass er sich in der Auswahl vertut. Deswegen ist Rita doch nicht zwangsläufig eine Bindungsvermeiderin! Der Einwand ist richtig. Wie bei allen Bindungsängstlichen (und auch anderen Menschen) ist der Blick in die Vergangenheit entscheidend. Rita passierte das immer wieder: Auf eine heftige Phase der Verliebtheit und Idealisierung des Partners erfolgt in der zweiten Runde die Abwertung und Demontage. Dieser Typus des Bindungsängstlichen hat stark narzisstische Züge (zu „Narzissmus" s. a. S. 86). Ich möchte Rita als die „Prinzessin" beziehungsweise als „Prinzen" bezeichnen. Rita kann sich richtig heftig verlieben und gerne auch auf den ersten Blick.

Sie schwebt dann in einer Wolke aus diesem Gefühl des Verliebtseins und ist berauscht. Was sie weniger kann, ist den Alltag mit einem Partner leben und seine Schwächen aushalten. Das „kickt" sie nicht so, das fühlt sich irgendwann langweilig und festgefahren an. Sie möchte das Leben dagegen in vollen Zügen genießen, es muss aufregend bleiben, bloß kein Stillstand. Stillstand fühlt sich für Menschen wie Rita wie „Tod" an. Und feste Beziehungen auch. Das ist Rita aber nicht bewusst, sie sehnt sich ständig danach, den Richtigen zu finden, der ihr ein aufregendes, spannungsreiches Leben bietet. Außerdem möchte sie einen gewissen „Glanz" an ihrer Seite. Ihr Partner muss nicht nur ihr gefallen, er soll auch zu ihrer Selbstaufwertung dienen, etwas Besonderes sein. Die ganz „normalen" Typen haben sie deswegen nie gereizt. Immer wieder fragt sie sich, warum alle anderen Glück in der Liebe haben und nur sie immer wieder an die Falschen gerät. Anders als Peter in unserem ersten Beispiel, der einfach abtaucht und dem Konflikt lieber aus dem Weg geht, schafft Rita Distanz durch Abwertung des Partners. Sie nörgelt und kritisiert an ihm herum, um ihn doch noch zu ihrem Mr Perfect zu modellieren. Gerade weil Thomas sich aber wenig zur Wehr setzt, verliert sie zunehmend die Achtung vor ihm. Enttäuscht wendet sie sich von ihrem vermeintlichen Traumprinzen ab und hält nach der nächsten schicksalhaften Begegnung Ausschau.

Der Maurer – ich bestimme über Nähe und Distanz zwischen uns!

Ira und Lukas leben seit sechs Jahren zusammen. Lukas ist selbstständiger Grafiker, Ira ist bei einer Bank tätig. Ira hätte eigentlich gern Kinder, aber Lukas sagt, er fühle sich noch nicht so weit, zunächst müsse er seinen Laden auf sicheren finanziellen Boden stellen – sie hätten ja auch noch etwas Zeit. Auch an den Wochenenden muss Lukas häufig ins Büro. Arbeit und Freizeit sind bei ihm kaum voneinander getrennt. Ira hingegen hat die Wochenenden immer frei und kommt auch in der Woche meistens gegen 18 Uhr nach Hause, während es bei Lukas nicht selten nach 21 Uhr wird. Ira würde gern mehr Zeit mit Lukas verbringen.

Was sie besonders wurmt, ist, dass Lukas, wenn er mal nicht arbeitet, viel Zeit auf dem Sportplatz verbringt und danach mit seinen Kumpels gerne noch einen trinken geht. Ein weiteres Hobby von Lukas ist Zeitschriften lesen. An den Wochenenden, sofern er nicht im Büro ist, liest er stundenlang die Tageszeitung, politische Magazine und Computerfachzeitschriften. Ira hat das chronische Gefühl, dass es ihr viel wichtiger ist als ihm, gemeinsam Zeit zu verbringen. Sie fühlt sich oft allein. Denn auch wenn Lukas körperlich anwesend ist, scheint er trotzdem oft innerlich weit weg von ihr zu sein. Deswegen fühlt sie sich auch öfter einsam, selbst wenn er im Raum ist. Dabei ist sie sich sicher, dass er keine andere hat und die Beziehung mit ihr auch will. Das sagt er auch immer, wenn sie ihn darauf anspricht. Er fühle sich wohl in der Beziehung, aber er brauche eben seine Freiräume. Ira hat auch die Erfahrung gemacht, dass es nichts bringt, ihn zu zwingen, mal einen Abend mit ihr auszugehen, wenn er keine Lust dazu hat. Dann sitzt er da wie „abgeschaltet", er redet zwar mit ihr, aber sie hat dann den ganzen Abend das Gefühl, dass er am liebsten woanders wäre. Dann gibt es aber auch wieder Abende oder Tage, an denen er „voll da" ist. In diesen Momenten hat sie das Gefühl, dass er ihr ganz nah ist, dann fühlt sie, dass er sie liebt, woran sie ansonsten öfter zweifelt. Jedes Mal nimmt sie sich dann vor, locker zu bleiben und auf die Beziehung zu vertrauen, wenn er das nächste Mal auf Distanz geht. Aber meistens gelingt ihr das doch nicht. Lukas ist dann nämlich derartig „abgeschaltet", dass sie immer wieder in ein „einsames Loch" fällt.

Auch Lukas ist ein typischer Vertreter eines Bindungsvermeiders. Das notorische „Jein", in dem diese Menschen ihre Beziehungen gestalten, zeigt sich auch in seinem Verhalten ganz deutlich. Scheinbar hat er sich zwar auf eine feste Bindung mit Ira eingelassen, aber er sorgt auf vielfältige Weise dafür, immer wieder Distanz herzustellen. Lukas „mauert", deswegen könnte man diesem Typus auch den Beinamen „Maurer" erteilen. Hierbei bedient er sich bei Bindungsvermeidern allseits beliebter Strategien:

Arbeit und leidenschaftlich gepflegte Hobbys. Ein weiteres bezeichnendes Merkmal ist Lukas' diffuse Zeitplanung. Bindungsvermeider legen sich nämlich ganz allgemein ungern fest. Das gilt nicht nur für Beziehungen, sondern in der Regel für alle Lebensbereiche: Sie brauchen jederzeit das Gefühl, sich neu und frei entscheiden zu können. Deswegen landen sie auch nicht selten in der Selbstständigkeit, da ihnen hier wenig äußere Strukturen aufgezwungen werden. Die Selbstständigkeit bietet auch oft den optimalen Vorwand, hinter der Arbeit zu verschwinden. Ein weiteres Phänomen zeigt sich in der Beziehung von Ira und Lukas sehr deutlich: Der Bindungsvermeider hat die Macht. Lukas ist der Alleinherrscher über Nähe und Distanz in der Beziehung. Er bestimmt, wann er Ira nah sein will und wann nicht. Er kann sich nicht ihr zuliebe nähern, auch wenn sie ihn bittet, bleibt er auf Distanz. Nähe stellt er nur dann her, wenn er es will. Die Einsamkeit, die Ira immer wieder spürt, ist gleichzeitig auch ein Gefühl der Ohnmacht, da das Miteinander in jeder Hinsicht zu kurz kommt. So kann sie keinerlei Einfluss nehmen auf ihren Wunsch ihm nahe zu sein. Während in gesunden Beziehungen ein Geben und Nehmen und Kompromisse an der Tagesordnung sind, sind in bindungsphobischen Beziehungen die Machtverhältnisse einseitig geklärt. Der Bindungsängstliche steckt die Grenzen ab und der Partner kann zusehen, wie er damit klarkommt.

Jäger, Prinzessinnen und Maurer – die Gemeinsamkeiten der Beziehungsängstlichen

Was der „Maurer" Lukas recht drastisch tut, ist letztlich für alle Bindungsphobiker typisch: Der Bindungsängstliche steckt die Grenzen der Beziehung ab. Sei es, dass er wie Lukas bestimmt, ob er gerade Lust auf eine Unterhaltung hat oder sich lieber hinter der Zeitung oder in seiner Arbeit verkriecht. Oder dass er – wie der Jäger Peter – letztlich bestimmt, ob man sich sehr häufig oder gar nicht trifft. Auch die Prinzessin regelt die Machtverhältnisse einseitig, indem sie festlegt, ob ihr Gegenüber „richtig" oder „falsch" ist und sie sich jede Kritik bis hin zum Beenden der Beziehung erlaubt, weil der Partner nicht ihren Vorstellungen entspricht.

Auch vermischen sich in der Realität die typischen Verhaltensweisen von Jäger, Prinzessin und Maurer bei Menschen mit Beziehungsängsten. Wäre Thomas, der Partner der Prinzessin Rita, beispielsweise unabhängig geblieben und hätte er weiter sein „eigenes Ding" gemacht und so seinerseits immer wieder Distanz hergestellt, hätte er mit großer Wahrscheinlichkeit Ritas Jagdinstinkt geweckt. Sie hätte vermutlich gar nichts mehr zu meckern gehabt und sich ganz darauf konzentriert, ihren „Traumprinzen" Thomas zu erobern und einzufangen. Nach dem Motto: „Er sieht weder besonders gut aus, noch haben wir viele Gemeinsamkeiten, außerdem hat er wirklich ein paar blöde Angewohnheiten. Aber ich bin verrückt nach ihm!" Wie oft hat man schon sinngemäß solche Aussagen gehört? Oder wie oft hat man schon bei sich gedacht: Warum macht er/sie sich bloß so mürbe wegen dieses Typen oder dieser Frau? „Ich liebe den, den ich nicht kriegen kann", lautet das unbewusste Motto vieler Bindungsvermeider. Die Partner, die man hingegen „sicher hat", verlieren schnell an Farbe.

Sehr typisch für Bindungsvermeider jeder Ausprägung ist auch das Gespräch zwischen dem Jäger Peter und seiner umworbenen Sonja über ihre zukünftige Beziehung. Der Satz „Ich bin noch nicht so weit" wird meiner Meinung nach von allen Bindungsängstlichen weltweit in allen Sprachen dieser Welt ausgesprochen. Bindungsvermeider legen sich nicht fest! Sie halten sich Optionen offen und halten ihre Partner damit hin. Der Satz „Ich bin noch nicht so weit" ist „traumhaft", denn er beinhaltet zwei Aussagen: Ich bin JETZT noch nicht so weit, ABER (vielleicht) werde ich irgendwann so weit sein?! Der Adressat kann sich dann aussuchen, was er hören MÖCHTE: Will er die Botschaft hören „Ich will keine feste Beziehung" (was sehr klug wäre), oder pickt er sich die Botschaft heraus – was die meisten tun – „Es kann ja noch etwas werden" und fängt an zu kämpfen. Der innere Zwiespalt der Bindungsphobiker, der sich zwischen dem Wunsch nach Nähe und Beziehung und der gleichzeitigen Angst davor abspielt, spiegelt sich somit auch sehr deutlich in ihrer Sprache wider: Es ist dieses notorische „Jein", das die (potenziellen) Partner oft in den Wahnsinn treibt.

Die besondere Gefahr, die dabei von Jägern ausgeht, ist grundsätzlich die, dass sie in ihrem Kampf um die Eroberung schwer von Bindungsfähigen zu unterscheiden sind. Gerade ihre Hartnäckigkeit kann leicht als Ernsthaftigkeit fehlgedeutet werden. Und dies hat auch häufig darin seinen Grund, dass sie es ja auch tatsächlich erst einmal ernst meinen. Wie ich schon im Eingangskapitel erwähnt habe, weisen die meisten Bindungsphobiker es weit von sich, Bindungsängste aufzuweisen. Das heißt, sie glauben häufig bei ihrem neuen Schwarm, diesmal wirklich „den oder die Richtige" gefunden zu haben.

Doch sobald der Jäger das Gefühl hat, dass der oder die ihn wirklich will, wird ihm ganz mulmig zumute. Denn ab diesem Moment fühlt er nicht mehr nur, dass er selbst etwas will, sondern auch, dass sein Gegenüber etwas von ihm will. Plötzlich sieht der Jäger sich vor Erwartungen gestellt. Und Erwartungen sind für jeden Bindungsphobiker tödliches Gift. Erwartungen bedeuten für sie so viel wie Einengung, Freiheitsentzug und Gängelei. Vor allem bedeuten sie aber – und das ist den meisten nicht bewusst – die Möglichkeit, den anderen Menschen zu enttäuschen. Hierauf werde ich noch im dritten Kapitel des Buches („Auswege aus der Bindungsangst für Betroffene" unter dem Stichwort „Angst vor Erwartungen" S. 144) tiefer eingehen.

Heirat und Dauerbeziehungen

Auch wenn in den obigen Beispielen keines der Paare verheiratet war oder gemeinsame Kinder hatte, darf man nicht vergessen, dass weder Kinder noch Heirat ein Ausschlusskriterium für Bindungsängste darstellen. Besonders schwierig sind Bindungsängste zu durchschauen, wenn die Betroffenen selbst an Partner mit Bindungsproblemen geraten. Beispielsweise wenn ein Jäger an eine Frau gerät, die sich ihm immer wieder entzieht. Ein Klient von mir war 15 Jahre verheiratet und schilderte die Ehe zusammenfassend so, dass er an seine Frau nie richtig herangekommen sei. Er habe 15 Jahre um ihre Liebe gekämpft. Er denke auch, dass seine Frau ihn nur geheiratet habe, weil sie damals mit dem ersten Sohn schwanger geworden sei und sich eine „Versorgungsbasis" habe sichern wollen. Nach der Trennung (seine Frau hat ihn schließlich verlassen) lernte er seine jetzige Freundin kennen und hier war es nun genau umgekehrt: Sie wollte mehr von ihm, als er zu geben bereit war. Eine tiefer gehende Analyse seiner früheren Beziehungen, seiner Ehe und seiner aktuellen Beziehung brachte ans Licht, dass der Klient eigentlich immer nur dann Liebe und Leidenschaft empfinden kann, wenn diese nicht oder nur sehr ungenügend erwidert wird. Sobald er jemanden „sicher hat", verliert er das Interesse. Ein ähnliches Muster also wie bei Peter (dem „Jäger") und Rita (der „Prinzessin"). Weil dieser Klient jedoch eine Familie gegründet hat und immerhin 15 Jahre verheiratet war, waren die zugrunde liegenden Bindungsängste nur sehr schwer zu durchschauen.

Ebenso ist es durchaus denkbar, dass Ira und der „Maurer" Lukas noch Jahre zusammenbleiben, Ira irgendwann schwanger wird und Lukas sie dann (wenn auch widerwillig) heiratet. Somit entsteht rein äußerlich der Eindruck einer funktionierenden Beziehung, die aber im Binnenraum ausgeprägt bindungsphobische Strukturen aufweist. Es ist auch möglich, dass Ira ihrerseits unter Bindungsängsten leidet und an Lukas nur so interessiert ist, weil er sich nie wirklich auf sie einlässt. Dann wäre sie in einer ähnlichen Position wie der Klient, der 15 Jahre verheiratet war.

- **Hilfe für Betroffene:** Der erste und wichtigste Schritt für Betroffene ist die Selbsterkenntnis. Zum einen die Erkenntnis, dass man große Angst vor einer Beziehung hat – und sie deshalb mit allen Mitteln selbst verhindert. Zum anderen die weitere Erkenntnis, dass diese Angst vor Beziehung und Nähe zu einem anderen Menschen in Wahrheit eine große Angst vor Abhängigkeit ist, die meist in der frühen Kindheit ihre Wurzeln hat. Wer sich diese Zusammenhänge bewusst macht, kann anfangen, sein Verhalten auf der bewussten Ebene zu durchschauen – und legt damit den Grundstein für Veränderung. In welchen konkreten Schritten diese Selbsterkenntnis und ein Wandel vom beziehungsängstlichen Menschen zum beziehungsfähigen Menschen funktionieren können, erfahren Sie im dritten Kapitel dieses Buches „Auswege aus der Bindungsangst für Betroffene". In acht Schritten können Sie die Ursachen Ihrer Beziehungsangst ergründen, einen Zugang zu Ihren verschütteten Gefühlen finden und praktische Anregungen für einen neuen Umgang mit Nähe, Beziehungen und Partnerschaft erhalten.
- **Hilfe für Partner:** Auch wenn es paradox klingt: Gerade Partner von Menschen mit Beziehungsphobien müssen lernen, sich ein gehöriges Maß unabhängiger von ihrem Partner zu machen. Denn häufig sitzen die Partner von beziehungsängst-

lichen Menschen einem Irrtum auf, den man nur aus der Ferne erkennt: Sie empfinden die Größe der Verlustangst als Indiz für die Größe ihrer Liebe. Weil die Beziehung so dramatisch ist, von Aufs und Abs lebt und nie zur Ruhe kommt, kommen die Partner häufig zu dem falschen Schluss, dass diese Beziehung und dieser Mensch etwas ganz Besonderes und diese Beziehung einmalig wäre. Nur wer innerlich einen Schritt zurücktritt, sich auf sich selbst und seine Gefühle konzentriert statt auf das Beziehungsdrama, wird die Mechanismen und Trugbilder der Beziehung mit einem Bindungsphobiker durchschauen – und mit der neu gewonnenen Klarheit wieder handlungsfähig sein. In Kapitel IV ab S. 235 finden Sie neun hilfreiche Anregungen, wie Sie als Partner in einer bindungsgestörten Beziehung zu sich selbst, zu mehr Klarheit in Ihrer Beziehung und zu praktischen Konsequenzen finden.

Flucht, Angriff, Totstellreflex: die Abwehrstrategien

Machen Sie sich bitte bewusst, dass Bindungsangst tatsächlich eine Angst ist. Und dass deshalb auch das Verhalten der Betroffenen auf eine „drohende" Bindung die typische Reaktion ist, die alle Menschen zeigen, wenn sie Angst haben und sich einer Bedrohung ausgesetzt sehen: Man reagiert mit Angriff, Flucht oder Totstellen. Unser Gehirn kennt grundsätzlich nur diese drei Wege, um auf eine starke Bedrohung zu reagieren. Je nach Ausprägung kann sich die Angstreaktion durch Herzklopfen, Magen-Darm-Beschwerden, Erstickungsgefühle, Schweißausbrüche usw. äußern. Nicht selten ist es aber auch so, dass der Bindungsängstliche die Angst nicht klar wahrnimmt, stattdessen ein diffuses Unwohlsein, einen Freiheitsdrang, ein „Irgendetwas" fühlt, das ihn die Beziehung als unangenehm empfinden lässt.

Bindungsängste entstehen in vielen Fällen (nicht in allen) in einem sehr frühen Stadium der kindlichen Entwicklung, etwa in der Zeit zwischen der Geburt des Säuglings und dem zweiten Lebensjahr. Also in einer Zeit, in der das Kind existenziell abhängig ist von der Versorgung und Zuwendung seiner Bezugspersonen. Wenn in dieser Zeit keine gute Bindung zu den wichtigsten Bezugspersonen wie Mutter und Vater entsteht, wenn es beispielsweise an Versorgung oder Zuwendung mangelt, entwickelt der Säugling statt Vertrauen in Bindungen Angst vor Bindungen. Auf einer sehr tiefen und meist unbewussten Ebene ist die Bindungsangst also eine existenzielle Angst, die ihren Ursprung in der sehr frühen Kindheit hat. Für den Betroffenen geht es subjektiv tatsächlich um Leben und Tod. Ich werde im zweiten Teil dieses Buches „Ursachen der Bindungsangst" noch sehr genau auf die Ursachen von Bindungsängsten eingehen. Zunächst sollen auf den folgenden Seiten die Strategien beschrieben werden, die bindungsängstliche Menschen anwenden, um ihre Angst zu bewältigen. Wobei die meisten Betroffenen mindestens zwei Strategien zur Verfügung haben. Wenn Sie einige der Strategien bei Ihrem Partner oder bei Ihrer Affäre wiedererkennen, können Sie davon ausgehen, dass Sie es mit einem Bindungsphobiker zu tun haben. Wenn Sie die eine oder andere Strategie von sich selbst kennen, gehören Sie wohl auch selbst zu den Menschen, denen es schwer fällt, eine feste Bindung einzugehen. Für Sie lohnt es sich besonders, in diesem Buch weiterzulesen.

Flucht als Abwehrstrategie

Die häufigste und von allen Bindungsphobikern angewendete Strategie ist die Flucht. Die Flucht der Bindungsphobiker kennt schier unendliche Aus-Wege. Der krasseste Fluchtweg ist, erst gar keine Beziehung mit einem potenziellen Partner anzufangen – es bleibt bei einer Affäre, einem Flirt oder noch extremer: bei der Anbetung aus der Ferne. Der andere extreme Fluchtweg ist die Beziehung für die Partner abrupt und unvorhersehbar zu beenden. Zwischen diesen Extremen liegen zahlreiche kleinere und größere Fluchtwege.

I. Flucht, bevor es anfängt
„Jedes Mal, wenn ich Joe sehe, flirtet er aufs Heftigste mit mir. Aber er fragt mich nie nach einer Verabredung. Als ich ihn neulich fragte, ob er Lust hätte, mit mir einen bestimmten Film gucken zu gehen, über den wir uns sogar noch unterhalten hatten, ist er mir ausgewichen – er könne im Moment so schlecht planen, weil er total viel um die Ohren habe." (Sabrina, 27 Jahre)

„Ich weiß nicht mehr, was ich machen soll: Seit zwei Jahren bin ich total in meinen Chef verliebt. Er ist verheiratet, ob glücklich oder nicht, weiß ich nicht, denn er redet nicht über sein Privatleben. Manchmal denke ich, er empfindet auch etwas für mich, wenn er mich mit so einem gewissen Blick anschaut. Aber ich bin mir nicht sicher. Ich denke kaum noch an etwas anderes und zerbreche mir den Kopf, ob er Gefühle für mich hat. Ich weiß, dass das total bescheuert ist und es besser wäre, mir ihn aus dem Kopf zu schlagen. Aber jedes Mal, wenn ich ihn sehe, bekomme ich Herzrasen. Den Männern, denen ich sonst so begegne und die Interesse an mir hätten, kann ich nichts abgewinnen." (Michaela, 35 Jahre)

„Immer, wenn ich Sarah begegne, geht es wieder von vorne los. Wir kommen einfach nicht los voneinander. Früher oder später lande ich wieder mit ihr im Bett, obwohl ich vorher schon weiß, dass sie dann wieder wochenlang abtaucht und ich wieder am Leiden bin. Aber irgendwie glaube ich an ein Happy End. Irgendwann wird sie nicht mehr davonlaufen." (Rolf, 41 Jahre)

Die drei Beispiele zeigen Paare, bei denen mindestens einer der Beteiligten ein Bindungsproblem aufweist und „flüchtet, bevor es anfängt", indem er dafür sorgt, dass trotz aller Leidenschaft, Liebe und Sehnsucht keine Beziehung entsteht. Im ersten Beispiel zeigt Joe ein typisches Annäherungs-Vermeidungsverhalten. Er legt ein diffus-verheißungsvolles Flirtverhalten an den Tag, sobald Sabrina jedoch einen Schritt auf ihn zugeht, lässt er sie ins Leere laufen. Nach dem Motto: „locken und blocken." Auch wenn es sich zwischen Joe und Sabrina nur um einen Flirt handelt, zeigt sich der Zwiespalt der Bindungsphobiker: „Komm mir nah und bleib mir fern!", lautet die in allen Varianten anzutreffende Doppel-Botschaft.

Im zweiten Beispiel hat vermutlich Michaela ein Bindungsproblem. Sie hat sich in eine hoffnungslose Liebe verrannt. Zum einen macht ihr Chef ihr keinerlei konkrete Angebote. Zum anderen ist er ihr Vorgesetzter und verheiratet. Eine feste Beziehung ist schon durch diese Voraussetzungen höchst unwahrscheinlich. Auffällig ist dabei, dass Michaela immer an solche Männer gerät, die eigentlich nicht zu haben sind. Sie hat ihrer Ansicht nach sehr viel Pech in der Liebe, das finden auch ihre Freundinnen. Dabei fällt niemandem auf, dass sie diese unmöglichen Lieben letztlich selbst produziert und sich so vor einer festen Bindung effektiv schützt. Die Anbetung aus der Ferne bietet ähnlich wie die Fernbeziehung den großen Vorteil, dass man seinen Gefühlen freien Lauf lassen und so herrlich verliebt und sehnsuchtsvoll sein kann, ohne jedoch die Gefahr echter Nähe zu riskieren. Im Bewusstsein der Betroffenen fühlt es sich jedoch ganz anders an, für sie gäbe es keine schönere Vorstellung als ein Happy End und sie leiden ernsthaft unter der Situation – genau wie Michaela.

Im dritten Beispiel stehen Rolf und Sarah für eine typisch bindungsphobische Affäre. Nah und doch so fern – so fühlt es sich vermutlich für beide Partner an. Die „Beziehung" von Sarah und Rolf gibt es in unendlichen Varianten und sie enthält alle Zutaten für die gefühlte „große Leidenschaft." Die leidenschaftlichen Begegnungen sind natürlich gerade deshalb so leidenschaftlich, weil es keinerlei Sicherheit gibt, ob es noch ein nächstes Mal geben wird. Sie sind frei von Alltag und Verpflichtungen und sie sind gerade deshalb so kostbar, weil das Ende bereits feststeht. Nichts ist so begehrenswert wie das, was einem nicht sicher ist. Rolf formuliert auch dieses köstlich-tragische Gefühl von „Wir-kommen-nicht-voneinander-los", das viele Menschen empfinden, die in solche Affären verstrickt sind. Jede Begegnung ist eine erneute Eroberung, ein erneutes Bangen und Zittern (zumindest auf Rolfs Seite), ob er Sarah „wenigstens noch einmal" lieben kann.

Allen Menschen, die Beziehungen gar nicht erst aufkommen lassen, ist gemeinsam, dass ihre hoffnungslose Liebe etwas sehr Dramatisches und Aufregendes hat wie das Spiel von Nähe und Distanz, wie die Anbetung eines Menschen, der unerreichbar oder verheiratet ist, oder wie das Verstricken in eine unsichere Affäre. Wie langweilig fühlt es sich hingegen an, mit Sicherheit jeden Abend mit demselben Partner einzuschlafen und aufzuwachen.

II. Flucht durch Schlussmachen

Wenn es dem Bindungsphobiker zu eng wird und er seine Ängste gar nicht mehr durch andere Strategien verwalten kann, dann bricht er die Beziehung ab. „Schluss. Ende. Aus!" Hierzu sei nochmals hervorgehoben, dass der Bindungsvermeider sich nicht unbedingt seiner Angst bewusst sein muss – viele sind der subjektiven Überzeugung, sie fühlten sich lediglich in ihrem „persönlichen Freiraum" (eines der Lieblingsworte von Bindungsängstlichen) zu sehr eingeschränkt oder der Partner sei doch nicht der Richtige.

Ein Kennzeichen von ausgeprägten Bindungsängsten ist, dass die Beziehung gerade dann beendet wird, wenn sie „gut" läuft. Für den Partner erfolgt das Ende entsprechend wie aus heiterem Himmel. Das empfinden die Partner häufig als große Grausamkeit. Gerade dann, wenn es am Schönsten war beziehungsweise die Beziehung gerade anfing, richtig eng und verbindlich zu werden, bricht der Bindungsphobiker aus. Der Grund liegt auf der Hand: Wenn die Beziehung gut läuft und/oder sich in einem Übergangsstadium zu mehr Verbindlichkeit befindet, ergreifen den Bindungsängstlichen mindestens Beklemmungen, wenn nicht gar die nackte Angst. Seine Kellergeister der Psyche befinden sich in höchster Alarmstufe, sie flüstern, nein, sie brüllen ihm ins Ohr, dass sie keine Verpflichtung eingehen – keine Verantwortung übernehmen können, dass sie ihre Freiheit brauchen und die Beziehung sowieso scheitert. Vielleicht „früher oder später, aber in jedem Fall"! Je enger und je schöner eine Beziehung wird, desto mehr kriecht die Angst im Bindungsphobiker hoch, dass er der Beziehung nicht gewachsen ist, dass die Enttäuschung, der Fall, der Sturz nur umso schlimmer wird, desto mehr man sich bindet und in die Beziehung vertraut. „Dann lieber gleich weg!", ist sein Reflex. Denn so hat man das Ende wenigstens unter Kontrolle. Kontrolle ist übrigens auch so ein (häufig nicht eingestandenes) Lieblingswort von Bindungsphobikern. Sie brauchen Kontrolle wie die Luft zum Atmen. Zu viel Gefühl, sei es ihr eigenes und/oder das des Partners, fühlt sich für sie wie Kontrollverlust an, und der muss unter allen Umständen vermieden werden. Die zum Teil bewusst gefühlte, zum Teil auch unbewusste Angst, die sich hinter diesem starken Kontrollbedürfnis versteckt, ist jene, vom Partner „vollkommen vereinnahmt", schlimmer noch: „verschluckt" zu werden. Diese Angst ist so irrational wie existenziell. Bindungsphobikern droht in einer nahen Beziehung der totale Ich-Verlust und das wäre ja wirklich wie Sterben. Diese für einen bindungsfähigen Menschen ziemlich abwegige Befürchtung hängt mit einer der am tiefsten liegenden und zentralsten Ursachen der Bindungsangst zusammen, nämlich mit ihrer unbewussten Programmierung: Wenn ich geliebt werden will, muss ich mich den Erwartungen des anderen hundert Prozent anpassen. Noch krasser ausgedrückt: Liebe = Unterwerfung. Aber wenn man sich einem anderen Menschen total unterwirft, dann bleibt nichts mehr von einem selbst übrig. Also rennen Bindungsphobiker in gewisser Weise wirklich „um ihr Leben". Wenn sie dann weit genug gerannt sind und allmählich wieder zu Atem kommen, dann fällt ihnen nicht selten auf, dass sie jetzt zwar frei, aber irgendwie auch allein sind. Die Angst legt sich – sie sind ja entkommen – und der Gegenspieler der Angst, der Wunsch nach Nähe, gewinnt wieder mehr Raum. Dann kommt es häufig zu einer Neuauflage der gleichen Geschichte: Sie nähern sich ihrem verlassenen Partner wieder an und versuchen es noch einmal. Diese Neuauflagen können sich auch wiederholen und zu einer never-ending story von Beziehungsanfängen und Trennungen werden. Nicht wenige flüchten sich auch in eine neue Beziehung oder Affäre. Das Kuriosum bei Bindungsängstlichen ist nämlich häufig: Sie können weder mit noch ohne eine Beziehung leben. Dem liegt ihr tief sitzendes Dilemma zugrunde: Sie wünschen sich Nähe ebenso stark wie sie Angst vor ihr haben. Dieser Konflikt mündet in dem ewigen „Jein", das sie produzieren. In Kapitel II „Ursachen der Bindungsangst" werde ich diesen Konflikt und seine psychologischen Ursachen noch eingehend beleuchten.

Die Panik kommt, wenn es sich wie „für immer" anfühlt: Die Flucht durch Schlussmachen kann in verschiedensten Stadien der Beziehung auftreten. Alle Stadien haben für den Bindungsphobiker eines gemeinsam: Die Beziehung fühlt sich wie „lebenslänglich" an. Die Angst für immer eingekerkert und an Ketten gefesselt zu sein, kann je nach Ausprägungsgrad in frühen oder späten Stadien der „Beziehung" einsetzen:

- Beim Flirten. Es wird zwar noch geflirtet, aber bevor man „eingefangen" wird, läuft man schnell davon.
- Nach der ersten (zweiten, dritten Nacht). „Nix wie weg hier", denkt der Bindungsphobiker am nächsten Morgen und verschwindet – für längere Zeit oder für immer.
- In der ersten Phase der Verliebtheit, wenn die Beziehung anfängt, verbindlicher zu werden.

- Nach Jahren der Beziehung, wenn der Partner anfängt, feste Pläne wie Heirat, Kinder oder ein gemeinsames Haus zu schmieden.
- Nach der Hochzeit tritt plötzlich das erschreckende Bewusstsein auf: Jetzt sitze ich in der Falle!
- Nach Jahren der Ehe. Auslöser können die Geburt eines Kindes, der Hauskauf, das Abschließen einer lebenslangen Versicherung, der 50. Geburtstag sein. Plötzlich macht sich der Gedanke breit: Wenn ich jetzt nicht abhaue, sitze ich auf ewig hier fest!

Kurzum: „Lebenslänglich" macht Angst.

III. Flucht durch Vermeiden von Nähe

Solange die Bindungsangst nicht extrem ausgeprägt ist und der Betroffene noch genügend andere Strategien zur Verfügung hat, um innerhalb der Beziehung Distanz zu wahren, können viele Bindungsphobiker sehr lange in Beziehungen leben, ohne sie beenden zu müssen. Mithilfe dieser Strategien überleben manche Bindungsängstliche sogar eine ganze Ehe.

Flucht durch Arbeit: Eine der beliebtesten Strategien, um Nähe zu dosieren, ist die Flucht in die Arbeit. Diese Strategie hat auch den Vorteil, dass sie vom Partner schwer zu durchschauen ist. Wer kann schon als Außenstehender mit Sicherheit beurteilen, unter wie viel objektivem Stress der Partner steht, wie wichtig das abzuschließende oder zu beginnende Projekt oder der Kunde tatsächlich ist. Sogar von den Betroffenen selbst wird ihre Taktik, sich hinter der Arbeit zu verstecken, häufig nicht durchschaut: Jürgen ist zum zweiten Mal verheiratet und selbstständiger Architekt. Er klagt ständig darüber, dass er in der Arbeit versinkt. Seine Frau beschwert sich, dass er nie zu Hause ist – auch seine erste Ehe ist an diesem Problem gescheitert. Schaut man jedoch genauer hin, fällt in seinem Arbeitstag ein gravierender Mangel an Struktur auf. Irgendwie schafft er es immer wieder, sein Chaos und seine Probleme im Büro selbst zu produzieren. Mit etwas mehr durchdachter Organisation würde seine Arbeit nicht nur viel erfolgreicher verlaufen, sondern er hätte auch sehr viel mehr Freizeit. Aber unbewusst hält er die Roulette-Kugel immer am Rollen, sodass sie nie in die Mitte fällt und zum Ruhen kommt. Hätte er mehr Zeit, würde sein eigentliches Problem ans Tageslicht treten, nämlich sein Unwille, mehr Zeit mit seiner Frau zu verbringen und sich auf mehr Nähe mit ihr einzulassen. Durch die Arbeit baut er genau so viel Distanz in die Beziehung ein, wie er benötigt, um die Ehe zu „ertragen", was nicht ausschließt, dass er seine Frau liebt und sich eigentlich auch nach mehr gemeinsamer Zeit mit ihr sehnt. „Jein" halt.

Es ist ein sehr häufig anzutreffendes Phänomen, dass Bindungsängstliche schlecht zwischen Freizeit und Arbeit trennen können. Sie sind – sozusagen als „Nebenwirkung" der Beziehungsstörung – sehr schlechte Planer. Ihre Angst, sich festzulegen, streut auf weitere Lebensbereiche aus. Dies führt auch immer wieder zu mehr Arbeitsbelastung, als objektiv nötig wäre. Und dazu, dass sie für die Freizeit- oder auch Urlaubsplanung wenig verbindliche Zusagen machen können.

Urlaub ist für viele ohnehin ein angstbesetztes Thema, weil der Bindungsphobiker im Urlaub seinem Partner viel schlechter ausweichen kann als im Alltag. Ein Bindungsphobiker, der sich nach langen Diskussionen bereit erklärt hatte, mit seiner Freundin für zehn Tage nach Frankreich zu fahren, erklärte mir: „Es war, als wenn ich am Anfang der Reise ganz tief Luft holen musste, um einen ewig langen Tauchgang zu überleben."

Flucht durch Hobbys: Der Zeitung lesende Mann am Frühstückstisch ist schon der sprichwörtliche Klassiker des Beziehungsmuffels. Hobbys und Interessen bieten einen wunderbaren Vorwand, um aus der Beziehung zu flüchten und Distanz herzustellen. Hiermit soll natürlich nicht gesagt sein, dass jede passionierte Hobby-Musikerin oder jeder leidenschaftliche Sportler unter Beziehungsängsten leidet. Aber wenn die Interessen und Hobbys so weit im Vordergrund stehen, dass sie die gemeinsame Nähe ständig sabotieren, liegt der Verdacht nahe, dass es sich sozusagen um mehr als nur ein Hobby handelt.

Ein „Hobby" kann auch das ausgeprägte Bedürfnis sein, sich mit anderen Menschen zu treffen. Ein Klient von mir klagte: „Ständig will meine Frau unter Leute. Sie hat einen riesigen Bekanntenkreis und immer Hummeln im Hintern. Wenn ich mich darauf freue, endlich mal einen Abend mit ihr allein zu verbringen, kommt es nicht selten vor, dass sie mir im letzten Moment eröffnet, sie habe spontan noch ein befreundetes Paar zum Essen eingeladen. Ich habe oft das Gefühl, meine Frau meidet Situationen, in denen sie mit mir allein ist." Recht hat er.

Auch ehrenamtliche Tätigkeiten sowie eine ausgeprägte Hilfsbereitschaft können als brillanter Vorwand zur Beziehungsflucht dienen. Die Klage, „für jeden ist er da, nur nicht für mich und die Familie", hört man häufiger von Frauen (seltener von Männern), deren Männer anscheinend nie Nein sagen können, wenn es darum geht, jemandem behilflich zu sein. Nur daheim sind sie selten anzutreffen.

Letztlich können auch Kinder einen sehr guten Vorwand bieten, um dem Beisammensein auszuweichen. Innerhalb einer bestehenden Beziehung puffern sie die ungestörte Zweisamkeit ihrer Eltern sowieso ab. Aber auch Eltern, die aus einer früheren Beziehung oder Ehe Kinder mitbringen, können diese als Vorwand benutzen, um Distanz in ihrer aktuellen Beziehung zu schaffen. Entweder indem sie mit dem Verweis auf die Kinder hartnäckig ein Zusammenwohnen ablehnen oder indem die Kinder vorgeschoben werden, um die gemeinsame Beziehungszeit zu verknappen. Mir sind schon Fälle begegnet, wo der neue Partner quasi völlig aus dem Familienleben ausgegrenzt wurde. Der Partner wurde den Kindern über sehr lange Zeit nicht vorgestellt, obwohl es hierfür keine nachvollziehbaren Gründe gab. Nur der Bindungsscheue meinte, dass die Kinder „noch nicht so weit sind", tatsächlich war er einfach selbst nicht bereit für so viel Nähe.

Flucht durch Krankheit: So wie der Zeitung lesende Mann, ist die Frau mit Migräne ein beliebtes Klischee, das jedoch wie die meisten Klischees auch Wahrheit in sich birgt. Flucht in die Krankheit, um Verpflichtungen aus dem Weg zu gehen – wozu auch die „eheliche Pflicht", also Sexualität zählt – ist ein probates und in der Regel immer unbewusst gewähltes Mittel, um sich den Partner vom Leib zu halten. Eine Freundin, die eine Fernbeziehung zu einem – aus meiner Sicht sehr bindungsgestörten – Mann führt, erzählte mir, dass er häufig krank werde, wenn sie sich sähen. Sie fiebert den raren Treffen entgegen und malt sich genüsslich aus, wie sie die Tage und Nächte leidenschaftlich verbringen. Aber kaum setzt er den Fuß auf deutschen Boden, wird er krank. Sei es eine Erkältung, sei es eine Magen-Darm-Infektion, sei es Zahnweh. Er arbeitet für ein deutsches Unternehmen in Indien und erklärt sich seine häufigen Zusammenbrüche in deutschen Gefilden mit dem Klimawechsel, dem anderen Essen und dem Umstand, dass man ja meistens krank werde, wenn der Stress nachlasse – sprich in der Freizeit. Das Perfide am Krankwerden (ähnlich wie bei der „Arbeitsüberlastung") ist, dass der Partner ja eigentlich kein Recht hat, es dem anderen vorzuwerfen – er kann ja schließlich nichts dafür. Trotzdem ist meine Freundin immer wieder sehr enttäuscht und eigentlich auch stinksauer, dass er so oft krank wird, wenn sie sich endlich mal wieder sehen. Und sie hat recht, sauer zu sein, denn Krankheit kann genauso wie Arbeit eine Strategie des Bindungsängstlichen sein, um sich abzugrenzen, ohne selbst die Verantwortung für sein distanziertes Auftreten übernehmen zu müssen. Beim Partner hinterlassen solche Situationen Frust und Enttäuschung, aber er hat ja scheinbar kein Recht, sich zu beschweren, sondern sieht sich noch genötigt, Verständnis aufzubringen, zu trösten und zu helfen.

Flucht durch Untreue: Eine nicht seltene und für den Partner ganz besonders verletzende Flucht ist die in sexuelle Abenteuer und/oder Zweitbeziehungen. In der Regel versucht der Bindungsphobiker diese zu verheimlichen. Nur die Hartgesottenen unter ihnen beginnen die Beziehung schon mit der Ansage, die dann gleichsam zur Bedingung erhoben wird: „Ich kann nicht treu sein!" Die Untreue ist eine besonders effektive Strategie, sich nicht wirklich festzulegen. Die Affäre dient dem Zweck zur Hauptbeziehung Distanz herzustellen. Damit beweist sich der Bindungsgestörte, dass er von seinem Partner nicht emotional abhängig ist und jederzeit frei entscheiden kann, mit wem er ins Bett geht. Ein Betroffener erklärte: „Treue ist für mich immer eine Entscheidung." Für ihn heißt das, dass er es als reine Kopfentscheidung empfindet, ob er einer Partnerin treu ist oder nicht, weil er kein inneres Bindungsgefühl kennt beziehungsweise dieses Gefühl mit allen Mitteln unterdrückt.

Beziehungsfähige Menschen kennen hingegen das Gefühl der gewünschten Treue, das aus einem tiefen Gefühl der Verbundenheit zum Partner gespeist wird. Ich habe schon viele Männer und Frauen, die keine Bindungsstörung aufweisen, sagen hören: „Wenn ich verliebt bin, habe ich gar keine Lust mit jemand anderem zu schlafen." Diese emotionale Verbundenheit ist der Unterschied zur Kopfentscheidung, die der Bindungsphobiker trifft – wenn er sie denn überhaupt trifft.

Ein Problem, das sich vor dem Hintergrund der sexuellen Untreue besonders gut erkennen lässt, ist die bei den meisten Bindungsängstlichen anzutreffende Unaufrichtigkeit. „Täuschen, tricksen und verpissen", lautet die unausgesprochene und häufig noch nicht einmal sich selbst eingestandene Devise. Ebenso wenig wie die Bindungsphobiker geneigt sind, für jemand anderen Verantwortung zu übernehmen, scheuen sie sich, die Verantwortung für ihr eigenes Handeln zu tragen. Bindungsängstliche sind in allen Beziehungsangelegenheiten konfliktscheu, weswegen ihnen quasi nichts anderes übrig bleibt, als ihre Ziele durch Manipulation und Unaufrichtigkeit zu verfolgen.

Flucht durch Dreiecksbeziehungen: Klassisch ist hier auch der Konflikt, „zwischen zwei Stühlen" festzusitzen. Zum Beispiel, wenn ein Mann oder eine Frau sich laut eigener Auskunft nicht zwischen zwei Partnern entscheiden kann. Scheinbar fühlen sich solche Menschen zu beiden Partnern gleichermaßen hingezogen und es erfolgt eine lange und für alle Beteiligten extrem quälende Phase der Entscheidungsfindung. Häufig wird diese Phase nicht einmal durch den Bindungsgestörten beendet, sondern durch einen der beteiligten Partner, weil das Problem des Bindungsängstlichen ja eben darin liegt, sich nicht festlegen, sich nicht entscheiden zu können. Eine typische Geschichte von einem Mann, der sich nicht entscheiden möchte und auf diese Weise zu seinen Partnerinnen Distanz hält, ist die von Hendrik:

> Nadja erzählte mir von ihrer Beziehung zu Hendrik. Sie hatte ihn beim Segeln kennengelernt, er war Skipper auf einem Boot, auf dem sie einen zweiwöchigen Segeltörn verbrachte. Sie fand ihn auf Anhieb sehr anziehend. Er wirkte so lässig und unabhängig auf sie. Hendrik erzählte ihr, dass er dabei sei, sich von seiner Freundin zu trennen. Nadja sah ihr Verhältnis zu Hendrik nach den zwei Wochen eigentlich als beendet an. Da Hendrik sich gerade in einer Trennung befand, rechnete sie mit zu vielen Schwierigkeiten und

wollte das Ganze unter „Sommeraffäre" verbuchen. Allerdings erhöhte Hendrik nach dem Urlaub den Einsatz, so meldete er sich öfter bei ihr und fragte, ob er sie besuchen kommen dürfe (Hendrik wohnte zirka 300 Kilometer entfernt). Nadja hatte zwar Bedenken, aber letztlich siegte ihre Freude darüber, dass er anscheinend ein ernsthaftes Interesse an ihr hatte. Aus einem Besuch wurden mehrere und Nadja war ernsthaft verliebt. Hendrik hatte ihr erzählt, dass er mit seiner Freundin Schluss gemacht habe und er sich gerade eine neue Wohnung suche. Eines Abends rief jedoch die „Exfreundin" bei Nadja an und wollte wissen, was denn zwischen ihr und Hendrik laufe und wie sie, Nadja, dazu komme, sich in eine intakte Beziehung einzumischen? Nadja fiel aus allen Wolken und die andere Frau auch, als sie sich im Verlauf des Telefonats weiter austauschten. Beide Frauen stellten Hendrik – allerdings getrennt – zur Rede. Nadja schilderte: Er hat geweint und erklärte, wie schlimm das alles für ihn sei, es tue ihm so leid. Er liebe sie, aber er habe seiner Freundin nicht wehtun wollen. Es falle ihm immer so schwer, anderen wehzutun. Das hänge mit der Scheidung seiner Eltern zusammen, die beide von ihm immer Loyalität erwartet hätten usw. Nadjas Wut verkehrte sich in Mitleid und Verständnis für Hendrik. Es folgte eine Achterbahnfahrt von Hin- und Her-Entscheidungen und Bedenkzeiten seitens Hendriks, bis Nadja es nicht mehr aushalten konnte und Schluss machte. Obwohl Hendrik ihr durch seine Unentschlossenheit ziemlich viel angetan hatte, war sie zunächst sehr traurig über die Trennung, schließlich saßen ihr die Leidenschaft und die Romantik, die sie mit ihm erlebt hatte, noch unter der Haut. Sie war auch nicht richtig böse auf ihn, schließlich war er nur schwach, aber kein Schuft. Sie hatte jedoch die letzten Monate nur gelitten und sah deswegen keine andere Wahl, als die Beziehung zu beenden. Einige Zeit nach der Trennung, so erzählte sie mir, habe sie jedoch eine „Stinkwut" gepackt, da ihr mit zunehmendem inneren Abstand immer klarer geworden sei, was für ein mieses Spiel Hendrik getrieben hatte. Ihr dämmerte, dass er die andere Frau mit ähnlichen Sprüchen bei der Stange gehalten haben musste und wahrscheinlich auf beiden Seiten manipuliert hatte. Wie sich in einem folgenden Telefonat mit Hendriks „Noch-Freundin" herausstellte, war Nadjas Ahnung richtig. Durch Lügen und Tricksen hatte er es geschafft, sich beide Optionen aufrechtzuerhalten und somit keinerlei Entscheidungs-Verantwortung zu übernehmen. Und das war das Schlimmste: Hierbei sah er sich auch noch als das Opfer, das zwischen den Gefühlen zweier Frauen steht und keine enttäuschen will! Nadja schrieb Hendrik einen vier Seiten langen Wutbrief, in dem sie ihm seine Manöver detailliert vor Augen hielt. Hendrik meldete sich nie mehr.

Flucht durch sexuelle Zurückhaltung: Das mächtigste Mittel, um den anderen auf Abstand zu halten, ist die Verweigerung von Sexualität. Vor allem in diesem Bereich kommt das Machtbedürfnis der Bindungsängstlichen sehr stark zum Tragen. Wir erinnern uns an das Bild des „Maurers". Es beschreibt das typische Verhalten der Bindungsängstlichen, die Alleinherrscher über Nähe und Distanz in der Beziehung sein wollen. Sexuelle Intimität ist die größte Nähe, die zwischen zwei Menschen hergestellt werden kann, und hier treten naturgemäß bei Bindungsphobikern die meisten Probleme zutage. Ist die gefühlte Nähe zum Partner zu groß, wird die Distanz über sexuellen Rückzug beziehungsweise sexuelle Verweigerung reguliert. Menschen mit ausgeprägter Bindungsangst können eigentlich nur aus der Distanz heraus Sex haben. Zum Beispiel mit flüchtigen Bekanntschaften, die leicht aufzulösen sind oder bei denen das Ende bereits programmiert ist. Einige Männer lösen dieses Problem, indem sie fast ausschließlich oder ausschließlich zu Prostituierten gehen. Hier finden sie genau jene Bedingungen vor, die für sie am wenigsten bedrohlich sind: Keine geforderten Emotionen von Seiten der Frau, sofortige Beendigung der Beziehung nach dem Akt und durch die Bezahlung sind Macht- und Schuldverhältnisse („Ich schulde dir nichts.") klar geregelt. Tragischerweise geht es den Männern bei diesen Begegnungen gar nicht vordergründig um Sex, sondern um die für diesen Moment gefühlte Nähe zu einer Frau. Ein betroffener Klient erzählte: „Ich hatte ja eine Sehnsucht, eine Frau anzufassen. Deswegen bin ich dann in den Puff gegangen. Immer wieder." Er schämte sich sehr dafür und keiner sonst wusste von seinem Verhalten. Gleichzeitig hatte er eine feste Freundin, mit der hatte er jedoch außer in einer kurzen Anfangsphase keinen Sex. Die beiden waren auch beruflich verbunden, sodass die nach außen hin dargestellte Beziehung eigentlich eine gute Freundschaft mit gemeinsamen beruflichen Zielen war. Die innere Nähe, die er zu dieser Frau fühlte, musste durch „kein Sex mit ihr" reguliert werden. Den Wunsch nach körperlicher Zärtlichkeit konnte er nur bei Prostituierten ausleben. Es war ihm nicht möglich, innere Nähe mit körperlicher Nähe zu verbinden.

Vielen Bindungsphobikern treibt das Wort „Beziehung" Schweißperlen auf die Stirn. Einige von ihnen legen sehr viel Wert darauf, dass sie mit der Frau oder dem Mann, mit dem sie immer wieder intim werden, keine feste Beziehung haben. Sie treffen sich zwar mehr oder minder regelmäßig und gehen dann auch miteinander ins Bett, aber mindestens einer der Beteiligten wird nicht müde zu betonen, dass es nichts „Festes" sei und „ganz unverbindlich", ohne „feste Regeln".

Auch heiße Affären, wie sie Sarah und Rolf in dem genannten Beispiel erleben, sind eine typische Variante eines bindungsphobischen Sexualverhaltens. Zwischen den leidenschaftlichen Begegnungen, zu denen es zwischen beiden immer wieder kommt, gibt es keine Verbindungslinie. Es sind sozusagen „Inseln der Leidenschaft", die durch kein Beziehungsband verkettet sind. Gerade diese Leidenschaft und Nähe in den Momenten der Begegnung macht es den Mitspielern häufig so schwer, von so einem Menschen loszukommen. Rolf hätte ja gern mehr Verbindlichkeit und eine feste Beziehung mit Sarah. Sarah lässt ihn jedoch immer wieder ganz nah ran und stößt ihn dann wieder ganz weit weg. Dieses Muster ist so typisch für Bindungsphobiker wie unerträglich für jene, die es mit ihnen zu tun haben. Die zugelassene Nähe ist in diesen Momenten aufrichtig und authentisch und genau das fühlt in unserem Beispiel Rolf auch so. Deswegen ist die darauf folgende krasse Distanzierung umso unbegreiflicher und extrem verletzend für ihn. Aber auch gerade wegen der großen Nähe und Leidenschaft, die Sarah punktuell und ausschließlich dann, wenn sie es will, zulässt, gibt Rolf die Hoffnung nicht auf, dass Sarah ihn vielleicht doch liebt, aber diese Liebe halt im Moment noch nicht richtig zulassen kann. Er hofft – wie so viele in seiner Situation –, dass Sarah irgendwann doch noch zu ihm findet, wenn er ihr genügend Zeit lässt, Verständnis aufbringt und sie nicht bedrängt.

Bei Menschen mit moderaten Bindungsängsten fällt die Amplitude von Nähe und Distanz flacher aus. Diese können durchaus eine Beziehung oder Ehe aufrechterhalten, aber auch sie bleiben die Herrscher über Nähe und Distanz und drehen je nach Angstpegel, den Sex-Hahn auf oder zu. Ich möchte nochmals betonen, dass die Angst nicht unbedingt ins Bewusstsein vordringen muss, sondern auch aus dem Unterbewussten agieren kann. Im Bewusstsein präsentiert sie sich dann als Unlust auf Sex. Bei bindungsängstlichen Menschen ist es häufig so, dass die Lust auf Sex nach der ersten Verliebtheit extrem nachlässt und fast auf Null zusteuert, und dann nur noch von seltenen Wiederbelebungen unterbrochen wird. Die betroffenen Männer mutmaßen dann oft, dass sie eben nur mit „Frischfleisch" sexuelle Lust empfinden oder zu viel Stress bei der Arbeit hätten. Die betroffenen Frauen meinen häufig, dass Sex ihnen ohnehin nicht besonders wichtig sei. Tatsächlich handelt es sich nicht selten um versteckte Bindungsängste. Hier ist natürlich die Grenze zwischen einem normalen Nachlassen des Begehrens, das in jeder Beziehung früher oder später auftaucht, schwer zu ziehen. Meines Erachtens sind Anzeichen, die für eine Bindungsproblematik sprechen, dass das Verlangen schon nach wenigen Wochen oder Monaten der Beziehung drastisch nachlässt und/oder dass der Sex von Anfang an und durchweg ein problematisches Thema ist. Es kann schon oft am Anfang der Beziehung ein Ungleichgewicht von Verlangen auf der einen und Zurückweisung auf der anderen Seite stehen, das sich im Laufe der Zeit häufig teufelskreisartig verschärft.

Ein weiteres Problem, das bei Bindungsphobikern nicht selten vorkommt, ist eine Abneigung, den Partner intensiv zu küssen. Ein Klient gestand mir, dass er noch nie in seinem Leben eine Frau auf „Zunge" geküsst habe – dabei war er sogar zweimal verheiratet gewesen und hatte mehrere langjährige Beziehungen hinter sich gebracht. Andere dosieren das Küssen nach demselben Muster wie sie auch andere Situationen der Nähe vermeiden – je nach Beziehungsgrad und gefühlter Angst wird mehr oder weniger beziehungsweise gar nicht geküsst. Sabine schilderte: „Immer wenn ich Marco länger nicht gesehen habe oder wir uns nach einem ganz schlimmen Streit wieder versöhnen, küsst er mich leidenschaftlich. Sobald wir uns jedoch wieder öfter sehen und die Beziehung eigentlich in ein relativ normales Fahrwasser kommt, küsst er mich, wenn überhaupt, nur, wenn ich ihn darum bitte. Und auch dann merke ich, dass es ihm eigentlich keinen Spaß macht und er gerade nur so viel küsst, wie er es für nötig hält, um nicht ganz unhöflich zu sein."

Eine ganz typische Distanzierungstechnik ist auch, nach dem Sex zu flüchten. Entweder geschieht dies ziemlich unmittelbar nach einer mühsam eingehaltenen Anstandspause von ein paar Minuten oder einer Stunde oder am nächsten Morgen – spätestens nach dem Frühstück. Michael erzählt: „Es war nie möglich, mit Alina einfach ein relaxtes Wochenende zu verbringen. Nach einem wunderbaren Abend und einer leidenschaftlichen Nacht musste sie immer weg. Spätestens nach dem Frühstück, oft auch schon direkt nach dem Aufwachen. Immer hatte sie irgendetwas zu tun – sei es, dass sie unbedingt noch etwas in der Firma wegarbeiten musste. Sei es, dass sie sich mit einer Freundin schon frühmorgens zum Joggen verabredet hatte oder dass sie irgendwelche „dringenden" Erledigungen tätigen musste, zu denen sie angeblich nur am Wochenende Zeit hatte. Es war einfach nicht möglich, mit ihr über einen längeren Zeitraum als einen Abend und eine Nacht entspannt zusammen zu sein."

Flucht durch Fernbeziehung: Bei Fernbeziehungen ist die Distanz zum Partner schon „schicksalhaft" eingebaut. Wenn der Geliebte nicht vor Ort ist, kann man ihn leidenschaftlich vermissen und all seinen Gefühlen gefahrlos freien Raum lassen. Die Begegnungen sind durch ein natürliches Ende von vornherein begrenzt, sodass diese auch ausgekostet werden können, ohne dass unbedingt andere Strategien zur Distanzierung erforderlich sind. Auch hier hängt es jedoch wiederum vom Grad der Phobie ab, ob man es nicht auch noch schafft, bei den seltenen Begegnungen Distanz einzubauen.

Claudia erlebte so eine Beziehung: „In der Beziehung mit Achim hatte ich chronisch das Gefühl, zu kurz zu kommen. Wir sahen uns ja ohnehin nur an zwei Wochenenden im Monat, weil er im Ausland arbeitete und häufigere Treffen schon finanziell nicht drin waren. Ich zählte jedes Mal die Tage, bis er wiederkam und freute mich immer so unendlich über die Wiedersehen. Aber es war jedes Mal zu wenig zum Leben und zu viel zum Sterben. Immer hatte er noch so viel anderes vor. In der wenigen Zeit, die uns verblieb, wollte er noch seine Eltern und seine Freunde sehen. Nicht selten haben wir beide Abende in Gesellschaft anderer Menschen verbracht. Wenn ich darum bat, doch mehr Zeit zu zweit zu verbringen, artete das immer in Streit aus. Er warf mir dann vor, zu vereinnahmend und anklammernd zu sein. Ihm seien seine Freunde und Eltern nun eimal wichtig, er könne diese nicht fallen lassen wie eine heiße Kartoffel, nur weil wir zusammen seien usw. Irgendwie hat er mich dann auch immer dazu gebracht, Verständnis für ihn zu haben. Schließlich konnte ich ja meine Familie und meine Freunde ausreichend sehen in den Zeiten, wo er nicht da war. Außerdem wollte ich die wenige Zeit, die wir miteinander hatten, nicht auch noch im Streit verbringen, schon allein deshalb gab ich meistens nach." Dass sich hinter Achims Freundschafts- und Familienpflege jedoch ein Bindungsproblem verbarg, wurde erst offensichtlich, als er beruflich wieder in seine Heimatstadt versetzt wurde. Claudia: „Ich war überglücklich, als Achim endlich wieder zurückkam. Nach zwei Jahren Fernbeziehung dachte ich, jetzt könnte es endlich richtig losgehen. Aber als es darum ging, eine gemeinsame Wohnung zu finden, wurde er auf einmal komisch. An jeder Wohnung, die wir uns anguckten, hatte er etwas auszusetzen. Dabei waren wirklich tolle Wohnungen dabei, aber er fand immer das Haar in der Suppe. Als ich ihn mit meinem Gefühl konfrontierte, dass er vielleicht gar keine gemeinsame Wohnung finden wolle, druckste er herum und erklärte, „ich bin irgendwie noch nicht so weit, ich brauche meinen Freiraum", er habe noch nie mit einer Frau zusammengewohnt und die Vorstellung immer so eng aufeinander zu hocken, bedrücke ihn total. Schweren Herzens ließ sich Claudia darauf ein, weiter getrennte Wohnungen zu haben. Sie tröstete sich damit, dass sie ihn ja trotzdem viel öfter als bisher sehen könnte. Aber die Beziehung wurde keinesfalls besser. Sie stritten sich immer häufiger, weil das „chronische Gefühl zu kurz zu kommen" bei Claudia umso intensiver wurde, desto weniger die Schuld dafür in der Fernbeziehung zu suchen war. Nun, wo Achim ja vor Ort war, fiel erst auf, wie gering sein Bedürfnis war, gemeinsam Zeit mit ihr zu verbringen. Ständig war er mit seinen Freunden unterwegs. Zwar forderte er sie manchmal auf mitzukommen, aber mehr auch nicht. Auf Kompromisse, die sie vorschlug, ging er nicht ein. Schließlich beendete Achim die Beziehung ziemlich abrupt wenige Monate, nachdem er zurückgekommen war. Er erklärte, sie nehme ihm die Luft zum Atmen und ihre ständige Meckerei töte ihm den Nerv.

Claudia brauchte ziemlich lange, um über diese Liebe hinwegzukommen. Denn gerade der Umstand, dass sie immer in der Sehnsucht, also einem großen Defizit an Nähe mit Achim gelebt hatte und nie richtig „satt" geworden war, wie sie es ausdrückte, hatte bei ihr die Gefühle der Verliebtheit und Leidenschaft nie abflauen lassen. Die Verliebtheit ist aufgrund der ständigen Distanz nie in ein ruhigeres Gefühl der vertrauten Zusammengehörigkeit übergegangen. Dies ist übrigens eine der tückischsten Begleiterscheinungen in der Beziehung mit Bindungsphobikern: Gerade weil sie sich nie wirklich einlassen, kann dies das Verlangen des Partners ins Unermessliche steigern. Es ist so, als wenn ewig nur die Vorspeise serviert wird, aber der Hauptgang ausbleibt. Man wird sozusagen angefüttert, aber nie satt. Und dies bewirkt eine permanente Sucht nach mehr, die Partner bleiben liebeshungrig. Dies ist einer der wesentlichen Gründe, weshalb es so schwer ist, sich aus solchen Beziehungen zu lösen: Ein Dauergefühl der Verliebtheit gepaart mit der Hoffnung, irgendwann doch noch satt zu werden, ist die Mixtur, aus der Abhängigkeiten entstehen können.

Flucht durch Gesprächsverweigerung: Bindungsängstlichen fällt es normalerweise schwer, über ihre Gefühle und die Beziehung zu reden. Besonders ausgeprägt ist dieses Phänomen bei bindungsphobischen Männern, da Frauen naturgemäß leichter über ihre Gefühle sprechen können. Aber auch bindungsphobischen Frauen fällt das persönliche Gespräch mit ihrem Partner schwer.

Das notorische „Jein", mit dem Bindungsängstliche ihre Beziehungen gestalten, zeigt sich auch in den Gesprächen mit dem Partner. In der Regel ist es immer der Partner, der das Gespräch sucht und höchst selten der Bindungsphobiker selbst. Diese fürchten solche Situationen, sind sie doch konfliktverdächtig und sowieso gefährlich, weil das Gegenüber klare Aussagen erwartet, und diese möchte der Bindungsphobiker möglichst umgehen. Da Bindungsängstliche große Probleme haben, ihrem Partner zu vertrauen, fällt es ihnen grundsätzlich schwer, ein offenes Wort zu reden. Hinzu kommt, dass sie ja selbst häufig nicht wissen, was sie wollen. Da sie sich nicht richtig entscheiden können, sich nicht wirklich festlegen wollen, fehlt es ihnen nicht nur an äußerer, sondern auch an innerer Klarheit. Zudem kennen sie sich selbst zumeist sehr schlecht, sie haben wenig Zugang zu ihren Gefühlen und zu ihren Ängsten. Diese liegen meist unter einem dicken Teppich der Verdrängung begraben. Und da, so ahnt der Bindungsphobiker unbewusst, sollen sie am besten auch bleiben. Viele von ihnen haben einen Horror vor zu viel Selbsterkenntnis. Das persönliche Gespräch mit Bindungsphobikern verläuft deswegen fast immer höchst frustrierend für den Partner. Dabei gibt es verschiedene Typen der Gesprächsverweigerer. Zunächst einmal haben wir den krassesten Gesprächsboykottierer, der bereits als „Maurer" beschrieben wurde. Wenn man mit diesem Typus das Gespräch über die Beziehung und Gefühle sucht, läuft man gegen die Wand. Er macht komplett „dicht". Nichts geht mehr – es ist, als ob er auf der Stelle einfrieren würde. Eine Freundin erzählte mir einmal, dass ihr Freund zum „Steinmensch" werde, wenn sie ein persönliches Gespräch mit ihm führen möchte. Er antworte ihr einfach nicht, sondern bekomme ein maskenhaft abweisendes Gesicht und ziehe sich komplett zurück. Eine Klientin bezeichnete dasselbe Verhalten ihres Mannes als „er macht die Schnecke". Dies ist eine extreme, aber vor allem bei Männern gar nicht so selten anzutreffende Form des Gesprächsboykotts, die jeglichen Austausch über die gemeinsame Beziehung unmöglich macht. Es ist eine extreme Form der passiven Aggression, also der kalten Wut (im Unterschied zur heißen Wut), die sich nicht offen äußert (siehe auch S. 51), sondern in Sabotage mündet. Die Folge ist, dass man keinen Schritt weiterkommt, es kann nichts geklärt, nichts verbessert und vor allem, kein bisschen mehr Nähe hergestellt werden. Dem Partner bleibt, wie so häufig, keine andere Wahl als das Verhalten und damit auch die unbefriedigende Qualität der Beziehung zu akzeptieren oder die Beziehung zu beenden. Bindungsphobiker sind radikal kompromisslos. Der Partner kann sich anpassen – oder es bleiben lassen.

Der andere Typus des Gesprächsverweigerers lässt sich zwar auf den ersten Blick auf ein Gespräch ein, er reiht eine ganze Menge Sätze und Aussagen aneinander, wenn man sich jedoch fragt, was er oder sie jetzt eigentlich wirklich gemeint hat, gerät man in ernsthafte Schwierigkeiten. Das notorische Jein könnte man auch in ein „Ja, aber…" übersetzen. „Ja, ich bin gern mit dir zusammen, aber ich brauche auch viel Freiraum." „Ja, natürlich bist du mir wichtig, aber du weißt, wie viel mir an meinem Job liegt." „Ja klar, du hast mit allem recht, was du sagst, aber ich weiß nicht, ob ich das ändern kann." „Ich will, dass du mir ganz nah bist, aber du weißt, wie wenig Zeit ich habe." „Natürlich möchte ich Kinder, aber im Moment sind mir erst mal andere Sachen wichtiger." Oder der ultimative Klassiker: „Ich liebe dich, aber ich will keine feste Beziehung!" Wenn man eine Begründung für diese widersprüchlichen Aussagen haben möchte, gerät das Gespräch meist völlig ins Stocken. Es folgt ein zähes Herumgeeiere von Hin und Her und Vor und Zurück und am Ende eines solchen „Klärungs"-Gesprächs ist man zumeist noch verwirrter als vorher. Bindungsphobiker sind Meister im Versprühen von Nebel. Sie wissen nicht, was sie fühlen, und sie wissen nicht, was sie wollen, aber sie müssen sich ein Hintertürchen offen halten. Sie wollen weder wirklich Ja sagen, noch riskieren, dass der Partner sie verlässt. Oder sie wollen sogar die Beziehung beenden, trauen sich aber nicht, hierfür die Verantwortung zu übernehmen, und versuchen dann den Partner dahin zu manövrieren, dass er sich trennt. Auch diese Absicht kann sich manchmal hinter den verworrenen Reden verstecken. Unterm Strich stellt sich immer dasselbe Problem: MAN WEIß NICHT, WORAN MAN MIT IHNEN IST! Und je mehr man versucht, Menschen mit einer Bindungsphobie festzunageln, desto mehr winden und entziehen sie sich. Es ist ein fast aussichtsloser Kampf, von einem Bindungsphobiker eine klare Aussage zu bekommen. Wenn überhaupt, dann fällt sie negativ aus, sobald er sich zu sehr in die Ecke gedrängt fühlt. Ein klares „Nein" kommt ihm im Zweifelsfall noch eher als ein klares „Ja" über die Lippen. Das ahnen übrigens viele Partner und gehen deswegen sehr vorsichtig mit dem Bindungsängstlichen um. Manche überlegen sich sehr genau und Tage im Voraus, wie und wann und mit welchen Worten sie ein Problem ansprechen sollten, würden, könnten ... Oder sie fangen selbst an, nur noch in Andeutungen zu sprechen. Sie passen sich der Neurose ihres Partners an, aus Angst ihn ansonsten zu vergraulen.

Flucht durch Abtauchen: Ein übliches Erkennungsmerkmal von Bindungsphobikern ist, dass sie einfach nicht da sind. Vor allem nicht, wenn man sie braucht. Das Problem äußert sich schon häufig in einer schlechten Erreichbarkeit – das Handy ist ausgeschaltet oder wurde im Auto liegen gelassen. Oder man ruft an und hört: „Ich ruf dich gleich zurück." „Gleich" ist dann Stunden später, am nächsten Tag oder gar nicht. Die meisten Bindungsphobiker haben ein unglaubliches Talent darin abzutauchen, wobei ihnen selten die Erklärungen ausgehen. Man könnte es auch so auf den Punkt bringen: Wenn man sich anlehnen will, sollte man sich erst einmal umdrehen, ob er/sie überhaupt noch da steht. Der Mangel an Greifbarkeit der Bindungsängstlichen macht sich somit nicht nur im Gespräch, sondern schlicht in fehlender Präsenz bemerkbar. Dies ist auch häufig der Fall, wenn es darum geht, dem Partner auf Feiern, Festen und Einladungen zur Seite zu stehen. Durch die oben beschriebenen Strategien sorgen Beziehungsängstliche aktiv für Zeitprobleme in der Beziehung und folglich sind sie einfach nicht da. Oder: Sie kommen später. Dies ist auch eine Masche, um sich nicht wirklich zu der Beziehung zu bekennen. Der Mann, die Frau an der Seite fehlt einfach, weil er oder sie nämlich auch innerlich dort nicht wirklich steht. Es wird sich gedrückt, wo es geht. Vor allem gegen Familienfeiern haben die meisten Bindungsphobiker eine tief sitzende Widerspenstigkeit. Zum einen aus ihren eigenen schlechten Erfahrungen in ihrer Herkunftsfamilie, zum anderen weil sie nicht zur Familie gehören wollen – das wäre ja schließlich schon fast wie ein Heiratsversprechen. Nein, nein, die Präsenz wird meistens haarscharf kalkuliert: gerade so viel, um den Partner nicht zu sehr zu verärgern, denn das liefe ja wieder auf einen unangenehmen Konflikt hinaus, aber auch nicht so häufig, dass daraus vom Partner oder der Umwelt falsche Schlüsse gezogen werden könnten.

Noch unangenehmer wird es, wenn man auf die Hilfe von einem Bindungsphobiker angewiesen ist. Sie sagen zwar gerne per Lippenbekenntnis jede Hilfe zu. Aber wenn es dann so weit ist, dass man ihre Hilfe wirklich bräuchte, sind sie immer „ein paar Euro zu knapp, ein paar Straßen zu weit oder ein paar Stunden zu spät". Bindungsphobiker sind ziemlich „vergesslich", wenn es darum geht, eine Zusage oder ein Versprechen einzuhalten. „Es tut mir sooo leid, das habe ich jetzt total vergessen!", lautet die Lieblingsentschuldigung.

Es gibt sogar Bindungsphobiker, die völlig ungeniert zu ihrer Weigerung stehen, für den anderen da zu sein. So musste sich ein Freund von mir doch tatsächlich einmal folgende Rechtfertigung für unterlassene Hilfeleistung von seiner damaligen Flamme anhören: „Weißt du, wenn ich gestern gekommen wäre, weil du dich schlecht gefühlt hast, dann fühlst du dich ja vielleicht auch noch ein zweites und ein drittes Mal schlecht. Und es liegt in meiner Verantwortung, dir ganz klar zu signalisieren, dass ich nicht für dich da bin, wenn es dir schlecht geht." In der fehlenden Präsenz zeigt sich für den Partner besonders schmerzhaft die Weigerung des Bindungsphobikers, Verantwortung zu übernehmen und für seinen Partner da zu sein.

Flucht durch Unterlassen romantischer Gesten: Ein weiteres Erkennungsmerkmal von Bindungsverweigerern ist das Unterlassen romantischer Gesten und Taten. Sie sind äußerst sparsam mit Aufmerksamkeiten: keine Blumen, keine Liebeszettelchen, keine kleinen Geschenke, kein Händchenhalten, kein Kerzenlicht. Kleine Intimitätsbekundungen und Liebesbeweise werden sehr ungern und äußerst selten erbracht. Bindungsphobiker sind hingabegestört. Kleine Hinwendungen zum Partner in Form von kleinen Aufmerksamkeiten muten ihnen schnell wie ein Stück Selbstverlust an. Auch hier spielt ihr gestörter Umgang mit Erwartungen wieder eine tragende Rolle. Zum einen nervt es sie, die Erwartungen des Partners zu erfüllen und zum Beispiel nur deshalb Blumen mitzubringen, weil der Partner dies erwarten könnte. Zum anderen könnte der Partner ja aus solchen Gesten größere Ansprüche an sie ableiten und „noch mehr" wollen, und derartige Ansprüche müssen nach dem Empfinden eines Bindungsphobikers direkt im Vorfeld abgeblockt werden.

Sehr bezeichnend ist auch hier wieder das Verhalten in der Öffentlichkeit. Bindungsphobiker bezeugen nicht gern vor anderen, dass sie einen Partner haben. Auf Partys kann man immer wieder beobachten, wie der Bindungsphobiker den Körperkontakt zu seinem Partner vermeidet. Da wird kein Händchen gehalten und kein Arm um den Partner gelegt. Wenn der Partner den Körperkontakt initiiert, hält der Bindungsphobiker gerade so lange still, dass er nicht das Gesicht vor den anderen Gästen verliert und ergreift die erste Gelegenheit, um wieder auf körperlichen Abstand zu kommen. Jegliche Demonstration von exklusiver Zweisamkeit ist ihm zuwider. Dies kann am Anfang der Beziehung noch anders sein. Auf den ersten zehn Metern der frischen Verliebtheit kann er sich durchaus noch zu öffentlichen Zuneigungsbekundungen hinreißen lassen, so meint er beziehungsweise sie in dieser Phase vielleicht noch, diesmal wirklich den oder die Richtige/n gefunden zu haben. Aber sobald sein altes Problem wieder durchschlägt, tritt er den geordneten Rückzug an.

Angriff als Abwehrstrategie

Neben der Flucht als Abwehr gegen die Angst vor Nähe ist der Angriff eine weitere Möglichkeit, um Distanz herzustellen. Ich möchte hier im Wesentlichen von verbalen Angriffen sprechen, wobei unter den Aspekt der Aggression natürlich auch körperlich ausgetragene Aggressionen fallen. Aber die sollen hier kein Thema sein. Angriffe, von denen hier die Rede sein soll, äußern sich als kleine verbale Giftspritzen, „zickige" Kommentare oder auch als offener Streit. Im Unterschied zu einer notwendigen Auseinandersetzung, die durchaus im Streit eskalieren kann, ist der Angriff zur Abwehr von Nähe durch ein zerstörerisches Motiv motiviert. Anders als Auseinandersetzungen in nicht-bindungsphobischen Beziehungen, die in der Regel dazu dienen sollen, die Beziehung zu verbessern, ist der Angriff hier von dem Motiv getragen, den Partner auf Abstand zu schießen. Dahinter kann sich auch das bewusste oder unbewusste Motiv verstecken, den Partner so weit zu treiben, dass er die Beziehung beendet. Grundsätzlich muss man sich bewusst machen, dass der Partner beziehungsweise die- oder derjenige, der den Bindungsphobiker gern zum Partner hätte, bei diesem Aggressionen auslöst. Bindungsängstliche fühlen sich bedroht durch die (vermeintlichen) Ansprüche, die der Partner an sie heran trägt. Und Bedrohung löst in der Regel Aggression aus. Hinzu kommt, dass der Bindungsphobiker schon per se Aggressionen in sich trägt, die er aus seiner Kindheit konserviert hat. Bindungsphobiker beherbergen ausnahmslos ein gewaltiges Reservoir an Wut und Trotz in sich. Diese Wut wird durch die aktuelle Beziehung lediglich aktiviert, die aktuelle Beziehung ist aber nicht ihre Ursache, sondern nur der Auslöser. Die Ursache für die Aggression des Bindungsphobikers liegt tiefer, in den zutiefst verunsichernden Erfahrungen, die er als Kleinkind mit seiner/n Hauptbezugsperson/en gemacht hat. Dies ist dem Betroffenen jedoch zumeist nicht bewusst. Stattdessen überträgt, projiziert, er seine Kindheitserfahrungen auf die gegenwärtige Beziehung. Wie ich schon mehrmals erwähnt habe, werden die Ursachen für die Bindungsangst in späteren Kapiteln beleuchtet. Hier zunächst die Auswirkungen.

Aktive und passive Aggression: Psychologisch kann man zwischen passiven und aktiven Aggressionen unterscheiden. Unter aktiven Aggressionen verstehen wir solche, die auch für Außenstehende klar als Aggression zu erkennen sind. Es ist also eine offen ausagierte Wut, sei es durch verbale Angriffe, Beleidigungen, Streit oder auch körperliche Gewalt. Man könnte auch von „heißer Wut" sprechen. Die passive Aggression hingegen zeigt sich nicht offen, sondern versteckt, es ist sozusagen die „kalte Wut". Unter passiver Aggression kann man auch die bereits beschriebenen Fluchtwege verbuchen. Das Wort „mauern" beschreibt trefflich das Wesen der passiven Aggression. Bindungsphobiker sind „Angstbeißer". Wobei dieser Begriff, die enormen Aggressionen, die sie in sich tragen und die versteckt-passiv oder offen-aggressiv zum Ausbruch kommen, noch etwas verniedlicht. Die passive Aggression sucht sich dabei immer den Weg durch die Hintertür und wird von der beziehungsängstlichen Person selbst häufig nicht als Aggression identifiziert. Die Folge und der Vorteil für den Bindungsphobiker ist, dass er – genauso wie die flüchtenden Bindungsphobiker – keine Verantwortung für sein Handeln übernimmt.

Streit vom Zaun brechen: Neben der passiven Aggression steht dem Bindungsphobiker aber auch die aktive Aggression als Distanzierungstechnik zur Verfügung. Die Aggression bricht immer dann aus ihm hervor, wenn ihm der Partner in irgendeiner Form zu nah kommt. Wobei ein Mensch ohne Bindungsängste sich normalerweise gar nicht vorstellen kann, wie wenig es bedarf, um einem Bindungsphobiker zu nah zu kommen. Oft reicht es schon, einfach nur anwesend zu sein. Oder einfach nur anzurufen. Das Problem ist: Man kann dem Bindungsphobiker nicht nicht zu nah kommen. Egal wie zurückhaltend man sich verhält, irgendwie kommt man ihm immer zu nah, wenn man eine Beziehung mit ihm eingehen möchte. Das Beispiel von Michael zeigt deutlich, wie Beziehungsängstliche ihr Gegenüber mit einer Mischung aus passiver und aktiver Aggression auf Distanz halten und wie Partner typischerweise darauf reagieren:

> Michael (46 Jahre) ist selbstständiger Möbelhändler und eigentlich überzeugter Single. Das hält ihn allerdings nicht davon ab, immer wieder Affären mit Frauen zu haben oder sogar ab und zu eine Beziehung zu starten. Wie bereits gesagt, können die meisten Bindungsphobiker weder mit noch ohne Beziehung leben. Michael gehört zu jenen Bindungsphobikern, die ihre Aggressionen sehr offen ausagieren, wobei er auch die Strategien passiver Aggression drauf hat, die sich bei ihm vor allem in extremer Unverbindlichkeit und Unzuverlässigkeit ausdrücken. Sein häufiges Nichtmelden, obwohl er fest versprochen hat anzurufen, sowie seine Unfähigkeit, sich für eine Verabredung festzulegen („Bitte nur spontane Treffen!"), paaren sich zusätzlich mit massiven Wutschüben. Wenn Michaels jeweilige Freundin ihm zu nah kommt, wofür sie – wie gesagt – nicht viel zu tun braucht, kommt er „auf Schub". Eigentlich reicht es, wenn sie im falschen Moment seinen Laden betritt, wobei der Moment meistens falsch ist, es sei denn, sie hat sich so lange nicht blicken lassen, dass Michael schon

Befürchtungen hegt, er hätte es endgültig zu weit getrieben und sie käme gar nicht mehr. Michael ist sich nämlich durchaus seines Problems, zumindest in Ansätzen, bewusst, er bekommt es aber trotzdem nicht in den Griff. Er kann seine Wut kaum steuern. Wenn seine aktuelle Freundin oder Affäre seinen Laden betritt, er sich aber gerade auf „Distanzmodus" befindet, stört ihn fast alles an ihr. Wobei man hierzu sagen muss, dass Michael einen sehr guten Riecher für die Schwächen seines Gegenübers hat – egal, um wen es sich handelt. Handelt es sich jedoch um Judith, mit der er seit ein paar Monaten in gewissen Abständen ins Bett geht, dann vergrößern sich in seinen Augen ihre Schwächen überdimensional, sobald sie ihm durch ihre bloße Anwesenheit auf die Pelle rückt. Judith betritt also Michaels Laden: Michael befindet sich gerade noch in einem Gespräch mit einem Kunden, das er extrem in die Länge dehnt (passive Aggression: den anderen auflaufen lassen). Nachdem der Kunde endlich den Laden verlassen hat, begrüßt Michael Judith, wobei er körperlichen Abstand einhält: „Hallo Judith, wie geht's? Du siehst aber ziemlich fertig aus, hast du gestern wieder gefeiert?" Nachdem Judith dies verneint, fährt Michael fort, er habe gestern noch Sowieso getroffen, der habe ihn auch auf sie, Judith, angesprochen, „weil du in letzter Zeit so fertig aussiehst". Judith unternimmt einen Versuch der Gegenwehr und erklärt: „Vielleicht sehe ich ja so fertig aus, weil du dich immer so ätzend benimmst." Hierauf geht Michael jedoch nicht ein und fährt fort: „Weißt du, Judith, ich mache mir echt Sorgen um dich. Du frisst nur Fast Food, weil du dich ja um deine Ernährung überhaupt nicht scherst, und du musst unbedingt mit der Scheiß-Raucherei aufhören. Die macht deine Haut total kaputt. Nee, ich mache mir echt Sorgen um dich. Du siehst wieder so fertig aus. Hör auf, dir was vorzumachen, im Grunde bist du total unzufrieden mit deiner Situation, und anstatt endlich mal zu kapieren, dass du dich immer von den falschen Männern abhängig machst (wobei sich Michael selbstverständlich nicht dazu

> zählt) und mal grundsätzlich etwas an deiner Situation zu verändern, rauchst du viel zu viel, säufst literweise Kaffee und frisst nur Scheiße in dich rein. Das geht irgendwann nicht mehr gut mit dir. Ich mache mir echt Sorgen, dass du noch total unter die Räder kommst." Judith, die zwangsläufig durch Michaels Reden jetzt selbst „auf Schub" gekommen ist, geht zum Gegenangriff über und wirft ihm vor, er solle sich mal lieber seine Sorgen für sich selbst aufheben, schließlich sei er ständig in Finanznöten. Und im Unterschied zu ihm habe sie ihr Leben ziemlich gut im Griff. Michael: „Red doch keine Scheiße! Ich habe erst gestern wieder 2000 Euro Umsatz gemacht. Ich geb mich halt nicht mit so einem geistlosen Angestelltendasein ab wie du, das ja auch wieder nur ein Zeichen deiner Angst ist, dein Leben mal in die Hand zu nehmen", usw.

Ich möchte die Wiedergabe des unerfreulichen Monologs von Michael hier abkürzen: Nach wenigen Minuten reicht es Judith und sie verlässt verärgert und enttäuscht seinen Laden – aber noch nicht sein Leben, dafür braucht sie noch ein paar Runden. Das Perfide an Michaels Vorgehensweise ist, dass er die Schwachpunkte seines Gegenübers wie ein „Trüffelschwein" aufspürt. Tatsächlich hat Judith zurzeit keine Pfirsichhaut und tatsächlich raucht sie auch zu viel und legt nicht viel Wert auf ihre Ernährung. Und es ist stimmt auch etwas an seiner Behauptung, dass sie sich in der Vergangenheit an die falschen Männer gehängt hat und beruflich ein hohes Sicherheitsbedürfnis aufweist. Aber das sind eigentlich ziemlich normale Schwächen, wie jeder Mensch so seine Schwächen hat. Michael schafft es jedoch immer wieder, aus dem Haar in der Suppe eine ganze Perücke zu machen. Er übertreibt maßlos. Da jedoch seine angeblichen Sorgen (eine Formulierung, die er oft gebraucht, um dahinter seine Aggression zu verhüllen) nicht völlig aus der Luft gegriffen sind, trifft er genau in die richtige Schwachstelle bei Judith, was bei ihr immer wieder zu massiver Verunsicherung führt. Was Judith nicht durchschaut ist, dass Michael mit jeder Frau so verfährt. Jeder Mensch hat seine Schwächen und alles, was Michael macht, ist, der Betreffenden ihre Schwächen um die Ohren zu hauen, um auf diesem Weg sein

Bindungsproblem „zu lösen": Durch seine Aggression reguliert er die Nähe und Distanz. Judith dagegen bezieht seine Kritik viel zu sehr auf sich selbst, und ihr Selbstbewusstsein wird immer kleiner. Je schwächer sie sich jedoch fühlt, desto mehr entwickelt sie das Bedürfnis vor Michael zu bestehen – seine Zustimmung zu erhalten. Da Michael nun nicht immer „auf Schub" ist, sondern auch sehr lieb und zugewandt sein kann, entwickelt sich hier für Judith ein sehr ungesundes Beziehungsmuster von Nähe (wenn Michael Nähe will) und brutaler Zurückweisung (wenn Michael wieder Distanz braucht). Anstatt zu sehen, dass das Problem auf Michaels Seite liegt, meint Judith, sie müsste einfach nur „besser" sein, dann würde er sich auch anders verhalten. Sie sitzt in der Falle der persönlichen Ego-Kränkung, auf die ich an späterer Stelle (in Kapitel IV „Die Partner von Bindungsängstlichen. Auswege aus der Abhängigkeit) noch ausführlich eingehen werde.

Bindungsphobiker haben ein sehr gutes Händchen dafür, eine harmonische Situation durch Streit oder verletzende Bemerkungen kaputt zu machen. Die Distanzierung erfolgt für das Gegenüber oft aus heiterem Himmel. Marion erzählte: „Harald und ich waren erst kurz zusammen und ich hatte ihn für den Abend bei mir zum Essen eingeladen. Ich hatte alles schön gemacht, Kerzenlicht, romantische Musik usw. Da sagt er plötzlich in einem eiskaltem Ton: ‚Ich kann dieses romantische Zeug nicht ertragen. Ich mach mal den Deutschland-Funk rein.' Dann holte er eine Zeitung hervor und setzte sich zum Lesen hin. Ich war noch in den letzten Vorbereitungen. Ich war völlig verstört von seinem Verhalten – wir waren ganz frisch zusammen – und fragte, ob er jetzt Zeitung lesen wolle? Darauf kam wieder in diesem kalten Ton: ‚Marion, mir hat noch nie ein Mensch Vorschriften gemacht, wann ich Zeitung lese!' Mir kamen spontan die Tränen in die Augen, dabei bin ich eigentlich keine Heulsuse. Aber die Distanzierung erfolgte so krass und so abrupt. Der Abend wurde dann doch noch schön, weil er sich kurz darauf wieder abfing. Allerdings hatte sich hier nur die Spitze des Eisbergs seiner Problematik gezeigt. Die Beziehung scheiterte nach langen – viel zu langen – Kämpfen meinerseits an seiner Bindungsunfähigkeit."

Zu viel Harmonie ist für Bindungsphobiker insofern ein Problem, als dass dieser Zustand ja „zu schön, um wahr zu sein" ist. Ich möchte daran erinnern, dass hinter Bindungsängsten ein tiefes Misstrauen steckt, dass Beziehungen überhaupt funktionieren können. Oder genauer: Ein tiefes Misstrauen des Bindungsphobikers, dass eine Beziehung mit ihm funktionieren könnte. Bewusst oder unbewusst rechnen sie mit dem Scheitern. Damit sie dieser Katastrophe nicht so hilflos ausgeliefert sind, sorgen sie aktiv dafür (Stichwort „Kontrolle"), dass sie sie selbst herbeiführen. Es ist das bekannte Phänomen der „sich selbst erfüllenden Prophezeiung", das hier zu beobachten ist. Mit bissigen Bemerkungen, giftigen Kommentaren und offenem Streit regulieren sie die Nähe, die sich für sie zu bedrohlich anfühlt. Indem sie dies tun, bringen sie den Partner auf Distanz, der je nachdem traurig, enttäuscht und/oder wütend reagiert. Mit dieser Taktik strapazieren sie die Beziehung immer wieder und stellen sie auf die Probe. Je nach Leidensfähigkeit des Partners kann dies zu fortwährenden Machtkämpfen und sinnlosen Streitereien führen oder eben zum Ende der Beziehung. So oder so beweist sich der Bindungsgestörte, was er ohnehin schon wusste: Beziehungen gehen nicht gut. Dahinter steckt auch nicht selten das Motiv, die Grenzen des Partners zu testen, nach dem Motto: „Jetzt wollen wir mal sehen, ob du mich immer noch liebst?" Da sie ja ohnehin nicht von ihrem eigenen Liebeswert überzeugt sind, testen sie ihn immer wieder aus. Es ist das „böse kleine Mädchen" oder der „böse kleine Junge" in ihnen, der ohnehin mit der Ablehnung seiner Eltern rechnet und durch entsprechendes Verhalten genau diese Ablehnung provoziert. Das ist weniger schmerzhaft, als sich anzustrengen und „ganz lieb" zu sein und dann trotzdem abgelehnt zu werden. Wer traut sich schon zu kämpfen, wenn er ohnehin damit rechnet zu verlieren?

Totstellreflex als Abwehrstrategie

Eine nur bei stark ausgeprägten Bindungsängsten auftretende Abwehrstrategie ist der „Totstellreflex". Dieser Reflex ist tatsächlich ein Reflex, das heißt, der Betroffene kann keinen aktiven Einfluss auf ihn nehmen, er läuft wie automatisch ab. Bitte erinnern Sie sich an den typischen Maurer Lukas. Seine Lebensgefährtin Ira hat oft das Gefühl, dass Lukas „wie abgeschaltet" ist – auch wenn er physisch präsent ist, ist er „nicht da". Den Totstellreflex bezeichne ich auch gern als „Offline-Gehen": „Kein Anschluss unter dieser Nummer; der Teilnehmer ist im Moment nicht erreichbar." Auch wenn der Betroffene körperlich anwesend ist, bleibt er innerlich abgeschaltet. Es entsteht ein „Funkloch", das beim Partner in der Regel ein schmerzliches Gefühl des Alleinseins auslöst. Hierbei gibt es einen fühlbaren Unterschied zwischen bindungsfähigen und bindungsunfähigen Menschen. Wenn der bindungsfähige Mensch sich zum Beispiel in ein Buch vertieft, hat der Partner trotzdem noch das Gefühl, dass er irgendwie „da" ist, auch wenn er in diesem Moment durch seine Konzentration aufs Lesen eigentlich abgeschaltet ist. Beim bindungsunfähigen Menschen hingegen kann sich dieses Gefühl der Einsamkeit einstellen, obwohl er sogar gerade mit einem spricht. Dies liegt daran, dass bindungsunfähige Menschen innerlich auch immer wieder den Kontakt zu ihren Gefühlen verlieren, oder ganz konkret: das liebende Gefühl für ihren Partner. Das heißt, ihre Zuneigung für den Partner ist von mehr oder minder großen Funklöchern unterbrochen. Auf einer energetischen Ebene spüren die Partner genau dies, auch wenn sie es nicht wahrhaben wollen, aber es ist genau dieses Offline-Gehen, was sie immer wieder sehr stark verunsichert. Der bindungsfähige Partner hingegen, der sich lesend in ein Buch vertieft, kann sich jederzeit sein warmes Gefühl (also seine innere Bindung) für den Partner bewusst machen, wenn er das möchte, zum Beispiel weil er kurz an den Partner denkt. Genau diese leichte und selbstverständliche Gegenwart des Gefühls der Verbundenheit mit dem Partner beziehungsweise das unkontrollierbare und unbewusste Abreißen jeder Verbindung mit dem Partner ist der Unterschied zwischen bindungsfähigen und bindungsgestörten Menschen. Ein Betroffener erklärte mir einmal, dass er seine Freundin, wenn er sich im Ausland aufhalte, manchmal glatt eine Woche lang vergesse. Aus den Augen – aus dem Sinn. Das Liebesband von Bindungsphobikern ist an vielen Stellen unterbrochen. Ein Klient formulierte es so: „Meine Liebe für meine Freundin sind unverbundene Punkte in einem Raum und keine Gerade." Natürlich ist auch bei beziehungsfähigen Menschen die Liebe nicht immer gleich stark ausgeprägt. Aber sie empfinden doch eine gewisse Kontinuität in ihrer Verbundenheit mit dem Partner, manchmal stärker und manchmal schwächer. Aber die innere Verbindung reißt nicht einfach unvorhergesehen ab.

Was steckt hinter diesen Funklöchern der Beziehungsängstlichen, die im psychologischen Fachjargon als „Dissoziation" bezeichnet werden? In dem Moment, in dem die Beziehungsbedrohung zu stark wird, schaltet das „System" sich aus – so wie ein elektrisches Gerät bei Überhitzung. Der Betroffene verfällt in eine totale Starre. Die Bedrohung kann durch unterschiedliche Situationen ausgelöst werden. Zum einen durch die schon viel beschriebene Nähe-Überflutung. Sei es, dass die gemeinsam verbrachte Zeit mit dem Partner zu lang wird oder die Gefühle für den Partner und jene, die einem der Partner entgegenbringt, zu intensiv werden. Die Bedrohung kann aber auch von einer Trennungssituation ausgelöst werden, womit ich diesmal nicht eine endgültige Trennung, sondern eine vorübergehende Trennung meine. Zum Beispiel weil man morgens zur Arbeit gehen muss oder auf ein Wochenendseminar oder eine Geschäftsreise. Unterschwellig löst diese Trennungssituation eine extreme Angst aus, die jedoch unbewusst sofort unterdrückt und blockiert wird. Das „System" schaltet sich ab und der Partner fällt aus dem „Lichtkegel der Wahrnehmung", er verschwindet aus dem Bewusstsein. Hierdurch wird unbewusst vermieden, dass die Angst so stark wird, dass sie einen vollkommen überwältigen könnte. Was hierdurch auch automatisch vermieden wird, ist, dass der Partner einem so wichtig wird, dass er die persönliche Autonomie, die eigene Unabhängigkeit bedrohen könnte. Menschen, die den „Totstellreflex" als Abwehrstrategie erlernt haben, kennen normalerweise auch nicht das Gefühl, den anderen zu vermissen. Sehnsucht und Vermissen, die zwei stärksten „Fesseln" einer Liebesbeziehung sind für sie leere Wörter oder wie es ein Betroffener formulierte „semantische Leerstellen". Bevor sich diese Gefühle einstellen könnten, schaltet das „System" ab. Menschen mit weniger starken Bindungsängsten hingegen können den Partner oder die Begehrte sehr stark vermissen. Ihnen bietet die Abwesenheit des Anderen den hinreichenden Sicherheitsabstand, um ihren Gefühlen freien Lauf zu lassen.

Wenn der Bindungsphobiker in Gegenwart des Partners „offline" geht, dann funktioniert er zwar noch gerade so auf „Notstrom-Niveau", aber der Partner spürt in der Regel sehr deutlich, dass er am liebsten ganz weit weg wäre und es innerlich auch gerade ist. Der Bindungsphobiker „friert ein", er kann zwar noch mit einem sprechen, am Tisch sitzen bleiben oder neben einem herlaufen, wenn es sein muss, aber alle Gesten der Bezogenheit und Zugewandtheit werden reflektorisch zurückgenommen: Es wird wenig oder kein Blickkontakt aufgenommen und keinerlei Körperkontakt initiiert. Stellt der Partner in diesem Moment Körperkontakt her, lässt er dies wie erstarrt über sich ergehen, versucht aber sofort wieder körperliche Distanz herzustellen, indem er sich abwendet oder die Hand loslässt. Er entzieht sich unmittelbar der körperlichen Berührung. Wenn es irgendwie geht, verschwindet der Bindungsphobiker in diesem Moment auch physisch, indem er auf eine seiner bevorzugten Fluchtstrategien zurückgreift (Zeitung lesen, Hobby, Arbeit etc.). Übergeht man die Warn- und Distanzsignale in einem solchen Moment und fordert durch Worte oder Handlungen zu viel Nähe ein, kann dies bei einem Bindungsphobiker, der gerade den „Totstellreflex" durchlebt, starke Aggressionen auslösen. Wie ein in die Ecke gedrängtes Tier schlägt er dann zu – entweder tatsächlich oder verbal. In jedem Fall wird er schnellstmöglich verschwinden.

Die drei Phasen einer Beziehung mit einem beziehungsängstlichen Menschen

Beziehungen mit Beziehungsphobikern weisen einen typischen Phasenverlauf auf. Dabei können die einzelnen Phasen von sehr unterschiedlicher Dauer sein und sich auch innerhalb einer Beziehung wiederholen. Somit ist die folgende Schilderung lediglich ein Musterbeispiel.

Der Anfang: Jan, ein 38-jähriger Architekt aus Berlin, lernte Sylvia, 33 Jahre, in einem Buchladen kennen. Sie beriet ihn, als er nach einem Geschenk für einen Freund suchte. Sylvia war sehr hübsch und ihm gefiel, wie sie über Bücher sprach. Am nächsten Tag ging er wieder in den Laden und fragte sie, ob sie mit ihm ihre Mittagspause verbringen würde. Sie lehnte ab. Aber Jan wollte sich nicht geschlagen geben. Er schickte ihr täglich Blumen und Kärtchen in den Laden und eine Woche später machte er ihr erneut seine Aufwartung. Sylvia war durch seine Hartnäckigkeit inzwischen neugierig und ihr Widerstand war schwächer geworden. Diesmal nahm sie die Essenseinladung an. Jan erzählte ihr viel über sich und sein Leben. Sylvia fand ihn interessant und attraktiv. Sie gingen danach noch öfter zusammen aus und Jan strengte sich mächtig an, um Sylvia von sich zu überzeugen. Syliva hatte das Gefühl, dass er sehr sensibel war und ihr viel anvertraute. Das schmeichelte ihr. Gleichwohl fand sie auch, dass er etwas zu viel trank. Es gefiel ihr aber, mal wieder einen Mann an ihrer Seite zu haben, sie war nun schon seit einem Jahr Single und sehnte sich nach einer neuen Beziehung. Sie verliebte sich in ihn und es folgten Monate des intensiven Glücks. Im ersten Jahr ihrer Beziehung sahen sie sich, so oft es ging. Da Jan auch auswärtige Projekte betreute, konnten sie sich allerdings öfter auch nur am Wochenende sehen. Sie telefonierten jedoch mehrmals täglich. Sie waren verrückt nacheinander. Jan bedrängte Sylvia, zu ihm zu ziehen. Dann wären sie sich immer nah und sparten das Geld für ihre Miete. Sylvia willigte ein.

Die Mitte: Als Sylvia zu Jan gezogen war, veränderte sich sein Verhalten. Es fing mit Kleinigkeiten an. Er vergaß öfter von der Arbeit aus anzurufen, was er sonst immer getan hatte. Er hatte es auch plötzlich nicht mehr so eilig, von der Arbeit nach Hause zu kommen. Und sein Interesse an Sex ließ ziemlich nach. Er klagte, er habe im Moment sehr viel Stress mit einem Bauprojekt und von daher nicht den Kopf frei. Sylvia hatte zunächst Verständnis. Dann kam Jan immer häufiger sehr spät nach Hause. Manchmal war er auch angetrunken, weil er noch mit ein paar Kollegen oder Kunden in einer Kneipe „hängen geblieben" war. An den Wochenenden wirkte er oft abgespannt und geistig abwesend. Jan schob alles auf seine Arbeit. Aber Sylvia spürte, dass es etwas Grundlegenderes war, was sich bei Jan verändert hatte. Sie hatte das Gefühl, dass Jan die Arbeit nur als Vorwand benutzte. Als sie ihn mit diesem Gefühl konfrontierte, druckste Jan herum. Er erklärte, es habe nichts mit ihr zu tun. Er liebe sie nach wie vor, aber er merke, dass er auch seinen Freiraum benötige. Sie verabredeten deswegen, dass sie nur an vier festen Abenden die Woche etwas zusammen machten, die anderen drei Abende hatte Jan „frei." Sie schliefen höchstens noch einmal die Woche zusammen. Jan fühlte sich meistens „zu ausgelaugt." Er trank vermehrt. Nach einem Monat schlug Jan vor, dass sie die Abende wieder flexibler handhaben sollten. Er fühle sich durch diese Regelung so festgenagelt. Sylvia solle ihn bitte nicht falsch verstehen, er freue sich immer, wenn er sie sehe, aber wenn sie einen so festen Verabredungsplan hätten, dann dämpfe das seine Freude auf sie. Also gingen sie wieder zu spontanen Treffen über. Jan kam wieder häufig spät nach Hause, oder er setzte sich daheim auch noch an seinen Schreibtisch, sodass sie manchmal nur zwei Abende in der Woche gemeinsam verbrachten, wenn er sich nicht ohnehin auf Dienstreise befand. Wenn Jan nicht aufgrund auswärtiger Projekte unterwegs war, hielt sich Sylvia immer die Abende für ihn frei. Sie konnte nie voraussagen, an welchem Abend er früher nach Hause kam. Sie fühlte sich oft allein. Sie stritten sich immer häufiger. Sylvia war frustriert und total verunsichert. Sie hatte sich ihr Zusammenleben völlig anders vorgestellt. Sie warf Jan vor, sie erst in seine Wohnung gelockt zu haben und sie nun von sich zu stoßen. Sie beschwerte sich, er trinke zu viel und vernachlässige sie. Nach solchen Streitereien ging es meistens wieder etwas besser. An manchen Tagen war Jan auch wieder der Alte, dann brachte er ihr Blumen mit, bekochte sie, und die alte Leidenschaft loderte wieder auf. Sylvia klammerte sich an diese schönen Momente und hoffte, dass es sich nur um eine vorübergehende Krise in ihrer Beziehung handelte, weil sie sich an das Zusammenleben gewöhnen müssten. Aber es wurde nicht besser. Sylvia hatte das Gefühl, dass Jan ihr entglitt. Sie strengte sich an, wieder näher an ihn heranzukommen. Sie stylte sich sorgfältig, verwöhnte Jan mit kleinen Aufmerksamkeiten und bemühte sich, besonders einfühlsam und verständnisvoll zu sein. Aber irgendwie lief sie mit ihren Maßnahmen ins Leere. Wenn sie über die Beziehung sprechen wollte, reagierte Jan zunehmend gereizt und beteuerte, dass alles in Ordnung sei. Er warf ihr vor, sie höre das Gras wachsen.

Das Ende: Sylvia und Jan hatten ein sehr schönes Wochenende in Hamburg bei Sylvias Eltern verbracht. Es war zwischen ihnen endlich mal wieder wie früher gewesen: harmonisch und leidenschaftlich. Als sie Sonntagabend wieder in ihrer Berliner Wohnung angekommen waren, meinte Jan, er müsse mit ihr sprechen. Jan erklärte, er könne die Beziehung so nicht fortsetzen. Er liebe sie, aber er fühle sich zu eingeengt. Ihm drücke das Zusammenwohnen die Luft ab. Er gestand ihr unter Tränen, dass er bisher alle Frauen verletzt habe, mit denen er zusammen gewesen sei. Aber bei ihr habe er diesmal alles anders machen wollen. Er sei sich sicher gewesen, dass sie die Richtige sei und er diesmal durchhalte. Aber er packe es nicht, er müsse sie bitten, wieder auszuziehen. Es tue ihm so schrecklich leid, ihr so wehzutun.
Sylvia konnte es nicht fassen. Die Beziehung hatte doch gerade erst angefangen. Und sie verstanden sich doch so gut. Bei so vielen Dingen vertraten sie dieselben Ansichten und hatten denselben Geschmack. Das konnte doch einfach nicht wahr sein!? Sylvia war verzweifelt. Sie wollte einen Kompromiss, einen Neuanfang, sie flehte. Aber Jan blieb hart. Nein, er sei sich inzwischen sicher, und was er nie habe wahrhaben wollen, müsse er sich nun doch eingestehen: Er könne keine festen Beziehungen führen. Sie erdrückten ihn. Todunglücklich zog Sylvia zunächst zu einer Freundin.

Das Nachspiel: Zwei Wochen später meldete sich Jan bei ihr. Er fühle sich schrecklich. Er liebe sie immer noch und denke jeden Tag an sie, wie es ihr gehe? Ob sie sich sehen könnten? Es kam zu einem Treffen und zu einem Neuanfang. Dem folgten drei weitere Trennungen und Versöhnungen, bis Sylvia den Kontakt endgültig und für immer abbrach. Es dauerte sehr lange, bis Sylvias Wunden von dieser Beziehung verheilt waren.

Was ist passiert?

Der Anfang: Bindungsphobische Beziehungen starten oft sehr leidenschaftlich und romantisch. Im Zustand der frischen Verliebtheit und des Neuanfangs vernimmt der Bindungsvermeider seine Ängste nicht. Solange er sich nicht festgenagelt fühlt, kann er Gas geben. Beziehungsanfänge zeichnen sich durch Unsicherheit auf beiden Seiten aus. Solange der Bindungsphobiker also noch nicht das Gefühl hat, dass die Beziehung sicher und von Dauer sein wird, kann er seinen Gefühlen freien Lauf lassen. Bis dahin hat er nur ein Ziel: das begehrte Objekt für sich zu gewinnen. Jan: „Ich war wie besessen davon, Sylvia zu erobern. Obwohl ich aus früheren Beziehungen wusste, dass mein Interesse meistens nachlässt, wenn die Beziehung mehr in die Alltagsphase eintritt, so dachte ich, bei Sylvia wäre diesmal alles anders. Ich hatte bei Sylvia länger als bei anderen Frauen gebraucht, um sie rumzukriegen. Das hatte meine Verliebtheit extrem gesteigert. Ich dachte, diesmal hätte ich wirklich die Richtige gefunden."

Die Mitte: Die Zweifel an der Beziehung kommen auf, wenn der Partner sich klar zu der Beziehung bekennt und die Beziehung somit in eine nächste Stufe der Verbindlichkeit übergeht. Dies war der Fall, als Sylvia bei Jan einzog. Obwohl Jan sie zu diesem Schritt bewegt hatte, kam in ihm plötzlich das Gefühl auf, dass sie in sein Revier eindrang. Die Eroberungsphase war hiermit für Jan abgeschlossen, das Machtverhältnis in der Beziehung hatte sich verändert. Nun regten sich die ersten Zweifel in Jan. Er dachte nun öfter darüber nach, was ihn alles an Sylvia störte. Und es beschlich ihn das Gefühl, seine Freiheit verloren zu haben. Auf einmal fielen ihm wieder eine Reihe anderer hübscher Frauen auf, die er in seiner Eroberungsphase gar nicht wahrgenommen hatte. Sollte er nun wirklich nur noch mit einer zusammen sein dürfen? Für immer? Er sprach aber nicht mit Sylvia über seine Beklemmungen, schließlich wollte er sie auch nicht verlieren. Stattdessen fing er an, sich abzuschotten. Er hatte den Wunsch, sein Revier neu abzustecken. Auch seine Gefühle für Sylvia veränderten sich. Er war sich nicht mehr so sicher, ob er sie wirklich liebte. Sein Begehren ließ nach. All diese Veränderungen machten ihm Sorgen und er fühlte sich schuldig. Er versuchte seine Zweifel vor Sylvia zu verbergen. Er schob alles auf die Arbeit und versuchte ihr aus dem Weg zu gehen, damit sie ihm nicht auf die Schliche kam und er sich etwas freier fühlen konnte. Andererseits fühlte er zeitweise auch immer wieder ganz deutlich, dass er sie liebte und mit ihr zusammen sein wollte. Sein Verhalten und seine Botschaften an Sylvia waren in dieser Zeit extrem widersprüchlich.

Jan: „Ich war in jener Zeit innerlich total zerrissen. Einerseits wollte ich die Beziehung zu Sylvia. Ich kann mich auch gar nicht erinnern, was mich wirklich an ihr störte. Eigentlich passten wir sehr gut zusammen. Und trotzdem gingen mir plötzlich Kleinigkeiten auf die Nerven, kleine Angewohnheiten, die sie hatte und die mir vorher gar nicht aufgefallen waren. Zum Beispiel ihre ausgeprägte Ordnungsliebe. Nichts durfte herumliegen, sie stellte alles sofort an seinen Platz zurück. Ich hatte das Gefühl, dass sie mich aus meinem eigenen Terrain drängte. Außerdem konnte ich überhaupt nicht damit umgehen, dass sie abends auf mich wartete. Sie freute sich immer mich zu sehen und anstatt mich ebenso zu freuen, hatte ich das Gefühl, nicht mehr frei entscheiden zu können. Ich fühlte mich plötzlich so verpflichtet, abends nach Hause zu kommen. Das machte mich wütend und deswegen kam ich abends oft extra spät, um mir und ihr zu beweisen, dass ich trotzdem noch ein freier Mensch sei. Ich spürte auf einmal nur noch Druck. Um diesem Gefühl zu entkommen, trank ich vermehrt. Andererseits hatte ich auch immer wieder Momente, wo ich wieder wie frisch verliebt in Sylvia war, dann brachte ich ihr Blumen mit und wollte auch wieder mit ihr schlafen. Ich schämte mich dann schrecklich für meine Zweifel und mein Verhalten und wollte alles wiedergutmachen. Es muss für sie alles sehr verwirrend gewesen sein – so wie für mich auch."

Das Ende: Angesichts all dieser Zweifel und all der Erwartungen und Forderungen, die der Bindungsphobiker in der verbindlichen Phase der Beziehung an sich gestellt sieht, ergreift ihn immer mehr das Gefühl, dass er in der Falle sitzt und er seinen Freiraum zurückerobern muss. Die Empfindung, emotional und räumlich invasiert zu werden, wird immer stärker. Die Gedanken des Bindungsphobikers kreisen verstärkt darum, wie er sich aus der Affäre ziehen und sein Revier verteidigen kann. Sein Verhalten wird zunehmend feindseliger, aggressiver und egoistischer. Manchmal versucht er auch durch ein extrem provozierendes Verhalten, den Partner zum Schluss machen zu bewegen. Immer hartnäckiger nistet sich im Bindungsphobiker die Überzeugung ein, dass er seine Haut nur retten kann, wenn er die Beziehung beendet. Die Ambivalenz der mittleren Phase kippt verstärkt in Richtung Fluchtgedanken. Nicht selten fängt er, um sich den Absprung zu erleichtern, die nächste Affäre an.

Jan: „Schon bevor wir nach Hamburg fuhren, war mir klar, dass ich die Sache mit Sylvia beenden muss. Dieser Entschluss hat mich so erleichtert, dass ich das Wochenende in Hamburg geradezu genießen konnte, was meinen Vorsatz schon wieder etwas ins Wanken brachte. Da ich aber ein paar Tage zuvor eine Frau kennengelernt hatte, die mich sehr interessierte, und ich mich für die kommende Woche bereits mit dieser verabredet hatte, wollte ich gegenüber Sylvia auch nicht so unfair sein und habe meinen Entschluss am Sonntagabend durchgezogen. Das hat mir zwar auch wehgetan, aber ich sah keinen anderen Ausweg mehr."

Das Nachspiel: Wenn dann die Trennung vollzogen wurde, legen sich die Zweifel und Ängste beim Bindungsphobiker häufig schlagartig. Der Druck ist entfernt, es gibt keinen Feind mehr. Dann fällt vielen plötzlich auf, dass sie ihren Expartner vermissen und ihn immer noch lieben. Die Freiheit verliert maßlos an Glanz in dem Moment, wo man sie hat. Der Bindungsphobiker stellt fest, dass er die falsche Entscheidung getroffen hat, und will zu seinem Partner zurück. Das Ende einer bindungsphobischen Beziehung ist häufig nicht das Ende. Irgendwie geht es dann doch noch weiter. Trennungen und Neuanfänge, wenn auch in kürzeren Auflagen, sind in bindungsphobischen Beziehungen oft zu verzeichnen.

Jan: „Als Sylvia ausgezogen war, fühlte ich mich plötzlich schrecklich einsam. Die andere Frau interessierte mich gar nicht mehr. Ich konnte auch nicht mehr nachvollziehen, was mich die letzten Monate eigentlich geritten hatte. Meine Liebe für Sylvia war wieder ganz neu und intensiv. Ich war nur noch von dem Gedanken getrieben, sie wieder zurückzugewinnen."

Dies war im Zeitraffer ein typischer Verlauf einer bindungsphobischen Beziehung. Wie gesagt, können die einzelnen Phasen sehr unterschiedlich lang sein. Die mittlere Phase kann sich über ein paar Wochen, aber auch über Jahre hinziehen. Bei manchen Hochsensiblen dauert die mittlere Phase auch nur ein paar Tage beziehungsweise nur eine Nacht, dann haben sie bereits das Gefühl in der Falle zu sitzen. Aber auch eine Heirat ist, wie bereits erwähnt, mit einem Bindungsphobiker durchaus nicht ausgeschlossen. Nach der Hochzeit bricht die Bindungsangst häufig jedoch besonders intensiv durch. Der Partner fängt an, alle möglichen Flucht- oder Aggressionsstrategien zu nutzen, um die Beziehung weiter auf Distanz zu halten. Die Hoffnung, „wenn ich dich erst mal unter der Haube habe ..." erfüllt sich mit Sicherheit nicht.

Beziehungsphobiker entwickeln eine schier unerschöpfliche Anzahl von Strategien, um sich per Flucht, Kampf oder Totstellen im wortwörtlichen Sinne aus der Affäre zu ziehen. Für die Partner sind letztlich alle Methoden schmerzlich. Und häufig schüren sie das typische Ping-Pong-Spiel zwischen den Partnern: Der eine rennt weg, der andere hinterher. Der eine bricht laufend Streit vom Zaun, der andere will es immer noch besser machen, um den Streit zu vermeiden (was natürlich nicht funktioniert). Wenn Sie sich in den vorigen Seiten wiedererkannt haben, weil sie eine oder mehrere Strategien in ihrer Beziehung oder Affäre einsetzen, um den Partner auf Distanz zu halten, kann ich Sie an dieser Stelle nur noch einmal auffordern: Machen Sie sich Ihre Mechanismen bewusst – und leben Sie sie möglichst nicht einfach unreflektiert in der Partnerschaft aus. Dieses Buch möchte Ihnen auf diesem – zugegebenermaßen nicht leichten Weg – eine Unterstützung und Anleitung sein.

Wenn Sie dagegen in den Flucht- und Abwehrstrategien Ihren Partner erkannt haben, kann ich Ihnen nur raten: Hören Sie auf, sich fast ausschließlich auf Ihre Beziehung zu konzentrieren. Nehmen Sie wieder Kontakt zu Freunden auf, pflegen Sie Ihre Hobbys. Nehmen Sie den Druck aus Ihrer Partnerschaft. Für sich selbst ebenso wie für Ihren Partner. Beziehungen mit beziehungsängstlichen Menschen üben einen ungeheuren Sog aus und die Partner dieser Menschen neigen dazu, all ihre Energie in die Beziehung, in das Verstehenwollen des Partners etc. zu stecken. Steuern Sie diesem Sog entgegen und kümmern Sie sich mehr um sich selbst: Um Ihre Probleme statt um die Ihres Partners, um Ihre Realität der Beziehung statt um die Illusion, die in nahen Momenten entsteht. Ab Seite 235 finden Sie konkrete Anregungen, wie Sie diesen Weg Schritt für Schritt gehen können.

Nebenwirkungen der Bindungsangst – Schwierigkeiten im Alltagsleben

Bindungsängste sind, sofern sie ein Ergebnis früher Kindheitserfahrungen und nicht späterer Enttäuschungen sind, in der Persönlichkeit der oder des Betroffenen verankert und wirken sich deshalb ebenso auf andere Lebensbereiche aus.

So ist auch der berufliche Werdegang von Bindungsängstlichen häufig von ihrem starken Freiheitsbedürfnis und der Angst, sich festzulegen, durchdrungen. Entweder machen sie sich selbstständig, um sich keiner Bevormundung auszusetzen, oder sie suchen sich Arbeitsplätze, wo ihr Freiheitsbedürfnis möglichst wenige Begrenzungen erfährt. Häufig sind sie in Jobs zu finden, die sehr viel Mobilität und Flexibilität erfordern. So kommt beispielsweise die Notwendigkeit, sich häufig auf Dienstreisen zu begeben, ihrem Fluchtimpuls und ihrer Umtriebigkeit entgegen. In Festanstellungen streben sie Positionen an, in denen ihnen möglichst kaum ein direkter Vorgesetzter vorsteht. Sie lieben auch beruflich ein Nischendasein, in dem sie sich, auch innerhalb einer Festanstellung, möglichst unkontrolliert bewegen können. Ich erinnere daran, dass Bindungsängstliche ein hohes Kontrollbedürfnis aufweisen. Entsprechend sind alle Tätigkeiten für sie verlockend, in denen sie entweder in einer Machtposition sind oder sich möglichst wenig beobachtet fühlen. Ihre Angst vor der Endgültigkeit führt aber auch nicht selten zu Abbrüchen, sei es in der Ausbildung, im Studium oder bei der Doktorarbeit. Häufig wechseln sie auch den Job auffällig oft.

Manche Menschen mit Bindungsängsten sind gerade aufgrund ihres Persönlichkeitsmusters beruflich sehr erfolgreich. Andere scheitern gerade aufgrund desselben. Im ersten Fall kommt ihnen zugute, dass sie sich gern in die Arbeit flüchten und sich in ihrer Karriere nicht durch private Bindungen aufhalten lassen. Im zweiten Fall scheitern sie immer wieder an ihrem Widerwillen sich festzulegen und unterzuordnen. Ihr Freiheitsbedürfnis und ihre mangelnde Kompromissfähigkeit führen dann zu wiederholten Neuanfängen und Abbrüchen und mit der Lebensspanne wächst der Stapel ihrer gescheiterten Berufsprojekte ebenso wie jener ihrer gescheiterten Beziehungen.

Ein weiteres Erkennungsmerkmal von Bindungsphobikern ist ihre persönliche Wohnumgebung. Ihre Nomadenmentalität macht sich häufig auch hier bemerkbar. Sie richten sich gern so ein, dass sie jederzeit die Zelte abbrechen können. Ihre Wohnungen weisen häufig provisorische Züge auf beziehungsweise die Wohnung oder das Haus werden nie richtig fertig – das Ende bleibt offen. Auch hier scheuen sie auf den letzten Metern davor zurück, sich festzulegen. Oder sie leben sehr bescheiden. Vor allem Männer, die ja häufig weniger Wert auf Gemütlichkeit und Dekoration legen als Frauen, leben oft weit unter ihren Verhältnissen. Das Provisorische beziehungsweise die Bescheidenheit ihrer Einrichtung steht in einem eigentümlichen Kontrast zu ihrem Einkommen. Oder ihr gescheiterter Berufsweg und damit einhergehend ihr geringes Einkommen gehen Hand in Hand mit ihren Wohnverhältnissen. Aber es ist nicht nur ihr Lebensgefühl, sich ständig fluchtbereit zu halten und nirgendwo Wurzeln zu schlagen, das sie ihre Wohnung „umzugsfreundlich" einrichten lässt, sondern auch ihre tiefe Abneigung, sich zu binden. Nicht nur ihre Beziehung zu Menschen, sondern auch zu Gegenständen ist lose. Der deutsche Rocksänger Udo Lindenberg, ein bekennender Bindungsverweigerer, treibt diese Wohnphilosophie aufgrund seiner finanziellen Möglichkeiten auf die Spitze, indem er sich seit vielen Jahren in einem Hamburger Luxushotel einquartiert hat.

Bindungsphobiker bevorzugen ein kühles Mobiliar. Sie mögen eine sachliche Funktionalität, die zwar durchaus geschmackvoll sein kann, aber wenig Gemütlichkeit ausstrahlt. Die rationale, kopfgesteuerte Abwendung von Emotionen in ihrer Lebensführung drückt sich auch in ihrem Geschmack aus.

In Freundschaften gilt für Bindungsängstliche normalerweise dieselbe Regel wie in Partnerschaften: „Bitte nicht zu viel Erwartungen!" Auch in Freundschaften haben sie es nicht so gern, wenn man sie festnageln will. Am wohlsten fühlen sie sich, wenn sie sich „optional" verabreden können. Am besten soll der Freund nicht gekränkt sein, wenn man kurzfristig absagt oder wenn man sich die Verabredung möglichst lange offen hält. Eine Betroffene erzählte, dass ihr bereits in dem Moment, in dem sie eine Verabredung trifft, schon die Lust darauf vergeht, weil aus dem Wunsch, diese Person zu treffen, durch die Verabredung eine Verpflichtung geworden sei.

Nicht wenige Bindungsängstliche suchen sich, um ihr Verabredungsproblem zu lösen, einen Familienanschluss. So pflegen sie mindestens zu einer Familie, in der sie spontan ein und aus gehen können, eine enge Freundschaft. Familien haben für Bindungsphobiker den Vorteil, dass man sie häufig zu Hause antrifft und sie zumeist einen geregelten Tagesablauf verfolgen. Der bindungsscheue Freund kann somit seine Kontaktwünsche spontan ausleben, und das ist ihm sowieso das Allerliebste. Zudem kompensiert die Familie die Nestwärme, die dem Bindungsängstlichen fehlt. Bei der befreundeten Familie kann er dabei sein, ohne jedoch Verantwortung tragen zu müssen.

Ob man sich auf Bindungsängstliche in Freundschaften verlassen kann, hängt vom Ausmaß der Bindungsangst und dem Charakter des Betroffenen ab. Manche von ihnen sind als Freunde ebenso schlecht wie als Beziehungspartner zu ertragen, weil sie auch hier jegliche Verantwortung scheuen und einen hängen lassen, wenn man sie braucht. Andere sind als Freunde ausgesprochen zuverlässig. Ihr Näheproblem wird nur in Liebesbeziehungen virulent. Die meisten von ihnen fahren in Freundschaften ein Mischmodell. Sie sind als Freunde längst nicht so kompliziert wie in Partnerschaften, aber dennoch sollte man nicht zu viele Erwartungen an sie stellen. Letztlich gibt es noch die extrem introvertierten, bindungsscheuen Einzelgänger, die Freundschaften grundsätzlich aus dem Weg gehen und höchstens lose Bekanntschaften pflegen. Bei diesen geht ihr Abgrenzungsinstinkt so weit, dass sie keinen an sich heranlassen und niemandem Eintritt in ihre Wohnung – in ihr Revier – gewähren.

Auch in Freundschaften vermeiden Bindungsängstliche es gern, offen über ihre Gefühle zu sprechen. Sie verstehen es zumeist recht geschickt, das Thema von sich abzulenken. Vor allem die Männer unter ihnen haben eine starke Vorliebe für Sachthemen. Frauen sind häufig noch eher gewillt, mit ihren Freundinnen über ihre wahren Gefühle und Ängste zu sprechen. Nicht selten weisen Bindungsängstliche aber auch eine Aura der Unnahbarkeit auf, sodass ihre Freunde sich kaum trauen, ihnen mit persönlichen Fragen näher zu treten.

Eine weitere, häufige Nebenwirkung der Bindungsangst ist ein Drang, unsichtbar, also anonym, zu bleiben. Eine Betroffene erzählte mir einmal, dass sie ihre höchsten Glücksmomente erlebt, wenn sie sich irgendwo im Ausland aufhält und keiner, der sie kennt, davon weiß. Dann stellt sich bei ihr ein berauschendes

Freiheitsgefühl ein. Ein anderer erklärte, dass er es liebt, „in der zweiten Reihe zu stehen." Jegliche Aufmerksamkeit auf seine Person ist ihm dagegen zuwider. Viele Betroffene möchten sich am liebsten unsichtbar machen und nirgendwo verzeichnet sein. Sie wollen nicht dazugehören. Deswegen vermeiden sie auch den Beitritt zu Vereinen oder jeglichen Institutionen, die eine feste Mitgliedschaft erfordern. Bei manchen geht dieser Wunsch nach Anonymität sogar so weit, dass es ihnen widerstrebt, ihren Namen auf ihr Türschild zu schreiben. Sie wollen nicht greifbar sein. Den Wunsch unterzutauchen verspüren sie zwar am dringendsten in Liebesbeziehungen, aber bei manchen ist er geradezu ein Leitmotiv des Lebens: Wenn keiner mich sieht, kann keiner (von) mir etwas wollen! Eine Ausnahme bilden hier die Bindungsängstlichen mit narzisstischen Zügen (s. a. S. 86), diese stehen gern im Rampenlicht – aber dort am liebsten allein.

Ursachen der Bindungsangst

Die Ursachen der Bindungsangst finden sich in den allermeisten Fällen in der frühen Kindheit der Betroffenen. Bindung spielt von Beginn unseres Lebens an eine existenzielle, überlebenswichtige Rolle. Wir kommen gebunden an die Nabelschnur auf die Welt und werden dann entbunden. Bindung und Entbindung ziehen sich als Lebensthema bis zum Tod durch unser ganzes Leben.

Der Säugling ist total abhängig von der Fürsorge und Zuwendung seiner nächsten Bezugspersonen. Wenn diese sich nicht um ihn kümmern, stirbt er. In den meisten Fällen ist es die Mutter, die in den ersten Lebensjahren die Hauptverantwortung übernimmt. Es kann aber auch der Vater, die Großmutter oder eine andere Bezugsperson sein – es kommt nicht darauf an, wer die Fürsorge übernimmt, sondern dass sie jemand übernimmt. Die meisten Kinder wachsen mit mehreren Bezugspersonen auf, die sich um sie kümmern, zumindest mit Vater und Mutter. Ich werde mich fortan auf die Mutter beziehen, weil es sprachlich zu umständlich ist, wenn man ständig der Gleichberechtigung halber erwähnt, dass auch der Vater oder eine andere Bezugsperson dem Kind dieselben Dienste erweisen kann. Dies soll im Folgenden als selbstverständlich vorausgesetzt werden.

Die Rolle der Mutter

Ob wir in unserem späteren Leben bindungsfähig sind, hängt in hohem Maße davon ab, welche Erfahrungen wir in den ersten Lebensjahren in der Beziehung zu unserer Mutter gemacht haben. Es hängt davon ab, ob unser Gehirn Bindung aus den frühesten Kinderjahren mit „Sicherheit, Wärme und Geborgenheit" assoziiert oder mit „Verlassenheit, Einsamkeit und Angst." Da die ersten zwei bis drei Lebensjahre der frühkindlichen Amnesie unterliegen – wir uns also nicht an sie erinnern können –, sind die Erfahrungen, die wir in dieser Zeit gemacht haben, unserem Bewusstsein normalerweise nicht zugänglich. Deswegen spielt das Unbewusste als machtvolle Steuerungsinstanz bei Bindungsängsten eine sehr große Rolle.

Ein kleiner Säugling ist vollkommen abhängig von seiner Mutter. In den ersten Lebensmonaten weiß er noch nicht einmal, dass er und seine Mutter getrennte Wesen sind. Der Säugling ist seinen Bedürfnissen und Gefühlen vollkommen ausgeliefert. Sein Gefühlsleben unterteilt sich in Lust- und Unlustempfindungen. Unlustgefühle können aus Hunger, Durst, Kälte, Wärme und körperlichen Beschwerden resultieren. Mit zu viel Unlust kommt der Säugling allein nicht klar, sie löst heftigen Stress aus, und er fängt an zu schreien. Aufgabe der Mutter ist es, den Stress möglichst zu stoppen, das Kind zu beruhigen, ihm Nahrung zu geben, es zu wärmen und es zu trösten. Neben dem Bedürfnis der Unlustbeseitigung hat der Säugling aber auch ein angeborenes Bedürfnis nach sozialem Kontakt und menschlicher Zuwendung. Es ist also nicht nur die Aufgabe der Mutter, ihm den Stress der Unlust abzunehmen, sondern auch, ihm das Wohlbefinden menschlicher Zuneigung und Ansprache zuteil werden zu lassen.

Im ersten Lebensjahr lernt das Kind zunehmend, seine Motorik zu steuern, seine Hände greifen sicherer, es kann sich vom Rücken auf den Bauch drehen, lernt krabbeln und unternimmt am Ende des ersten Lebensjahres die ersten Schritte. Seinen Wunsch nach Zuwendung und Nahrung kann das Kind somit zunehmend selbst steuern, indem es nach der Mama oder dem Fläschchen greift, auf die Mutter zukrabbelt, sich ihr ab- oder zuwendet. Im guten Fall schwingen sich Mutter und Kind aufeinander ein. Die Mutter versteht die Signale ihres Kindes immer besser und reagiert auf sie. Das Kind lernt, dass es verstanden wird und dass es Einfluss auf die Befriedigung seiner Bedürfnisse nehmen kann. Es macht die Erfahrung, dass es die von ihm gewünschte Reaktion der Mutter aktiv herbeiführen kann. Hierunter fallen nicht nur seine Wünsche nach Zuwendung, sondern auch seine Wünsche nach Eigenständigkeit. Je besser es sich bewegen kann, umso mehr will es seine Umgebung selbstständig erkunden. Den Zuneigungshunger des Kindes zu stillen, ist ebenso wichtig, wie es loszulassen und ihm zu erlauben, die Welt zu erkunden. Das Einfühlungsvermögen der Mutter in die Bedürfnisse ihres Kindes bildet eine der grundlegenden Voraussetzungen dafür, ob das Kind eine tragfähige Bindung zur Mutter aufbauen kann.

Wenn das Kind in dieser Zeit die Erfahrung macht, dass seine Mutter da ist, wenn es sie braucht, und es auch mal in Ruhe lässt, wenn es für sich sein will, lernt es, sich auf die Mutter verlassen zu können. Die Mutter wird zur verlässlichen Quelle des Trostes und der Geborgenheit. Sie wird zur sicheren Basis, von der aus das Kind auch seine Wünsche nach Selbstständigkeit erfüllen kann, indem es sich anderen interessanten Menschen und Dingen in seiner Umgebung zuwendet. Durch das einfühlsame Handeln der Mutter erwirbt das Kind Vertrauen in Beziehungen, das sogenannte Urvertrauen. Dieses Urvertrauen kann man als Gefühl verstehen, in der Welt willkommen und angenommen zu sein. Dieses Gefühl ist eine ganzkörperliche Erfahrung – das Kind speichert in seinem Körper ab, ob es angenommen und geliebt wird oder nicht. Das heißt, ein Gefühl des Angenommenseins und Vertrauens spürt das Kind mit seinem ganzen Körper als ein Wohlbefinden und es wird als Lebensgefühl in das erwachsene Dasein mit hineingenommen. Die Erinnerungsspuren dieser Zeit sind also tief in uns eingegraben, auch wenn sie dem Gedächtnis, also dem Bewusstsein, nicht mehr verfügbar sind.

An das Urvertrauen ist auch die Gewissheit geknüpft, auf Beziehungen Einfluss nehmen zu können, ihnen nicht einfach nur ausgeliefert zu sein. Das Kind lernt also, dass man sich prinzipiell auf Beziehungen verlassen, diese regulieren und herstellen kann.

Wenn dieses Zusammen- und Wechselspiel zwischen Mutter und Kind gelingt, entwickelt das Kind etwa ab der zweiten Hälfte des ersten Lebensjahres eine „innere Bindung" zu seiner Mutter. Das Kind lernt, die Mutter von anderen Menschen und anderen Dingen zu unterscheiden, die Mutter wird unverwechselbar. Aus diesem Entwicklungsschritt resultiert auch das Fremdeln des Kindes, das auch die „Acht-Monats-Angst" genannt wird: Da die Mutter zur exklusiven Vertrauensperson geworden ist und das Kind diese inzwischen sicher von anderen Menschen unterscheiden kann, reagiert es ängstlich auf fremde Menschen.

Was die innere Bindung kennzeichnet, ist ein Vorgang, den die Psychologen als „Objektkonstanz" bezeichnen. Objektkonstanz bedeutet, dass ein Kind lernt, dass die Mutter auch da ist, wenn das Kind sie gerade nicht sehen kann, zum Beispiel weil sie sich in einem anderen Raum aufhält. Das Kind verinnerlicht sozusagen das Bild der Mutter und ist somit nicht mehr allein auf ihre körperliche und visuelle Präsenz angewiesen, um zu wissen, dass es sie gibt. Das Kind hat die Mutter in gewisser Weise innerlich in Besitz genommen, es trägt sie im Herzen. Es ist vor allem dieses Gefühl, das als innere Bindung erlebt wird. Es ist dieses warme und zumeist abrufbare Gefühl, das man auch als Erwachsener für Menschen empfindet, die man liebt. Zugleich geht mit der inneren Bindung ein tiefes Gefühl der Sicherheit und Geborgenheit einher.

Neueste Studien aus der Neurobiologie haben bewiesen, dass der Kern aller menschlichen Motivation ist, Zuneigung und Wertschätzung zu finden und zu geben. Das Bedürfnis nach Bindung ist also biologisch in uns angelegt. Das menschliche Motivationssystem, das wesentlich durch die Botenstoffe Dopamin und Oxytocin gesteuert wird, springt am besten an, wenn Zuwendung, Anerkennung und Liebe im Spiel sind. Isolation und Einsamkeit können das menschliche Motivationssystem hingegen lahmlegen. Der Mensch ist dann von Gefühlen starker Sinnlosigkeit geplagt und verspürt keinen Antrieb mehr, wie es bei schweren Depressionen der Fall ist. In den ersten zwei bis drei Lebensjahren, und damit in den Jahren, in denen das Urvertrauen und die innere Bindung zur Mutter entstehen, werden die neuronalen Verschaltungen für das Motivations- und Bindungssystem im Gehirn ausgebildet. Erhält ein Kind in dieser Zeit zu wenig Zuwendung, werden im Gehirn dieses Kindes die neuronalen Verschaltungen für diese Botenstoffe erheblich weniger ausgebildet als bei einem Kind, das ausreichend Zuwendung erfährt. Aus neurobiologischer Sicht bedeutet dies, dass ein Kind, das in den ersten Lebensjahren nicht ausreichend Liebe und Zuwendung erhält, nicht nur im Sinne seiner psychologischen Prägung einen „Softwareschaden" bekommt, sondern tatsächlich auch einen „Hardwareschaden" erleidet, weil in seinem Gehirn weniger Kontaktstellen (Synapsen) zwischen den Nervenzellen des Motivations- und Bindungssystems produziert werden. Das Gehirn dieses Kindes und späteren Erwachsenen kann nicht so viel Dopamin und Oxytocin produzieren wie das Gehirn eines Menschen, der in den ersten Lebensjahren genügend Zuwendung erfahren hat. (Lesern, die mehr über die neurobiologische Sicht erfahren wollen, empfehle ich das sehr lesenswerte Buch von Joachim Bauer „Prinzip Menschlichkeit.") Das Wechselspiel zwischen seinem inneren Motivations- und Belohnungssystem und Zuwendung, Liebe, Anerkennung von außen funktioniert nur eingeschränkt. Im Extremfall kann dieser Schaden in der „Hardware" ein wichtiger Grund für Beziehungsängste und Bindungsschwierigkeiten im späteren Leben sein.

Die ersten zwei Lebensjahre sind also von zentraler Bedeutung für die Bindungsfähigkeit eines Menschen. Aber sie entscheiden doch nicht allein über die spätere Entwicklung eines Menschen. Auch die weiteren Entwicklungsjahre haben einen starken Einfluss auf die spätere Bindungsfähigkeit. Häufig ist es jedoch so, dass sich das mütterliche beziehungsweise elterliche Erziehungsverhalten weiter fortsetzt. Der Mutter, der es schon schwergefallen ist, auf ihr Baby feinfühlig einzugehen, vermag zumeist auch nicht, die Bedürfnisse ihres Kindes in späteren Jahren zu verstehen. Natürlich gibt es hier auch Ausnahmen, die auf besondere Lebensumstände zurückzuführen sind. Beispielsweise, wenn Mutter und Kind in der sensiblen Bindungsphase voneinander getrennt werden, eventuell wegen eines Krankenhausaufenthaltes der Mutter. Das Kind kann hierdurch in seinem Bindungsaufbau stark verstört werden, obwohl die Mutter keine „Schuld" trägt. Hier kann auch noch einiges kompensiert werden, wenn die Mutter sich in den Zeiten des Zusammenseins und in den weiteren Jahren einfühlsam und liebevoll verhält. Auch Mütter/Eltern, die in sehr angespannten finanziellen Verhältnissen leben und deswegen sehr früh auf Fremdbetreuung ihrer Kinder zurückgreifen müssen, können viel wettmachen, wenn sie die verbleibende Zeit mit ihrem Kind liebevoll und einfühlsam gestalten. Es gibt viele Gründe, warum eine Mutter in den ersten Lebensjahren ihres Kindes stark überfordert sein kann und sich deshalb nicht so gut um ihr Kind oder ihre Kinder kümmern kann, wie sie es unter besseren Lebensumständen könnte. Diese Mütter und Väter können einiges an Versäumnissen ausgleichen, wenn sich die Lebensumstände wieder verbessert haben und die Krise vorüber ist. Ebenso kann ein Kind, das im ersten Lebensjahr unter dramatischen Entwicklungsbedingungen aufgewachsen ist, und dann in eine liebevolle Pflegefamilie kommt, den versäumten Bindungsaufbau nachholen. Allerdings haben auch hier neurobiologische Studien gezeigt, dass ein gewisser „Hardwareschaden" bestehen bleibt.

Ich möchte aber der neurobiologischen Perspektive entgegensetzen, dass selbst in späten Lebensjahren das psychologische Programm eines Menschen noch weitgehend überschrieben werden kann. Ich habe Klienten begleitet, die sich trotz ihres „Hardwareschadens" erheblich verändert und ein großes Maß an Beziehungsfähigkeit entwickelt haben. Im Zweifelsfall siegt der Geist über die Materie.

Auch auf Seiten des Kindes gibt es unterschiedliche Voraussetzungen, die dazu beitragen können, ob der Aufbau einer inneren Bindung gelingt. Kinder kommen mit unterschiedlichen Temperamenten und Wesensveranlagungen auf die Welt und machen es ihren Müttern hierdurch leichter oder schwerer, für sie da zu sein und eine Bindung aufzubauen. Zum Beispiel können sogenannte Schreikinder eine Mutter in die Verzweiflung treiben, und die Mutter, die bei einem „normalen" Kind durch ihre liebevolle Zuwendung ein Gefühl von sicherer Bindung erzeugt hätte, schafft es bei diesem Kind nicht. Es ist auch inzwischen erwiesen, dass Kinder mit unterschiedlichen Neigungen nach Nähe und Distanz auf die Welt kommen. So gibt es sogenannte „Kuschelkinder" und andere Kinder, die ein vergleichsweise geringes Bedürfnis nach mütterlicher Zuwendung aufweisen. Diese Kinder bringen bereits eine angeborene Neigung zur Unabhängigkeit mit, die sie anfälliger als andere Kinder für eine spätere Bindungsstörung macht. Das distanzierte Verhalten des Kindes kann für die Mutter kränkend sein, sie fühlt sich von ihrem Kind oft zurückgewiesen, was wiederum bei der Mutter zu verstärktem Rückzug führen kann und/oder einer Bevorzugung von Geschwistern, die ein größeres Anlehnungsbedürfnis aufweisen. So können sich die Probleme wechselseitig verstärken. Es ist also ganz wichtig im Auge zu behalten, dass nicht grundsätzlich die Mutter „an allem Schuld" ist. Es gibt sehr viele Entwicklungseinflüsse, und das Zusammenspiel von Mutter und Kind wird auch durch das Kind mit beeinflusst. An dieser Stelle muss auch erwähnt werden, dass der Zusammenhang zwischen mütterlicher beziehungsweise väterlicher Feinfühligkeit und der Bindung eines Kindes nicht eins zu eins ist. Es gibt Kinder, die, obwohl ihre Mutter sehr einfühlsam ist, keine sichere Bindung zu dieser entwickeln. Dies kann beispielsweise an einer sehr sensiblen und ängstlichen Gemütsveranlagung des Kindes liegen, die es grundsätzlich sehr misstrauisch gegen menschliche Beziehungen macht.

Auch andere Entwicklungseinflüsse wie die Beziehungen zu weiteren Bezugspersonen, so beispielsweise den Großeltern, Geschwistern und Gleichaltrigen, dürfen nicht unterschätzt werden. Es gibt nicht wenige Lebensgeschichten, in denen die Großmutter der Wärmespender in der Kindheit war und somit viel kompensieren konnte, was die überforderte Mutter nicht geschafft hat. An dieser Stelle kann man unmöglich alle Entwicklungseinflüsse erläutern. In den vorigen Abschnitten wurden allerdings die bedeutsamen erläutert. Und wichtig ist letztlich, dass Sie den Kern der Bindungstheorien verstanden haben. Der Kern ist: Wenn in den ersten zwei Lebensjahren der Bindungsaufbau des Kindes an die Mutter oder eine andere enge Bezugsperson misslingt, hat dies Auswirkungen auf das weitere Leben des Menschen. Vor allem dann, wenn sich die Schwierigkeiten im Kontakt mit den engen Bezugspersonen in den folgenden Lebensjahren fortsetzen. Macht das Kind hingegen nach diesen ersten zwei Lebensjahren neue und sehr viel positivere Erfahrungen mit seinen Eltern oder anderen Bezugspersonen, kann noch einiges abgefangen und kompensiert werden. Häufig ist dies jedoch nicht der Fall, denn Mütter und Väter, denen es bereits in den ersten zwei Lebensjahren schwergefallen ist, sich in ihr Kind einzufühlen, vermögen dies meistens später auch nicht besser.

Die Rolle des Vaters

Da die meisten Kinder mit Vater und Mutter – zumindest für einige Jahre – aufwachsen, möchte ich an dieser Stelle auch auf die besondere Rolle des Vaters für den Aufbau einer stabilen Bindung zwischen Eltern und Kind eingehen. Die Rolle des Vaters wurde gut erforscht, besondere Verdienste leistete hier das Ehepaar Karin und Klaus Grossmann von der Universität Bielefeld, die über 22 Jahre 100 Kinder in ihrer Entwicklung begleiteten.

Nicht nur in ihren Untersuchungen, sondern auch in anderen Studien wurde deutlich, dass die Väter in der Regel eine andere Rolle und andere Aufgaben in der Erziehung ihrer Kinder übernehmen als die Mütter. In den meisten Familien übernimmt der Vater weniger die Versorgungsaufgaben für das Kind. Die Bindung zwischen dem Vater und dem Kind entsteht eher im spielerischen Beisammensein. Ist die Mutter die sichere Versorgungs- und

Schmusebasis, so ist der Vater ein interessanter Spielpartner. Väter fordern die Kinder stärker heraus, aufregende und neue Dinge zu tun, die sich das Kind ohne Hilfe des Vaters nicht zutrauen würde. Mütter sind hingegen eher geneigt, ihr Kind etwas ängstlich zu beschützen. In manchen Fällen führt diese behütende Neigung sogar dazu, dass Mütter immer ein besorgtes Auge auf die Unternehmungen der Väter mit den Kindern werfen. Einige Mütter gehen sogar so weit, dass sie das Kind nicht allein in der Obhut des Vaters lassen, weil das ihrer Meinung nach viel zu gefährlich wäre. Traditionell und in den meisten Kulturen sind Väter diejenigen, die das Kind zu neuen Herausforderungen ermutigen. Sie vermitteln gern ihr Wissen und führen die Kinder an die Welt heran. Es sind häufig die Väter, die dem Kind Fahrrad fahren und Schwimmen beibringen, mit ihm auf einen Baum klettern, es zum ersten Mal ein Pony reiten lassen, mit ihm den Wald erkunden, ihm beibringen mit Werkzeugen umzugehen oder zum Missfallen vieler Mütter mit ihm an Silvester Böller abzuknallen. Engagierte alleinerziehende Mütter tun dies zwar auch, steht aber ein Vater zur Verfügung, fällt dies häufig in seinen Aufgabenbereich. Dies entlastet die Mutter und bereichert das Kind.

Die Vater-Kind-Bindung wird wesentlich durch ein einfühlsames Spielverhalten des Vaters geprägt. Einfühlsam bedeutet hier, dass der Vater die Wünsche und Fähigkeiten seines Kindes gut verstehen kann und es fordert, ohne es zu überfordern. Die Studien des Ehepaars Grossmann ergaben, dass der Vater einen sehr wesentlichen Einfluss auf die spätere Bindungsfähigkeit eines Kindes und seine Einstellung zu Freundschaften hat. Erwachsene, die auf eine gute Vaterbeziehung zurückblicken können, weisen im Durchschnitt ein besseres Selbstwertgefühl auf und vertrauen mehr in Freundschaften und Liebesbeziehungen als Erwachsene ohne diese Erfahrung. Je feinfühliger der Vater im Spielverhalten mit seinem Kind war, desto eher konnten sich diese Kinder, Mädchen wie Jungen, als Erwachsene ihrem Partner mit ihren Wünschen anvertrauen und auch offen mit ihren Schwächen umgehen. Eine stabile Partnerschaft mit gemeinsamen Zielen stellte für sie ein sehr wichtiges Lebensziel dar. Kinder hingegen, die ihren Vater als überfordernd, sehr autoritär oder gleichgültig erlebt hatten, zeigten eine wesentlich distanziertere und abwertendere Einstellung zu Partnerschaft und Freundschaft.

Sicher oder unsicher – die verschiedenen Bindungsstile

Bisher habe ich beschrieben, wie sich der Bindungsaufbau eines Kindes entwickelt, wenn alles einigermaßen gut läuft. Kinder, die dieses Glück hatten, erwerben eine sichere Bindung zu ihrer Mutter beziehungsweise zu ihren Eltern und wie die Forschung inzwischen nachgewiesen hat, bleibt ihnen dieser Bindungsstil in den meisten Fällen ein Leben lang erhalten. Läuft in den ersten Lebensjahren einiges verkehrt und entsteht keine sichere Bindung zwischen Kind und Eltern, dann resultieren daraus drei weitere Bindungsstile, die als unsichere Bindung bezeichnet werden und die ebenfalls das weitere Leben der Betroffenen prägen (für die Fachleute unter den Lesern: Ich beziehe mich in meiner Terminologie nicht auf John Bowlby, Mary Ainsworth usw., sondern auf die Forschungsarbeiten von Kim Bartholomew):

- die anklammernde Bindung
- die ängstlich-vermeidende Bindung
- die gleichgültig-vermeidende Bindung

Ich werde im Folgenden auf alle Bindungsstile und ihre Auswirkungen auf die erwachsene Liebesbeziehung eingehen. Der Bindungsstil ist quasi das psychische Programm, das ein Mensch bereits im Kindesalter für Bindungen erworben hat. Es sei hier schon vorweggenommen, dass die ängstlich-vermeidende und die gleichgültig-vermeidende Bindung mit massiven Bindungsängsten verbunden sind.

Die sichere Bindung – „Ich bin okay, du bist okay!"

Kinder, die eine sichere Bindung zu ihrer Mutter erwerben konnten, haben gelernt, dass sie der Mutter vertrauen und sich prinzipiell auf sie verlassen können. Wenn sie müde, gestresst, ängstlich oder traurig sind, suchen sie die Nähe zu ihrer Mutter, um sich trösten zu lassen. Zudem erwerben sie durch die Unterstützung und Zuwendung ihrer Mutter Selbstvertrauen.

Sicher gebundene Erwachsene zeichnen sich durch zwei grundlegende Eigenschaften aus: Sie verfügen sowohl über ein gutes Selbstvertrauen als auch über eine grundlegende Bereitschaft, anderen Menschen zu vertrauen. Ihre Grundeinstellung lautet: „Ich bin okay, du bist okay!" Dies hat positive Auswirkungen auf alle Lebensbereiche und im Besonderen auf die Gestaltung ihrer Liebesbeziehungen: Sie können die Nähe und Distanz zu ihrem Partner gut regulieren. Nähe bedroht sie nicht, im Gegenteil, sie verbinden hiermit Vertrauen und Geborgenheit. Die Nähe des anderen überflutet sie nicht, sondern sie genießen sie. Sie verfügen über Urvertrauen. Ein weiterer Grund für ihre Bindungsfähigkeit ist, dass sie sich gut abgrenzen können, sie können Nein sagen, ohne deshalb gleich Gefühle von Schuld oder Angst zu verspüren. Sie haben in ihrer Kindheit die Botschaft erhalten, dass sie geliebt werden, wie sie sind. Sie mussten sich nicht übermäßig verbiegen, um der Mutter, den Eltern, zu gefallen. Sie mussten sich nicht anpassen bis zur Selbstaufgabe, um den Strafen der Eltern zu entgehen. Die Eltern haben ihnen natürlich auch nicht alles durchgehen lassen, auch sie mussten sich an Regeln anpassen und ein Nein der Eltern akzeptieren lernen. Aber es war in ihrer Kindheit auch erlaubt und erwünscht, einen eigenen Willen zu haben. Auf Seiten der Eltern war Verhandlungsbereitschaft, sicher gebundene Menschen durften auch als Kinder schon Nein sagen, ohne Liebesentzug oder andere beängstigende Reaktionen der Eltern befürchten zu müssen. Deshalb stellt die Nähe des Partners für sie keine Bedrohung ihrer eigenen Identität dar – sie behalten auch in der Nähe ein authentisches und sicheres Gefühl für sich selbst. Aus diesem Grund können sie auch mit Erwartungshaltungen ihres Partners umgehen, weil sie nicht so programmiert sind, dass sie die Erwartungen des anderen erfüllen müssen. Sie erfüllen sie gern, wenn sie sie erfüllen können. Erwartungen rufen bei ihnen deshalb auch keinen reflexartigen Widerstand (Trotz) hervor. Wenn sie eine Erwartung erfüllen, dann tun sie es freiwillig, und das macht es ihnen leicht. Und wenn sie – aus welchen Gründen auch immer – einer Erwartung nicht nachkommen können, sagen sie Nein, ohne deshalb in einen inneren Strudel von Angst, Schuld und Versagensgefühlen zu geraten. Das heißt nicht, dass sie sich immer pudelwohl fühlen, wenn sie Nein sagen, aber sie können es aushalten, sich abzugrenzen.

Da sicher gebundene Menschen mit den Erwartungen des Partners selbstbestimmt umgehen können, haben sie auch keine allzu große Scheu, Verantwortung zu übernehmen. Die Verantwortung ist nämlich die große Schwester der Erwartung, und deshalb muss man diese beiden Haltungen im Verbund betrachten. Verantwortung bündelt eine Vielzahl von Erwartungen und führt zur Verpflichtung. Das psychologisch Entscheidende ist, dass die sicher gebundenen Menschen eine innere Freiheit verspüren, da sie sich bereits als Kinder innerhalb gewisser Grenzen frei entwickeln konnten. Sie übernehmen somit aus freien Stücken Verantwortung.

Letztlich können sicher gebundene Menschen auch deswegen nahe und verbindliche Liebesbeziehungen eingehen, weil sie die Überzeugung in sich tragen, dass sie nicht zugrunde gehen, wenn es schieflaufen sollte – sie stellen sich dem Risiko des Scheiterns. Wenn eine Beziehung zerbricht, können sie zwar sehr, sehr traurig sein, aber früher oder später berappeln sie sich und finden wieder in ihr normales Leben zurück. Ihr Selbstvertrauen und ihr Vertrauen in die Welt machen sie optimistisch, dass ihnen irgendwann wieder ein Mensch begegnet, mit dem sie eine Partnerschaft eingehen möchten. Bei unsicher gebundenen Menschen rüttelt eine Trennung hingegen an ihrem frühkindlichen Trauma des Verlassenseins und der Einsamkeit. Sie weisen weniger Ressourcen auf, die ihnen dabei helfen könnten, einen Verlust zu verschmerzen. Unter anderem deshalb vermeiden sie Beziehungen lieber gänzlich, statt den Schmerz der Trennung zu riskieren.

Die unsichere Bindung

Auch wenn es verschiedene Stile der unsicheren Bindung gibt, so zeigen die unsicher gebundenen Menschen, die ich auch als die Bindungsphobiker bezeichne, gewisse Gemeinsamkeiten, die ihre Beziehungsangst und ihre Schwierigkeiten mit Partnerschaft, Freundschaft und menschlicher Nähe charakterisieren: Alle unsicher gebundenen Menschen haben beispielsweise ein problematisches Verhältnis zu Erwartungen, da sie innerlich annehmen, dass sie diese Erwartungen erfüllen müssen, wenn sie die Beziehung nicht gefährden wollen. Dies führt entweder dazu, dass sie Ja sagen, obwohl sie Nein meinen und dabei das Gefühl haben, sich für den anderen verbiegen zu müssen. Oder sie entwickeln eine grundlegende „Anti-Haltung" gegenüber allen Erwartungen, sodass bereits die Idee einer Erwartung ausreicht, um sie in den passiven oder aktiven Widerstand zu treiben. Manche unsicher gebundenen Menschen pendeln innerlich auch zwischen widerstrebender Anpassung und trotziger Verweigerung. In den meisten Situationen – zumindest, wenn es um wichtige Entscheidungen geht – können sie weder mit gutem Gefühl Ja noch mit gutem Gefühl Nein sagen. Ich werde noch mehrfach darauf zu sprechen kommen, warum das so ist. An dieser Stelle lasse ich es dabei bewenden, dass der Umgang mit Erwartungen eines der zentralen Probleme in bindungsängstlichen Beziehungen ist.

Ein zweiter zentraler Punkt, der sich bei allen unsicher gebundenen Menschen beobachten lässt, ist die Scheu vor Verantwortung. Während sicher gebundene Menschen gerne Verantwortung übernehmen, weil sie es freiwillig tun, verspüren Bindungsphobiker aufgrund ihrer frühen Erfahrungen in der Kindheit immer den Druck eines unfreiwilligen Zwangs, wenn sie in die Situation kommen, dass sie Verantwortung übernehmen oder gar eine Verpflichtung eingehen sollten. Viele unsicher gebundene Menschen tendieren deshalb unwillkürlich zur Gegenbewegung, also der rigorosen Ablehnung von Verantwortung. Dies gilt zumindest für Liebesbeziehungen, nicht selten auch für andere Beziehungen und Lebensbereiche.

Ebenfalls auffällig und sehr typisch für Menschen mit unsicherer Bindung ist außerdem ein niedriges Selbstvertrauen und eine große Schwierigkeit, in einer Beziehung aktiv die richtige Balance zwischen Nähe und Distanz zum Partner zu finden. Diese Schwierigkeiten zeigen sich bei den verschiedenen Typen unsicherer Bindung in unterschiedlicher Ausprägung.

**Die anklammernde Bindung –
„Ich bin nicht okay, aber du bist okay!"**

Kinder, die mit ihrer Mutter sehr wechselhafte Erfahrungen gemacht haben, entwickeln häufig einen anklammernden Bindungsstil. Das Verhalten der Mutter ist aus der Sicht des Kindes nicht absehbar und von der jeweiligen Laune der Mutter abhängig. Die Mutter ist für diese Kinder nicht zuverlässig, nicht vorhersehbar. Mal verhält sie sich liebevoll und einfühlend, dann wieder zurückweisend, kalt oder wütend. Das Kind kann sehr schwer einschätzen, wie sich die Mutter in einer bestimmten Situation verhalten wird. Eine betroffene Klientin erzählte mir, dass sie immer panische Angst gehabt habe, mit einer schlechten Schulnote nach Hause zu kommen – je nach Tageslaune der Mutter habe diese sie getröstet oder ihr eine geknallt und den restlichen Tag nicht mehr mit ihr geredet.

Die Kinder sind deswegen ständig damit beschäftigt, die Stimmung ihrer Mutter einzuschätzen und zu erspüren, was die Mutter von ihnen erwartet, was sie braucht, damit sie sich „lieb" verhält oder wenigstens nicht straft. Sie entwickeln feinste Antennen und ordnen sich den Erwartungen ihrer Mutter vollkommen unter. Ihr Interesse für die Umgebung ist sehr eingeschränkt – anders als bei sicher gebundenen Kindern ist die Mutter keine sichere Basis, von der aus sie sich vertrauensvoll wegbewegen können. Sie behalten die Mutter lieber im Blickfeld, um deren Stimmungslage kontrollieren zu können. Diese Kinder entwickeln deshalb eine geringe Fähigkeit zur Autonomie und Eigenständigkeit und stattdessen ausgeprägte Abhängigkeitsgefühle.

Auch das Selbstwertgefühl dieser Kinder ist niedrig, weil sie sich selbst die Schuld für die Stimmungsschwankungen der Mutter geben. Alle Kinder neigen dazu, sich selbst die Schuld zu geben, wenn die Eltern böse mit ihnen sind – schließlich sind die Erwachsenen aus ihrer Perspektive groß und unfehlbar. Die anklammernd gebundenen Kinder entwickeln die innere Überzeugung, dass sie einfach nicht gut genug sind, wenn ihre Mutter mal wieder ihre Laune an ihnen auslässt. Das sehr ambivalente Verhalten der Mutter wird auf das eigene Versagen zurückgeführt. Die Mutter hingegen stellen sie auf ein Podest. Oft wird diese Anbetung noch durch die Mutter oder sogar beide Eltern verstärkt, indem diese dem Kind signalisieren, dass sie, die Eltern, unfehlbar seien, das Kind aber noch sehr viel lernen müsse. Hierdurch entwickelt das Kind ein inneres Programm, dass mit „Ich bin nicht okay, aber du bist okay!" zusammengefasst werden kann. Diese Programmierung wirkt in erwachsenen Liebesbeziehungen weiter. Auch als Erwachsene sind diese Menschen ständig damit beschäftigt, die Zustimmung und Anerkennung ihres Partners zu erlangen. Sie sind permanent auf Empfang geschaltet und extrem sensibel für die unausgesprochenen Erwartungen ihres Partners. Erspüren sie Erwartungen, erfüllen sie diese in vorauseilendem Gehorsam. Verlassen zu werden ist eine Katastrophe für sie – ist es doch die Bestätigung für ihre tief verwurzelte Überzeugung, nicht gut genug zu sein. Hier sei angemerkt, dass natürlich auch sicher gebundene Menschen nicht frei von Selbstzweifeln sind und auch diese sich überlegen, wo sie den Ansprüchen des Partners nicht genügt haben mögen, wenn eine Beziehung in die Brüche geht. Auch sicher gebundene Menschen sind natürlich in ihrem Selbstwert kränkbar. Es ist eher das Ausmaß und die Intensität der Verzweiflung und der Selbstwertkränkung, die beide Bindungsstile voneinander unterscheiden.

Es braucht nicht viel Fantasie, um sich vorzustellen, dass die anklammernd gebundenen Menschen die stärkste Neigung aufweisen, in Beziehungen stecken zu bleiben, die ihnen schaden. Das Verhalten des lieblosen Partners wird gewohnheitsmäßig auf das eigene Versagen zurückgeführt und weil sie sich abhängig von seiner Zustimmung fühlen, tun sie sich extrem schwer loszulassen. Was ihnen die Lösung zusätzlich erschwert, ist ihre gering entwickelte Fähigkeit zur Autonomie und Selbstständigkeit – mehr als alle anderen Bindungstypen pflegen sie die Überzeugung, ohne ihren Partner beziehungsweise ohne eine Beziehung nicht leben zu können.

Auf die Problematik jener Menschen, die dazu neigen, zu stark an Beziehungen, die ihnen schaden, zu klammern, gehe ich unter dem Exkurs „Warum komme ich immer an die Falschen? Bindungswunsch und Bindungszwang" (S. 244) noch näher ein.

**Die ängstlich-vermeidende Bindung –
„Ich bin nicht okay, und du bist nicht okay!"**

Menschen, die im erwachsenen Alter ein ängstlich-vermeidendes Bindungsmuster aufweisen, wurden als Kinder in ihrem Bedürfnis nach Vertrauen und Nähe erheblich frustriert. Hinzu kommt wohl eine gewisse Veranlagung des Kindes, die dazu führt, dass die erlebte Frustration sich so gravierend auswirkt. Man kann sagen, dass ängstlich-vermeidende Menschen vermutlich eine gewisse seelische Dünnhäutigkeit mitbringen, die sie besonders empfänglich macht für Zurückweisungen und Kritik.

Ihre Mütter waren zumeist kühl und distanziert, manche sogar sarkastisch, demütigend oder misshandelnd. Ihre frühe Kindheit ist dominiert von Erfahrungen der Leere, der Zurückweisung und einem gravierenden Mangel an Wärme und Verständnis. Den Müttern dieser Menschen fehlte es an Einfühlungsvermögen in die Bedürfnisse ihres Kindes. Dies ist häufig der Fall, wenn die Mutter selbst in ihrer Kindheit in ihren Bindungsbedürfnissen stark frustriert wurde. So hat sie in ihrer eigenen Mutter kein gutes Vorbild für die Elternschaft erworben und ist häufig selbst bindungsgestört. Diesen Müttern fällt es sehr schwer, körperliche und seelische Nähe zu ihrem Kind zu empfinden und herzustellen.

Manchmal ist auch ein mütterliches Verhalten zu beobachten, das sehr programmatisch und zwanghaft ist, ohne sich nach den individuellen Bedürfnissen des Kindes zu richten. In den 1960er-Jahren ging beispielsweise die falsche Ansicht über Erziehung um, dass es richtig sei, Kleinstkinder schreien zu lassen und sie nur zu festen Zeiten zu füttern und aus dem Bett zu nehmen. Es gab Mütter, die rigide an dieser Vorgabe festhielten. Ihre Kinder machten mithin nicht die Erfahrung, dass jemand kommt, wenn sie schreien, ängstlich oder hungrig sind.

Die meisten Mütter von ängstlich-vermeidend gebundenen Kindern weisen eine starke emotionale Ambivalenz oder sogar eine klare Ablehnung gegenüber ihrem Kind auf, die das Kind sehr früh spürt. Manchmal halten auch äußere Umstände, zum Beispiel eine Krankheit oder eine große Zahl von Geschwistern die Mutter davon ab, ihrem Kind die gebührende Aufmerksamkeit zu schenken. Doch ganz gleich welchen Grund der Mangel an Zuwendung und Aufmerksamkeit hat, ist der Effekt gleich: Die Kinder fühlen sich nicht willkommen, nicht angenommen. Und sie machen sehr früh die Erfahrung, dass sie auf das Verhalten ihrer Mutter keinen Einfluss nehmen können. Sie können es ihrer Mutter nicht recht machen, egal, was sie tun. Sie kommen nicht nah an ihre Mutter heran, weil sie Distanz hält und sie zurückstößt. In ihrer weiteren Kindheit machen diese Kinder häufig die Erfahrung, dass sie viel kritisiert und wenig beachtet werden. Deswegen entwickeln sie eine massive Angst vor Ablehnung. Sie leiden sowohl unter einem schlechten Selbstwertgefühl als auch unter einem tiefen Misstrauen gegenüber zwischenmenschlichen Beziehungen. Ihr inneres Programm lautet: „Ich bin nicht okay und du bist nicht okay!" Gleichsam arbeitet in ihnen jedoch der Wunsch nach Bindung und Nähe. Sie tragen eine unerlöste Sehnsucht nach Liebe – und als Erwachsene – nach Partnerschaft in sich. Da sie jedoch zutiefst überzeugt sind, dass sie früher oder später verlassen werden, schrecken sie davor zurück, sich wirklich auf eine nahe Beziehung einzulassen. Dies führt zu einem fortwährenden Annäherungs-Vermeidungs-Konflikt, sobald sie einer potenziellen Liebe begegnen: Sie tänzeln vor und zurück, innerlich zerrissen zwischen ihrer Hoffnung auf ein Happy End und ihrer gleichzeitigen Gewissheit, dass es für sie kein Glück gibt. Anders als die gleichgültigen Vermeider fühlt dieser Bindungstypus die Angst, die zwischenmenschliche Nähe in ihm hervorruft, sehr intensiv. Da sie sich jedoch nach einer tiefen Verbindung sehnen, können sie auch nicht gut allein leben. Sie kommen weder mit noch ohne einen Partner gut zurecht. Durch die intensiv gefühlte Angst, die partnerschaftliche Nähe in ihnen auslöst, haben sie sehr viel mehr Leidensdruck als die gleichgültigen Vermeider, unter denen meistens nur die Partner leiden und von denen im übernächsten Abschnitt noch die Rede sein wird.

Die Motivation der ängstlichen Vermeider für ihre Ausweichmanöver ist, ihren extrem labilen Selbstwert zu schützen. Schließlich könnte die Beziehung scheitern und diese Kränkung wäre für sie unerträglich. Eine Betroffene formulierte es selbstironisch so: „Ich bin schon gekränkt, wenn der Wind weht!" Die Angst vor Ablehnung der ängstlichen Vermeider bezieht sich dabei nicht allein auf Liebesbeziehungen, sondern auf zwischenmenschliche Kontakte im Allgemeinen. Sie leben in einer permanenten ängstlichen Angespanntheit und fürchten ständig, auf Ablehnung und Kritik zu stoßen.

Wenn die Angst sehr ausgeprägt ist, kann dies zu einer sozialen Phobie führen. Der Betroffene versucht dann alle zwischenmenschlichen Kontakte so weit es geht zu vermeiden. Vielen gelingt es aber auch, ihre Ängste weitgehend zu kaschieren, und sie kommen einigermaßen im Berufs- und Privatleben zurecht. Nur in Liebesbeziehungen, wo ein „Versagen" sie am schlimmsten treffen würde, bekommen sie ihre Angst nicht mehr in den Griff.

EXKURS: Ein ungutes Paar. Bindungsangst und Narzissmus

Eine Zurückweisung in Liebesangelegenheiten ist schon für einen Menschen ohne Beziehungsängste nicht besonders erbaulich – für einen Angstvermeider fühlt sie sich jedoch vernichtend an. Durch sein niedriges Selbstwertgefühl ist er aufs Äußerste gekränkt. Einige (nicht alle!) Betroffene haben jedoch bereits in Kinderjahren eine Strategie entwickelt, um ihr schlechtes Selbstwertgefühl zum Schweigen zu bringen: Sie kompensieren ihre Minderwertigkeitskomplexe durch Perfektionsstreben. Bildlich gesprochen nehmen sie ihr geringes Selbstwertgefühl in den Schwitzkasten, ringen es mit aller Kraft nieder und setzen an seine Stelle ein gutes Selbst, ein nahezu perfektes „Größenselbst". Dieser seelische Kraftakt benötigt jedoch einen enormen Energieaufwand. Denn hinter dem „Größenselbst" lauert in sprungbereiter Wachsamkeit das „Kleinselbst". Um dieses permanent in Schach zu halten, muss das angreifbare Größenselbst ständig für Höchstleistung sorgen. Dies tut es auf zwei Wegen: Zum einen wird dieser Mensch nicht müde, an seinen Fähigkeiten und häufig auch an seiner äußeren Erscheinung bis zur Brillanz zu schleifen. Zum anderen wertet er die Fähigkeiten des Gegenübers ab. Diese, im Fachjargon als „narzisstisch" bezeichnete Persönlichkeit, zeichnet sich also bezüglich des Selbstwertgefühls durch eine doppelte Buchführung aus: Im tiefsten Inneren fühlen sich diese Menschen wertlos. Um dieses Gefühl jedoch nicht spüren zu müssen, sind sie sehr bemüht, sich und anderen durch persönliche Leistungen und ein attraktives Äußeres zu beweisen, dass sie doch wertvoll sind. Um das gute Selbstbild aufrechtzuerhalten, müssen sie jedoch nicht nur ständig für Höchstleistungen sorgen, sondern sich auch innerlich permanent selbst hochjubeln. Deshalb nehmen sie sich selbst nicht auf eine angemessene und realistische Weise als wertvoll wahr, sondern sie überschätzen in der Regel ihre eigene Bedeutung. Solange ein Narzisst genügend Anerkennung und Erfolg einheimst, seine Strategie also funktioniert, geht es ihm gut. Bleibt der Erfolg allerdings aus, erlebt er eine Abfuhr in der Partnerschaft oder einen beruflichen Misserfolg, dann bricht das Kleinselbst mit aller Macht durch und der Betroffene verliert jedes Selbstbewusstsein und den

Boden unter den Füßen. Das Kleinselbst höhnt: „Du bist nicht gut genug; keiner liebt dich; ich wusste schon immer, dass du ein Versager bist; du packst es nie" und so weiter. Auf diese Attacke des Kleinselbst folgt psychologischerweise eine tiefe Niedergeschlagenheit bis hin zur Depression. Diese hält so lange an, bis der Betroffene sich durch seine alten Strategien wieder aufgebaut hat. Was ihm bei dieser Achterbahnfahrt komplett abgeht, ist ein Leben im Mittelmaß. Ihm fehlt zum einen ein realistisches, angemessenes Selbstwertgefühl, das sich weder großartig noch winzig anfühlt. Zum anderen ist ihm jeder Durchschnitt zuwider, er selbst will keinesfalls durchschnittlich sein und auch bei anderen Menschen stößt ihn Durchschnittlichkeit ab.

In Liebesbeziehungen sind narzisstische Menschen deshalb kaum zu ertragen. Die exzessiven Narzissten weichen Liebesbeziehungen aus, da kein potenzieller Partner den perfektionistischen Ansprüchen genügt, oder er beendet die Beziehung nach einer kurzen stürmischen Phase der Idealisierung des Partners, indem er ihn erst entwertet und demontiert und dann aus der Beziehung aussteigt. So wie die Selbstwahrnehmung des Narzissten zwischen Idealisierung und totaler Abwertung schwankt, so schwankt auch seine Wahrnehmung des Partners zwischen diesen Extremen. Rita, die Prinzessin vom Beginn dieses Buches, aber auch Michael, der Möbelhändler (S. 52), der seiner Freundin schon bei der Begrüßung im Möbelladen sagte, wie schlecht sie wieder aussehe, sind typische Vertreter des narzisstischen Typus. Ausgeprägte Narzissten halten sich selten mit ihrer Meinung zurück, sie sind in der Regel keine Leisetreter. Der Partner ist je nach Stimmungslage des Narzissten Liebesschwüren oder einem Trommelfeuer von Kritik ausgeliefert. Mit aller Macht versucht der Narzisst, seinen Partner nach seinen Idealvorstellungen zu gestalten. Denn die Schwächen seines Partners fallen in seiner Wahrnehmung auf ihn zurück, sie gefährden sein eigenes Ansehen. Mit derselben Härte, mit der ein Narzisst seine eigenen Schwächen durch Perfektionsansprüche bekämpft, bekämpft er auch die Schwächen seines Partners.

Der Partner dient dem Narzissten als Erweiterung des eigenen Selbst, das heißt er muss den Glanz des Narzissten erhöhen und darf ihn auf keinen Fall gefährden. Hierfür kommen potenziell zwei Partnertypen infrage: 1. Ein Partner, der mindestens so attraktiv und vorzeigbar ist, wie der Narzisst sich wähnt – wobei sich dies nicht allein auf Äußerlichkeiten, sondern auch auf den beruflichen Status und andere besondere Fähigkeiten bezieht. Aus dieser Kombination resultiert dann das „schöne Paar", das man in vollendeter Form in Boulevardzeitschriften von Stars und Sternchen bewundern kann. 2. Manche Narzissten bevorzugen jedoch auch eher die graue Maus oder den grauen Mäuserich als Pendant. Die graue Maus hat dann die Funktion, das Funkeln des Narzissten durch die eigene Farblosigkeit noch mehr zur Geltung zu bringen. Zudem haben die Graumäuse den Vorteil, dass sie selbst recht anspruchslos sind und somit ihre ganze Energie in die Bewunderung des Narzissten investieren können. Nach dem Motto: „Meine Frau und ich lieben mich leidenschaftlich."

Natürlich muss die narzisstische Neigung nicht unbedingt so krass ausgeprägt sein, wie soeben beschrieben. Auch kleinere narzisstische Wesenzüge können zu Bindungsproblemen führen. Und: Mehr oder minder sind wir sogar alle von narzisstischen Neigungen befallen. Dies legt schon unsere Gesellschaft mit ihren Perfektionsansprüchen nahe. Vor allem Frauen, aber zunehmend auch Männer, können sich kaum von den Vorbildern an Schönheit, die ihnen täglich in Zeitschriften und im Fernsehen aufgezwungen werden, frei machen. Wir werden darauf getrimmt, nach Perfektion zu streben. Dabei ist unser Narzissmus weit mehr als persönliche Eitelkeit, sondern eine tiefe Sorge, dass wir den Ansprüchen der Gesellschaft nicht genügen könnten. Diese Sorge bezieht sich sowohl auf einen selbst als auch auf den potenziellen Partner. Wer fühlt sich nicht aufgewertet, wenn er einen sehr vorzeigbaren

Partner an der Seite hat? Sei es durch dessen äußere Erscheinung oder seinen beruflichen Status. Und wer schämt sich nicht, wenn sich sein Partner daneben benimmt oder „peinlich" angezogen ist? Und wer beschäftigt sich nie mit der Frage, nicht zu genügen? Wer kennt nicht die Tagträume, in denen er sich selbst mit außerordentlicher Schönheit und/oder mit ganz besonderen Fähigkeiten ausstattet? Letztlich ist jeder auf irgendeine Weise mit seinem Image und somit auch mit dem Image seines Partners beschäftigt.

Das Problem bei stark narzisstischen Menschen ist allerdings, dass sie immer und ständig mehr mit ihrem äußeren Image beschäftigt sind, als mit dem, was sie wirklich sind und was sie wirklich wollen. Ihre Außendarstellung nimmt diesen extremen Stellenwert in ihrem Leben ein, weil ihr persönlicher Wert sehr stark von der Bewertung durch andere abhängt. Das macht das Leben für sie sehr anstrengend, weil sie sich so bemühen, ihre Selbstdarstellung auf einem hohen Niveau zu gestalten und zu halten.

Für narzisstisch motivierte Menschen ist die Alternative „frei und ungebunden" zu leben ebenfalls aufgrund ihrer starken Orientierung an ihrem Image immer eine Option. Ihr Partner muss etwas „Besonderes" sein, ansonsten bleiben sie lieber Single. Objektiv sehr geeignete Kandidaten werden deshalb aussortiert, weil sie in den Augen des Narzissten Schwächen aufweisen, die er nicht tolerieren kann. Sei es, dass der Kandidat nicht die richtige Ausbildung oder keinen Universitätsabschluss aufweist oder beruflich einfach nicht weit genug gekommen ist. Sei es, dass er zu wenig Geld hat, äußerlich nicht den Wunschvorstellungen entspricht oder in Geschmacksfragen häufig daneben liegt. Es kann sogar passieren, dass ein Narzisst von einem Partner Abstand nimmt, weil das Umfeld kritische Bemerkungen macht. Mit Kritik an seinem Partner durch außen stehende Personen kann der Narzisst ganz schlecht umgehen. Sie trifft ihn ins Rückenmark, muss der Partner doch unbedingt vorzeigbar sein. Das verliebte Gefühl für den

Partner kann hierdurch auf einen Schlag zerstört werden. Aber letztlich ist es egal, ob die Kritik durch Außenstehende oder durch den Narzissten selbst erfolgt, Schwächen des Partners törnen Narzissten total ab.

Aus demselben Grund hält sich der Narzisst bei der Partnerwahl innerlich immer noch ein Hintertürchen offen. Schließlich ist keiner perfekt. Und es könnte ja sein, dass man noch etwas Besseres findet. Vor allem dann, wenn der Partner sich voll zu der Beziehung bekennt und die Beziehung verbindlich wird, lehnt sich der narzisstische Mensch zurück und überlegt erst einmal, was ihm am Partner alles nicht passt und ob es wirklich der oder die Richtige ist. Bleibt der Partner hingegen etwas wankelmütig, ist der narzisstische Mensch vorwiegend damit beschäftigt, ihn einzufangen – er wird zum begeisterten „Jäger", der sich selbst beweisen möchte, dass er seine „Beute" kriegt. In dieser Phase muss der Narzisst sich durch die Eroberung seinen eigenen Wert beweisen. Erst wenn die Eroberung abgeschlossen ist, überlegt er sich, ob er den Partner überhaupt wirklich will. Dieser Mechanismus hängt mit der doppelten Buchführung des eigenen Selbstwertes zusammen: In der Eroberungsphase einer Beziehung stehen die Ängste zu versagen und zurückgewiesen zu werden im Vordergrund, wobei dies dem Narzissten gar nicht so bewusst sein muss. Bewusst spürt er oft nur Jagdfieber und rasende Verliebtheit. Ist der Partner dann jedoch „erobert", verliert die „Trophäe" umgehend an Attraktivität.

Narzissten sind als Kinder in ihrem Wunsch nach Anerkennung zu stark frustriert worden und wollen unter allen Umständen weitere Ablehnung und Kritik vermeiden. Manche von ihnen sind aber auch in ihrer Kindheit von ihren Eltern zu viel bestätigt worden. Die Eltern dieser Kinder lobten sie ständig für vergleichsweise geringe Anstrengungen und normale Leistungen. Hierdurch kann in diesen Kindern ein unsicheres Selbstwertgefühl entstehen, weil sie spüren, dass ihre Eltern übertreiben und sie keine realistischen Maßstäbe für „gut" und „schlecht", „Erfolg" und

"Misserfolg" erhalten. Ihnen fehlt ein angemessener Maßstab für die Beurteilung ihrer eigenen Leistungen und Fähigkeiten. Durch das Zuviel und somit unverdiente Lob ihrer Eltern neigen sie zwar einerseits dazu, sich ganz toll zu finden, andererseits spüren sie aber auch, dass diese Einschätzung nicht realistisch ist, ohne jedoch zu wissen, was eigentlich realistisch wäre. Dies kann zur Folge haben, dass ihr Selbstwertgefühl gemäß der Haltung ihrer Eltern zwischen Selbstüberschätzung und – in Abgrenzung zu den Eltern – Selbstunterschätzung schwankt.

Zum Schluss sei noch erwähnt, dass narzisstische Menschen sowohl beruflich als auch privat oft recht erfolgreich sind. Um kein falsches Bild entstehen zu lassen: Narzissten sind ja nicht grundsätzlich verkehrt, sondern einfach nur sehr anfällig für Lob und Kritik. Häufig sind sie in ihrem Auftreten sehr liebenswert, charmant und unterhaltsam. Im Freundeskreis sind sie deswegen oft gern gesehen. Und sie leiden selbst zumeist sehr unter ihrer Anhäufung von gescheiterten Beziehungen. Da narzisstische Züge jedoch weit verbreitet sind und ihre überzogenen Ansprüche an Beziehungen und an den Partner deswegen oft als normal angesehen werden, ist es nicht einfach für einen narzisstischen Menschen, seinem Problem auf die Schliche zu kommen.

**Die gleichgültig-vermeidende Bindung –
„Ich bin mir egal, und du bist mir egal!"**

Die gleichgültigen Bindungsvermeider haben in ihrer Kindheit ebenso wie die ängstlichen Vermeider sehr desolate Erfahrungen mit ihrer Mutter gemacht. So wie diese haben sie viel Zurückweisung und Kälte erfahren. Ihre frühesten Lebenserfahrungen sind somit sehr ähnlich. Der Weg zwischen diesen beiden Vermeidungstypen gabelt sich erst etwas später. So wird in den Elternhäusern, die gleichgültige Bindungsvermeider hervorbringen, in einer ansonsten gefühlsarmen Atmosphäre viel Wert auf Leistung gelegt. Wenn das Kind die hohen Ansprüche erfüllt, kann es trotz der emotionalen Unterernährung aufgrund seiner guten Fähigkeiten ein recht positives Selbstwertgefühl entfalten. Häufig ist es auch so, dass Kinder, die dieses Bindungsmuster entwickeln, mit sehr guten angeborenen Fähigkeiten ausgestattet sind, beispielsweise einer überdurchschnittlichen Intelligenz. Hierdurch erlangen sie nicht nur die Anerkennung ihrer Eltern, sondern auch jene von anderen Kindern und Lehrern. Dieser Zuspruch kann ihren Mangel an mütterlicher Wärme, der normalerweise zu einem geringen Selbstwertgefühl geführt hätte, zumindest teilweise ausgleichen – den Rest erledigt dann ein gutes Maß an Verdrängung. Die Erfahrung, dass sie sich nicht auf die Mutter verlassen können, aber aufgrund der eigenen Fähigkeiten auch alleine zurechtkommen, führt bei den Gleichgültigen zu einer extremen Selbstbezüglichkeit. Ihr Motto lautet: „Ich bin okay, aber du bist nicht okay!" Folgerichtig entwickeln sie ein ausgeprägtes Autonomiebedürfnis. Scheinbar brauchen sie andere Menschen nicht, zumindest nicht im Nahkontakt.

Die gleichgültigen Vermeider haben sehr früh gelernt, alle inneren Gefühlsimpulse, die ihre frühesten kindlichen Urängste von totaler Isolation und Verlassenheit auslösen könnten, aus ihrem Bewusstsein abzuspalten. Die Einsamkeit und Angst, die sich in ihrem Unbewussten dauerhaft einquartiert haben, kommen nicht mehr durch das Sperrfeuer der psychischen Abwehrmechanismen und dringen somit nicht in die Zone der bewussten Wahrnehmung ein. Neurologische Studien haben gezeigt, dass Kinder und Erwachsene mit diesem Bindungsmuster ein sehr hohes affektives Erregungsmuster aufweisen, das auf starke Gefühle hindeutet, wenn sie in emotional stressige Situationen geraten, wie beispielsweise eine Trennung von einem wichtigen Menschen. Diese Erregung wird jedoch sofort blockiert und zwar bevor sie in die Hirnregionen der bewussten Wahrnehmung gelangen kann. Sie haben so gut gelernt, ihre Angst zu unterdrücken, dass sie sie nicht mehr spüren. Sie fühlen sich mehr oder minder unverwundbar. Diese Überlebensstrategie war für sie als Säuglinge absolut angemessen – alles andere wäre wahrscheinlich tödlich gewesen. Wie alle frühkindlichen Muster wird jedoch auch dieses ins Erwachsenenleben mitgenommen: Menschen mit gleichgültig-vermeidender Bindung meinen, über Liebesangelegenheiten zu stehen. Dennoch sind auch sie nicht völlig davor gefeit, sich zu verlieben. Auch wenn ihr Bedürfnis nach Nähe ziemlich verkümmert ist, so ist es dennoch bei den meisten nicht völlig abgestorben. Sollten sie in eine Liebesbeziehung geraten, müssen sie aufgrund ihrer psychischen Konstitution auf einem ziemlich schmalen Grat wandern. Denn wenn die Nähe in einer Beziehung zu intensiv wird, werden ihre verdrängten Bindungswünsche lauter und locken die katastrophalen Ängste alter Kindertage hervor, die dann hier und da durch das Sperrfeuer ihrer Abwehr gelangen. Die verbannte Angst bricht durch und erinnert mit aller Macht an die frühen, trostlosen Beziehungserfahrungen. Deswegen muss der gefährliche Bindungswunsch niedergerungen werden. Hierfür dienen ihnen ebenso wie für den Angstvermeider die diversen Abwehrstrategien, die ich im ersten Teil des Buches ausführlich vorgestellt habe: Flucht, Angriff und Totstellen. Ebenso wie bei den Angstvermeidern mündet dies häufig in einem Zickzackkurs von Nähe und Distanz, der für die Partner schwer zu ertragen ist.

Was sowohl bei den ängstlichen als auch bei den gleichgültigen Vermeidern beachtlich ist, ist ihre insgesamt sehr geringe Motivation, etwas in den Erhalt einer Beziehung zu investieren. Ihre persönliche Unabhängigkeit ist ihnen das Wichtigste und die Beziehung ist es ihnen normalerweise nicht wert, irgendetwas an sich oder der Situation zu verändern. Eine betroffene Partnerin erzählte mir: „Was mich am meisten gekränkt hat, ist, dass Achim nie gesagt hat, wir schaffen das, ich werde mich bemühen. Und es war noch nicht einmal viel, was ich von ihm verlangte, denn ich war ja bereit, sehr viele seiner Eigenarten zu akzeptieren. Aber selbst das Wenige, um das ich ihn gebeten habe, war ihm nicht der Mühe wert für die Beziehung zu opfern. Es war so unendlich kränkend, dass er unsere Liebe einfach so weggeworfen hat, ohne die kleinste Anstrengung eines Kompromisses."

Der wesentliche Unterschied zwischen den ängstlichen Vermeidern und den gleichgültigen Vermeidern liegt auf motivationaler Ebene: Der „Angsthase" läuft aus Angst weg. Der Gleichgültige hat seine Angst dagegen gut unter Kontrolle. Er fühlt in seinem Wachbewusstsein nur einfach kein Bedürfnis, sich enger zu binden oder etwas in eine Beziehung zu investieren. Deswegen landet der gleichgültige Typus auch am seltensten in einer Psychotherapie, denn durch seine extremen Abwehrstrategien weist er wenig Leidensdruck auf. Viel eher sind es die depressiven Partner, die in die Sprechstunde kommen, weil sie emotional verhungern und sie ihren Partner bislang mit keiner „pädagogische Maßnahme" zu einer Verhaltensänderung bewegen konnten.

Bei den gleichgültigen Vermeidern kommt aber noch etwas hinzu, das sie in ihrer Situation verharren lässt: Sie verspüren nur eine geringe Schubkraft, ihr Leben zu verbessern. So wenig innere Beziehung sie zu anderen Menschen haben, so wenig Beziehung haben sie auch zu sich selbst. Die Mühe, die es machen würde, um ihre Lebensqualität im Hinblick auf ihre Bindungsfähigkeit zu verbessern, ist es ihnen irgendwie nicht wert. Da sie ihre Gefühle so stark unterdrücken, haben sie auch wenig Gefühl für sich selbst. Sie leben vorwiegend kopfgesteuert, sehr rational. Für Verhaltensänderungen fehlt es ihnen an emotionalem Schwung. Weder tiefe Trauer noch gefühlte Vorfreude können sie in Gang setzen. Man könnte das Motto der gleichgültigen Vermeider deshalb auch so zusammenfassen: „Ich bin mir egal und du bist mir egal!"

Sie erinnern sich, dass ich unter dem Kapitel „Totstellreflex als Abwehrstrategie" geschrieben habe, dass Menschen mit ausgeprägter Bindungsstörung den Partner innerlich verlieren, vor allem wenn sie räumlich getrennt von ihm sind („Aus den Augen, aus dem Sinn"). Dieses Verhalten zeigt vor allem der gleichgültige Bindungsvermeider. Seine psychische Abwehr ist auf „Ausblenden" gedrillt, um die gefährlichen Bindungswünsche zu entmachten, die seinem extremen Autonomiebedürfnis entgegenstehen. Nochmals möchte ich an dieser Stelle betonen, dass diese Vorgänge nicht bewusst ablaufen und in diesem Sinne auch nicht eingeübt wurden, sondern einen Überlebensreflex aus den frühen Kinderjahren darstellen. Hinzu kommt, dass Menschen mit einer sehr frühen und massiven Bindungsstörung die bereits beschriebene „Objektkonstanz" nicht erworben haben. Sie konnten kein stabiles Bild der liebevollen Mutter verinnerlichen und so auch kein Urvertrauen und keine Bindungsfähigkeit. Ein tragisches Versäumnis, das sich in ihren erwachsenen Liebesbeziehungen fortsetzt: Sie verlieren den Partner immer wieder aus dem Herzen, er kommt ihnen innerlich abhanden.

Das extreme Autonomiebedürfnis sowie ihre Fähigkeit, bedrohliche und unangenehme Emotionen abzuspalten, führt bei den gleichgültigen Vermeidern – so paradox es anmuten mag – zu psychischer Stabilität. Äußerlich fällt das dadurch auf, dass sie meistens dieselbe Laune haben. Sie kennen weder Hochs noch Tiefs – ihre emotionale Amplitude ist sehr flach. Zumindest solange ihre Abwehrmechanismen nicht zusammenbrechen, was dann allerdings zu gravierenden psychischen Krisen führen kann. Dies ist jedoch seltener der Fall, als dass sie eher psychosomatische Leiden oder Süchte entwickeln, die dann indirekt zu psychischen Krisen führen.

**Spezialfall gleichgültiger Vermeider:
Leise Narzissten und einsame Cowboys**

Einige (nicht alle!) der gleichgültigen Vermeider haben (unbewusst) eine Strategie entwickelt, die ich als „leisen Narzissmus" bezeichne, da sie anders als die „lauten Narzissten", die ich vorher beschrieben habe, wenig Aufhebens um ihre Person und ihre Befindlichkeit machen. Mit einer äußerlich zumeist sehr gut kontrollierten Fassade, neigen sie vielmehr innerlich zu Allmachtsfantasien, die sich aus ihrem extremen Autonomie-Erleben speisen. Mit guten Fähigkeiten ausgestattet und über den Dingen stehend, ziehen sie die Fäden. Im Unterschied zu den „lauten Narzissten", die sich selten mit ihrer Meinung und Kritik zurückhalten, sprechen die leisen Narzissten in Andeutungen. Sie sind schwer fassbar und manipulieren aus dem Hinterhalt. Die leisen Narzissten zeichnen sich durch eine sehr hohe Verhaltenskontrolle aus. Wutausbrüche und das Herunterputzen des Gegenübers widerfahren ihnen selten. Nicht wenige von ihnen machen einen sehr höflichen, freundlichen, sogar durchaus liebenswürdigen Eindruck. Die innere Bindungslosigkeit und Gleichgültigkeit, die sie in zwischenmenschlichen Beziehungen aufweisen, ist schwer durchschaubar. Dies hängt auch damit zusammen, dass sie in dem Moment, wo sie in direktem Kontakt zu jemandem stehen, durchaus Sympathie und auch eine gewisse Wärme verspüren können, was beim Gegenüber auch so ankommt. Das Gefährliche ist, und das weiß normalerweise kein Mensch außer ihnen selbst, dass sie keine innere Bindung verspüren. Der innere Draht bricht ab, sobald sie zur Tür hinausgehen. Ihr vorherrschendes Lebensgefühl in Bezug auf andere Menschen ist Gleichgültigkeit und Leere. Ihre Intelligenz und guten Fähigkeiten machen sie sehr anpassungsfähig. Ein Betroffener hatte mir beschrieben, wie er sich als

Kind immer die Reaktionen der anderen Kinder abgeschaut hat, um nicht aufzufallen: „Wenn die anderen Kinder gelacht haben, habe ich mitgelacht. Wenn man sich beim Kindergeburtstag ein kleines Geschenk aussuchen durfte, habe ich auch auf etwas gezeigt und so getan, als ob ich etwas wollte – dabei wollte ich gar nichts. Alles, was ich wollte, war, nicht aufzufallen." Dieser Mensch hat sich auch als Erwachsener eine nahezu perfekte Fassade bewahrt, hinter der die wenigsten Menschen seine Gefühllosigkeit entdecken. Die Sorge, er könnte „auffliegen", ist ihm jedoch geblieben.

Da diese Menschen in ihrer Kindheit katastrophale Erfahrungen von Ohnmacht und dem Gefühl des Ausgeliefertseins gemacht haben, entwickeln sie im Gegenzug ein extremes Machtbedürfnis. Da sie jedoch nicht unangenehm auffallen und weiterkommen wollen, wird dies auf sehr leisen Sohlen ausgelebt, vor allem durch geschickte Manipulation und ein erhebliches Maß an passiver Aggression. Ihre hohe Verhaltenskontrolle im Zusammenspiel mit ihren guten Fähigkeiten lassen sie oft beruflich sehr erfolgreich sein, zumal sie naturgemäß auf Familie und Privatleben nur wenig Wert legen. Man findet sie in hohen Funktionen, sei es in der Politik oder in der Wirtschaft. Aalglatt ziehen sie die Fäden, lassen den einen oder anderen über die Klinge springen und schaffen es sogar noch oft, dass sie dabei nach außen gut oder zumindest nicht allzu schlecht dastehen.

In Liebesangelegenheiten gehen sie ähnlich vor. Wenn sie einen Partner haben, lassen sie ihn nicht nah an sich heran und sind mit den besten Voraussetzungen für ein oder mehrere Doppelleben ausgestattet. Der Manager, der viel auf Geschäftsreisen ist, sich dort mit Edelprostituierten amüsiert und in der kurzen Zeit mit seiner Familie den zugewandten Familienvater mimt, ist ein typischer Vertreter dieser Art. Kommt ein Partner diesem Menschen irgendwann auf die Schliche und das ganze Ausmaß an Lug und Betrug ans Tageslicht, brechen Welten zusammen. Eine Klientin schilderte mir, sie habe acht Jahre lang einen perfekten Ehemann gehabt, bis sie durch einen dummen Zufall entdeckte, dass der „perfekte" Ehemann sie seit vier Jahren mit einer „guten" Freundin von ihr betrog. Daraufhin ist sie in eine so schwere Depression gefallen, dass sie sich freiwillig für acht Monate in die Psychiatrie einlieferte.

Ein weiterer Vertreter des leisen Narzissten ist der „schweigende Held" oder auch „Lonesome Cowboy", der manchmal auch als „einsamer Wolf" beschrieben wird. Das weibliche Gegenstück ist die „geheimnisvolle Fremde". Dieser Typus zeichnet sich ebenso durch eine extreme Verschlossenheit beziehungsweise einen Mangel an Offenheit aus. Auch diese Menschen sprechen vorwiegend in Andeutungen und machen ihr Innenleben zu einer Rätselaufgabe. Häufig sind sie beruflich nicht so exponiert (oder nicht so angepasst) wie die oben beschriebenen Leisetreter und pflegen eher einen etwas unkonventionellen Lebenswandel. Die selbstversunkene Malerin, die sich in orientalische Tücher kleidet und so geheimnisvoll und unnahbar wirkt, oder der Tätowierte, der sein Bier schweigsam am Tresen trinkt, üben auf manche Menschen eine ungeheure Anziehungskraft aus. Sie geben wenig von sich preis und wirken rätselhaft. Die geheimnisvolle Aura, die sie umweht, bietet eine breite Projektionsfläche für die Fantasien von Menschen, die sich durch dieses Gebaren besonders angezogen fühlen: Sie vermuten hinter der Distanz eine besondere Tiefgründigkeit und abgeklärte Lebensweisheit. Oder zumindest etwas ganz Ungewöhnliches. Wenn sie sich dann lange genug die Zähne an diesen leisen Narzissten ausgebissen haben, kommen sie dann doch oft zu der Einsicht, dass Schweigsamkeit und Tiefgang nicht unbedingt ein und dasselbe sein müssen. Das zeigt auch das folgende Beispiel der Lebensgeschichte eines Mannes, der einen großen Teil seines Lebens als einsamer Cowboy verbrachte.

Ich möchte an dieser Stelle einen Betroffenen zu Wort kommen lassen, der sich mit 60 Jahren entschlossen hat, sein Leben zu verändern. Aufgrund seines Alters kann er also einen weitreichenden Einblick in seinen Werdegang vermitteln. Diese Lebensgeschichte zeigt sehr plastisch, wie ein Betroffener seine Kindheit erlebte, die Bindungsangst entstand und das ganze weitere Leben prägt. Sie zeigt aber auch, dass die intensive und aufrichtige Auseinandersetzung mit den eigenen Beziehungsängsten und Verhaltensweisen sehr viel zum Positiven verändern kann – ganz gleich, in welchem Alter sie stattfindet. Aus dem Lonesome Cowboy, der hier seine Geschichte erzählt, wurde erst mit 60 Jahren ein Mann, der Nähe und Vertrauen zu anderen Menschen empfinden und wirkliche Beziehungen zulassen kann.

Aus dem Leben eines Lonesome Cowboy –
die Lebensgeschichte eines gleichgültigen Bindungsvermeiders

Mir war als Kind und teilweise auch als Jugendlichem die besondere Situation meiner Mutter nicht bewusst. Das konnte auch nicht anders sein. Vielleicht hätte es etwas anders sein können, wenn die Menschen, mit denen ich aufgewachsen bin, mehr geredet hätten, aber Ostwestfalen sind wortkarg.

Nach Ende des Zweiten Weltkriegs war meine Mutter 25 Jahre und ich ein Jahr alt. Mein Vater war im Krieg gefallen. Wir lebten bei meiner Großmutter, denn meine Mutter war gezwungen, sich ihren Lebensunterhalt als Arbeiterin mit einer 48-Stunden-Wochenarbeitszeit zu verdienen. Ich habe mir oft vorgestellt, dass meine Mutter mich als überflüssigen Ballast aus der Kriegszeit empfunden hat, den sie lieber in die Mülltonne geworfen hätte, als durchzufüttern. In der Tat ist meine Großmutter die Person in meiner Kindheit, die ich in meiner Erinnerung eher mit Fürsorge und liebevoller Zuneigung verbinde.

Es gibt einige Erlebnisse in meiner Kindheit, die mich mein Leben lang geradezu verfolgt haben. Naturgemäß reicht die Erinnerung nicht in die frühe Kindheit zurück. Ich wage nicht, mir auszumalen, von welchen Ereignissen ich sonst noch zu berichten hätte. Am deutlichsten steht mir ein Erlebnis aus der Zeit vor Augen, als ich etwa vier Jahre alt war. Es ging – aus der Distanz betrachtet – um die praktische Umsetzung der Redewendung: „Dann kannst du deine Koffer packen!" Dies ist eine Wendung, die meine Mutter ihr Leben lang gern im Munde führte. Sie hat sie mir gegenüber aber auch – gewissermaßen – in die Tat umgesetzt. Ich erinnere mich, dass ich als Kind einen kleinen grauen Pappkoffer hatte. Diesen musste ich unter den Augen meiner Mutter – ich sehe den geöffneten Kleiderschrank noch vor mir – mit Socken, Wäsche und anderen Kleidungsstücken füllen. Dann stand ich mit dem prall gefüllten Koffer auf der Straße vor der geschlossenen

Haustür, und ich wusste nicht, in welche Richtung ich gehen sollte. Ich glaube, ich habe ungefähr zwei Stunden auf der Straße verbracht. Noch jetzt – wenn ich die Erinnerung in mir hochkommen lasse – überkommt mich das Gefühl des totalen Abgeschnittenseins. Ich habe mich zu erinnern versucht, was passiert ist, als ich wieder ins Haus gelassen wurde. Ich glaube, mich zu erinnern, dass ich einen halben Tag allein im Bett verbracht habe. Es geschah in meiner Kindheit oft, dass ich einen halben Tag (oder länger) im Bett verbringen musste und mich nicht „mucksen" durfte.

Ein anderes Erlebnis, das mir bis heute nachgeht, ist die Sache mit den Strümpfen. In der Nachkriegszeit musste ich lange Strümpfe tragen, die aus grober Wolle gestrickt waren. Ich hatte sehr empfindliche Haut; noch heute kommt mir eine Gänsehaut, wenn ich an meine geröteten, schmerzenden Oberschenkel denke. Wenn meine Mutter mich ruhigstellen wollte, etwa wenn sie Gardinen aufzuhängen hatte, hat sie mir – nach einem heißen Bad – die Wollstrümpfe angezogen, und ich stand stundenlang starr und breitbeinig in der Küche. Über dieses „Verfahren" hat meine Mutter selbst später öfter im Bekanntenkreis berichtet, und zwar keineswegs bereuend oder mit Entschuldigungen begleitet, sondern durchaus stolz und mit Hinweisen auf die „schwere Nachkriegszeit".

Ich habe während meiner Kindheit nicht nur Widerstand und Trotz gegenüber meiner Mutter entwickelt, sondern eine regelrechte Feindschaft. Ich wollte nicht von ihr angefasst werden; ich wollte nicht von ihr berührt werden; ich wollte sie neutralisieren – um einen Ausdruck aus meiner heutigen Distanz zu verwenden. Ich war von ihr abhängig; sie hat ja schließlich für meinen Lebensunterhalt gesorgt. Aber wenn ich – auch in kleinen Dingen des Alltags – Hilfe brauchte, so habe ich mich an meine Großmutter gewandt. Meine Mutter konnte in der Gesellschaft mit Freunden und Nachbarn sehr unterhaltsam, lustig und auch ausgelassen sein – und sie konnte damit in der Runde Erfolg haben, gern angehört und gern erlebt werden. Ich habe sie dafür gehasst. Es war mir zuwider und peinlich, dass sie sich so präsentierte. Ich habe mich dafür geschämt, dass sie sich so präsentierte.

Ich kann mich mit dem besten Willen und Bemühen nicht daran erinnern, jemals von meiner Mutter geküsst oder liebevoll gestreichelt worden zu sein. Sehr wohl kann ich mich an Schläge erinnern – auf den Po, Körper – und Ohrfeigen. Ich habe gelernt, Körperberührungen zu vermeiden – überhaupt und grundsätzlich. Ich bin mir ziemlich sicher, dass ich nur ein einziges Mal in meinem Leben bewusst nach der Hand meiner Mutter gegriffen habe und sie gedrückt habe – zutraulich, vielleicht sogar liebevoll. Das war im Sommer 2006, wenige Wochen vor ihrem Tod.

Die Erlebnisse und Erfahrungen mit meiner Mutter haben meinen Umgang mit Frauen bestimmt – bis heute. Leider. Ich erinnere mich an ein frühes Erlebnis, das mir bis heute nicht aus dem Kopf gegangen ist. Es war auf einer Hochzeitsfeier in dem Saal der Gaststätte unseres Dorfes. Ich war zwölf Jahre alt. Ein etwa gleichaltriges Mädchen wollte mich unbedingt auf den Mund küssen. Sie hieß Juliane – nicht umsonst erinnere ich mich an den Namen. Sie sagte sogar, dass sie mich liebte. Als ich mich strikt weigerte und total sträubte und als sie weiter beharrte, erregte unsere „Auseinandersetzung" die Aufmerksamkeit anderer, und es gab eine große Diskussion über meine „Pietschigkeit" und meine steife Ablehnung. Das alles war für mich zutiefst abstoßend. Es war mir peinlich; ich schämte mich; ich wollte am liebsten im Boden versinken.

Die Berührung von Frauen ist für mich bis heute ein Problem geblieben. Erst nach meinen Therapien nehme ich wahr, dass ich mich offensichtlich abweisend und unnatürlich verhalte, wenn ich bei der Berührung von Frauen zurückzucke, wenn ich beim Spüren des Körpers einer Frau innerlich starr werde. Mein Bauch zieht sich zusammen; meine Bauchdecke ist angespannt; die Muskeln in meinen Gliedern spannen sich an. Beim Intimverkehr hatte ich oft die Fantasie, aufgesogen und verschlungen zu werden: Existenz bedrohend. Es war meine zweite Frau Claudia, die mich einmal auf mein „komisches" Verhalten angesprochen hat. Ich war damals nicht in der Lage, diesen Gesprächspunkt aufzunehmen und weiterzuverfolgen. Heute bin ich sicher, dass meine Unfähigkeit, körperliche Nähe zu ertragen, eine wesentliche Ursache für das Scheitern meiner Beziehungen war. Was man in der Pubertät lernen muss, hatte ich einfach nicht gelernt.

Alkohol und Bindungsangst haben mich über Jahrzehnte hinweg zu einem Versteckspiel gegenüber meinen Partnerinnen, Freundinnen und Freunden gezwungen. Ich habe Zuneigung und Liebe versprochen und gleichzeitig gefühlt, dass ich das Versprechen nicht halten konnte. Verbal habe ich Vertrauen bekundet, wusste aber, dass ich nur an mich selbst als einen „einsamen Kämpfer" glaubte. Wenn es in der Partnerschaft um klare Entscheidungen ging, habe ich gezögert und mir Rückzugsmöglichkeiten offen gehalten. Wenn meine Partnerin meine Unentschiedenheit kritisierte, habe ich sie beschwichtigt. Über meine Ängste habe ich nie gesprochen; ich habe versucht, sie als menschlichen Normalzustand zu betrachten. In Träumen haben sie mich allerdings verfolgt: Seit meiner Kindheit habe ich unter Verfolgungsträumen gelitten. Immer dieselbe Szenen: Ich allein in der Wüste, von Löwen verfolgt. Oder im freien Fall von einem Hochhaus. Oder beim Verkehrsunfall verbrennend. Alle meine Partnerinnen haben sich beschwert, dass ich nachts im Traum unnatürlich gestöhnt und auch aufgeschrieen habe. Seit meiner Therapie hat das aufgehört.

Während meiner „intellektuellen Sozialisation" im Gymnasium und an der Universität (auch in den Studentenheimen) war es für mich ein Leichtes, das Selbstbild eines „einsamen Kämpfers" zu pflegen, der keine Bindungen braucht und auch als „Verkannter" irgendwie durchs Leben kommt.

Meine Lieblingsfilme waren Western mit ihren unnahbaren Helden, die niemanden brauchen außer sich selbst. Vor kurzer Zeit habe ich den amerikanischen Western „Warlock" wieder gesehen. Henry Fonda spielt den gnadenlosen Marshal, der eine Western-Stadt nach der anderen von Verbrechern „säubert." In dem Ort Warlock verliebt er sich in eine Frau – und sie sich in ihn. Die Frau fleht ihn an, bei ihr zu bleiben. Er ist hin- und hergerissen, bis schließlich der „lonely cowboy" in ihm doch siegt und er sich gegen die Beziehung entscheidet. So was hat mir früher immer gut gefallen. Jetzt, beim wieder Sehen des Films habe ich mich für meine früheren Gefühle geschämt. Ich habe ein bisschen verstanden, weshalb ich keine Frau kenne, die Western und ihre „Helden" gut findet und mag.

Ich habe durchaus Ahnungen gehabt, dass mit mir etwas nicht stimmt und meine Frauen recht hatten, wenn sie meine Unentschlossenheit und Unnahbarkeit kritisierten. Aber ich habe diese Ahnungen reflexartig weggedrückt. Es lag damals völlig außerhalb meiner Möglichkeiten, mich meinen „Defiziten" zu stellen, geschweige denn, darüber zu reden. In dem Dorf, in dem ich aufgewachsen bin, sagte man immer: Was wollen die Frauen eigentlich von uns Männern? Die sollen uns in Ruhe lassen. Mit diesen Sprüchen rechtfertigte ich innerlich mein Tun.

Ich erinnere mich sehr gut an die Situation, als ich mit meiner ersten Frau Brigitte zum letzten Mal intim zusammen war. Brigitte sagte sehr bestimmt, sogar etwas aufgebracht zu mir: „Nun greif doch mal richtig zu!" Meine Reaktion war die mir damals gewohnte: zurückschrecken. Im Zusammenhang mit solchen Erinnerungen habe ich mir über zwei Fragen oft Gedanken gemacht: 1. Warum sind mir genau derartige Erinnerungen im Laufe meines Lebens immer wieder hochgekommen? 2. Warum bin ich über Jahrzehnte hinweg nicht aus meinen eingefahrenen Verhaltensmustern herausgekommen?

Das Gemeinsame solcher (die Aufzählung ließe sich leicht erweitern) mir immer wieder klar vor Augen stehenden Erinnerungen ist, dass sie die engsten Beziehungen zu den mir am nächsten stehenden Menschen betreffen. Sie haben mit körperlicher Berührung, mit Hautkontakten, mit Umarmungen und mit intimen Kontakten zu tun. Ich habe in meinem Leben noch keine Frau richtig geküsst.

Ich habe meine Reaktionen auf Berührungen mir gegenüber immer gerechtfertigt. Ich habe mir immer gesagt: Ich darf mich nicht aufgeben. Ich muss mich schützen. Ich darf mich nicht verführen lassen. Wenn ich mich öffne, bin ich verloren. Ich darf mich nicht in die Hand eines anderen geben. Letztlich bist du sowieso immer allein. Damit musst du fertig werden. Und du schaffst das auch. Gegen das Einsamkeitsgefühl hat mir oft der Alkohol geholfen. Wenn mir manchmal leise Zweifel kamen, habe ich mir gesagt: Es muss doch unterschiedliche Existenzmöglichkeiten geben. Man muss doch nicht alles ausprobieren. Der Selbstschutz ist das Wichtigste.

Ich habe allerdings schon zuweilen bemerkt, dass meine Partnerinnen verletzt waren, richtig verletzt – getroffen. Sie haben das auch manchmal geäußert. Dann kamen mir Gedanken wie: Warum soll es ihr besser gehen als mir? Ich muss kämpfen. Warum soll sie nichts von dem Kampf spüren und selbst erfahren? So ist das Leben einfach.

Nun kann man sagen – und ich habe es oft gedacht – die Lebenssituation des einsamen Kämpfers ist die Grundposition, in der wir leben. Wenn man das anerkennt und akzeptiert, muss das ja noch lange nicht heißen, dass man ansonsten kein normales Leben führt. Heute sehe ich das anders: Mein Nähedefekt wirkte in allen zwischenmenschlichen Kontakten, ich bin jedem mit Vorbehalten, Misstrauen und Zweifeln begegnet. Ich habe oft vorgetäuscht und geheuchelt. Meinen Partnerinnen habe ich eine Nähe vorgespielt, die ich gar nicht empfand oder nur manchmal empfand. Nähe hat mich aggressiv gemacht und die Heuchlerei auch.

Nun kann man sich ja fragen, warum ich nicht lieber allein geblieben bin. Schließlich hat mich ja keiner zu einer Partnerschaft gezwungen: Obwohl ich es laut nie zugegeben hätte und auch innerlich nicht richtig wahrhaben wollte, gab es mir ein glückliches und zufriedenes Gefühl, wenn sich jemand um mich kümmerte. Ich war auch, zumindest am Anfang der Beziehung, verliebt in die jeweilige Frau. Allerdings habe ich dieses Wort nie im Munde geführt. Ich sprach von „sehr mögen" und „in ihrer Nähe wohlfühlen". Darüber haben sich meine Freunde immer lustig gemacht: „Du bist einfach verliebt. Gib es doch zu!", sagten sie. Ich wollte aber nie zugeben, dass ich mich tatsächlich auch nach Nähe sehnte. Aufgrund dieses Wunsches nach Nähe und auch nach Sex habe ich die Annäherungsversuche von Frauen zugelassen. Ich selbst habe nie aktiv um eine Frau geworben. Ich habe mich quasi „aufgabeln" lassen. Schwierig wurde die Beziehung immer dann, wenn sie anfing, den Alltag zu dominieren. Wenn die Frau sich also zu viel in meiner Nähe aufhielt und erwartete, dass wir uns abstimmen und gemeinsame Pläne machen. Dann fühlte ich mich bedrängt und hatte die starke Empfindung, sie will zu viel von mir, die sich bis zum Gefühl steigerte, in Gefahr zu leben. Meine Beziehungen waren innerlich immer mit einer Fußnote versehen: „Sei vorsichtig! Pass auf dich auf!" Wenn die Alltagsphase in der Beziehung einsetzte, kamen die ganzen Zweifel in mir auf und ich fing an auszuweichen, zu heucheln und zu lügen. Ich ging in die „innere Immigration" und täuschte äußerlich eine Nähe vor, die ich gar nicht (mehr) empfand. Die Frauen bissen sich an meinen inneren Widerständen die Zähne aus. Ich war damals stolz darauf, dass ich nicht schwach wurde. Daran änderte auch die Tatsache nichts, dass ich zweimal geheiratet habe. Früher oder später hat jede Frau das Handtuch geworfen. Ich selbst habe die Beziehung nie beendet. Denn bis zum Schluss hatte ich trotz meiner Ängste und Zweifel immer das Gefühl, dass ich die Beziehung irgendwie brauche. Meine innere Zerrissenheit hat sich nie in ein klares Nein, geschweige denn in ein klares Ja aufgelöst. Entsprechend war ich erleichtert und traurig zugleich, wenn eine Frau sich von mir trennte.

Was mich sehr beschäftigt, ist, warum ich so lange nicht in der Lage war, mich zu verändern. Und warum ich es nicht aus eigener Kraft geschafft habe, sondern nur mithilfe von Psychotherapeuten. Ein richtiger Leidensdruck hat sich erst durch meine Alkoholerkrankung entwickelt. Mit 60 Jahren merkte ich, dass ich mich entscheiden muss, ob ich weiter leben will. Meinem Körper machte die Trinkerei zu viel zu schaffen. Auch beruflich bekam ich immer mehr Probleme.

Oft habe ich mich auch gefragt, ob der Weg, den ich mit therapeutischer Hilfe gegangen bin, richtig und in meinem Alter noch sinnvoll ist. Ich bin aus zwei Gründen davon überzeugt, dass der Weg richtig ist. Erstens waren die therapeutischen Anstrengungen für mich lebensrettend. Ich bin davon überzeugt, dass ich ohne diese Anstrengungen weder psychisch noch körperlich überlebt hätte. Ein Mitpatient (und dann auch Freund) in meiner stationären Alkoholentwöhnung pflegte zu sagen: „Denk daran: Totsaufen ist auch ein Weg." In der Tat: So etwas wäre eine Alternative gewesen. Diese Alternative auszuschließen, war mir nur möglich, weil ich mich meiner Bindungsangst und all ihren Folgen in sozialen und beruflichen Kontakten gestellt habe. Hierdurch hat sich mein Lebensgefühl grundlegend verändert. Ich habe Vertrauen wieder gewonnen – vielleicht zum ersten Mal gewonnen, und zwar Vertrauen in die Möglichkeit und Sicherheit von Nähe-Beziehungen zu anderen, vor allem zu meiner Lebenspartnerin, dann aber auch zu Freunden. Ängste und Verkrampfungen bedrücken mich nicht mehr täglich. Ich fühle mich meistens gut und tatkräftig. Die Rückmeldungen meiner Partnerin und meiner Freunde geben mir Bestätigung. Ich habe ein gutes Gefühl für die Zukunft, obwohl mir klar ist, dass die Arbeit an der langen, belastenden Vergangenheit weitergeht.

Ohne Bindung kein Einfühlungsvermögen

Ein Kind lernt durch das einfühlsame Verhalten seiner Eltern seine eigenen Gefühle zu verstehen und zu benennen. Je mehr Verständnis ihm entgegengebracht wird, umso besser kann es später auch andere verstehen. Dies hängt mit den sogenannten „Spiegelnervenzellen" oder auch „Spiegelneuronen" zusammen, die sich in den ersten drei Lebensjahren im Gehirn ausbilden. Je mehr Spiegelneurone ein Gehirn ausbildet, desto höher ist die Fähigkeit des betroffenen Menschen, sich in seine Mitmenschen einfühlen zu können. Der Begriff Spiegelneuron verweist auf die Fähigkeit dieser Neuronen, das Verhalten des Gegenübers zu spiegeln. Die Spiegelneurone entwickeln sich bei einem Kleinkind im liebevollen Miteinander mit seinen Bezugspersonen. Man konnte per Videoaufzeichnungen genau beobachten, wie einfühlsame Mütter in ihrer Mimik den Gefühlszustand ihres Kindes spiegeln. Lächelt das Kind, dann lächelt die Mutter zurück. Ist das Kind unglücklich, macht die Mutter ein besorgtes Gesicht. Durch den Gesichtsausdruck der Mutter findet das Kind einen Kontakt zu seinen eigenen Gefühlen und es fühlt sich angenommen und verstanden. Je feinfühliger die Mutter dem Kind seinen inneren Zustand spiegelt und je verständnisvoller sie auf seine Bedürfnisse reagiert, desto mehr Spiegelzellen bilden sich im Gehirn des Kindes aus. Und je mehr Spiegelzellen vorhanden sind, desto besser kann dieses Kind später mit anderen Menschen mitfühlen. Man hat in Studien festgestellt, dass bereits einjährige Kinder, die eine sichere Bindung zu ihrer Mutter erworben haben und sich damit einhergehend von ihrer Mutter verstanden fühlten, deutlich anteilnehmender auf die Gefühle von ihren Mitmenschen reagierten als nicht-sichergebundene Kinder. So zeigten sich die Einjährigen erkennbar von dem Weinen eines anderen Menschen betroffen und machten ebenfalls ein trauriges Gesicht. Das gefühlte Verständnis, das ihnen entgegengebracht wurde, konnten sie an andere weitergeben.

In der späteren Kindheit, wenn die Kommunikation zwischen Eltern und Kind vermehrt über die Sprache abläuft, verfestigt das Kind sein Verständnis für die eigenen Gefühle und jene seiner Mitmenschen. Es lernt über seine Bezugspersonen seine Gefühle zu benennen und mit ihnen umzugehen. Kommt es beispielsweise bedrückt nach Hause, weil sein bester Freund im Kindergarten nicht mit ihm spielen wollte, dann formuliert die einfühlsame Mutter dies in Worte, so sagt sie beispielsweise: „Ach ja, ich kann verstehen, dass du traurig bist ..." Durch solche mitfühlenden Kommentare der Mutter lernt das Kind, dass das, was es da innerlich fühlt, „traurig" heißt. Zudem lernt es, dass es angesichts der Situation traurig sein darf, und in den meisten Fällen bekommt es auch noch eine Erklärung und somit ein Verständnis für die Situation, indem die Mutter beispielsweise sagt, dass der Freund vielleicht schlechte Laune hatte und morgen wahrscheinlich gern wieder mit ihm spielt. Somit lernt das Kind drei Dinge. Erstens: Seine Gefühle richtig einordnen und benennen zu können. Zweitens: Es erhält die Botschaft, dass es in Ordnung ist, so zu fühlen. Drittens: Das Kind bekommt Interpretationsmöglichkeiten für die jeweilige Situation an die Hand und damit einhergehend Lösungen.

Der gute Kontakt zu den eigenen Gefühlen ist die Grundlage für das Verstehen der Gefühle meiner Mitmenschen. Denn nur, wenn ich einen Zugang zu meinem eigenen Gefühl von Trauer habe, kann ich mit-fühlen, wenn ein anderer Mensch traurig ist. Das Gleiche gilt für alle anderen Gefühle. Und nur, wenn ich verstehen kann, warum ich in einer bestimmten Situation traurig bin, kann ich auch verstehen, warum ein anderer in einer ähnlichen Situation traurig ist. Die Fähigkeit zum Mitfühlen ist auch der Schlüssel zur sozialen Kompetenz. Denn nur, wenn ich die Stimmungen und Gefühle meiner Mitmenschen richtig einordnen und verstehen kann, kann ich angemessen auf sie reagieren.

Die unsicher-gebundenen Kinder sind zumeist aufgrund ihrer Erfahrungen in ihrem Mitgefühl gestört. Die mangelhafte Anteilnahme ihrer Mütter und Väter beschädigt den Kontakt zu ihren eigenen Gefühlen und in Folge zu den Gefühlen ihrer Mitmenschen. Dieses gestörte Einfühlungsvermögen führt zu der typischen Ich-Bezogenheit, die Bindungsphobiker normalerweise auszeichnet, und an der sich die Partner ihre Nerven aufreiben. Bindungsvermeider können die Gefühle und Wünsche ihrer Partner oft nicht nachempfinden, häufig nicht einmal verstehen. Dies führt dann typischerweise zu zermürbenden Auseinandersetzungen, die kreisförmig verlaufen, weil der Partner es einfach nicht schafft, dem Bindungsphobiker sein Ansinnen begreiflich zu machen. Wie inzwischen klar geworden sein dürfte, haben Bindungsvermeider vor allem einen schlechten Zugang zu ihren Bedürfnissen nach Nähe, Vertrauen und Geborgenheit. Sind es doch gerade diese Bedürfnisse, die in ihrer Kindheit so frustriert wurden und die sie in Folge verdrängen und abwehren. In einer Liebesbeziehung verlangen die Partner von dem beziehungsängstlichen Menschen nun genau das, was er am schlechtesten kann: Vertrauen. Da Beziehungsphobiker selbst einen sehr wackeligen Kontakt zu diesem Gefühl haben, können sie nicht richtig verstehen, wovon der Partner spricht und was er eigentlich will. Ebenso schwer fällt es ihnen zumeist nachzufühlen, wie verletzend ihr abweisendes Verhalten für den Partner ist. Sie können die Reichweite ihrer Worte und Handlungen schlecht abschätzen. Sie sind häufig erstaunt über die Gefühlsreaktionen ihrer Partner und wissen diese nicht richtig zu deuten. Ihre harten Abgrenzungsmaßnahmen sind zum Selbstschutz, da es ihnen aber zudem sehr schwerfällt, sich in ihr Gegenüber richtig einzufühlen, bemerken sie oft gar nicht, wie tief sie den anderen verletzen.

Führt Bindungsangst zu einem schlechten Charakter?

Eine Frage, die mich seit Langem beschäftigt und auf die ich noch keine befriedigende Antwort gefunden habe, ist die folgende: Wieso entwickeln einige Menschen mit einer miesen Kindheit einen miesen Charakter und andere nicht? Mit Sicherheit ist es so, dass sehr schwierige Kindheitsbedingungen den besten Boden bereiten, um den Charakter eines Menschen zu verbiegen. Dies ergibt sich einfach aus der seelischen Not und dem fundamentalen Misstrauen, das so früh in die Herzen dieser Menschen gepflanzt wird. Und trotzdem ist es nicht so, dass jeder Bindungsphobiker „feige und unaufrichtig" ist und jeder Bindungsfähige ein „guter Mensch". Zwar führen die massiven Ängste der Bindungsphobiker zu diversen Manövern und Abwehrstrategien, aber trotzdem gibt es auch unter ihnen welche, die es schaffen, fair und aufrichtig durchs Leben zu gehen. Ich möchte klarstellen, dass nicht jeder, der ein gleichgültiges oder ängstliches Vermeidungsverhalten erworben hat, sich zum notorischen Geheimniskrämer oder glühenden Narzissten entwickelt. Die Wahrscheinlichkeit unter diesen Wachstumsbedingungen eine komplizierte, zur Unehrlichkeit neigende Persönlichkeit zu entwickeln, ist zwar recht groß, aber es muss nicht zwangsläufig so sein. Es gibt auch Beziehungsgestörte, die sich aufrichtig bemühen, ihre Ängste möglichst nicht auf Kosten ihrer Mitmenschen auszuleben. Und dann gibt es auch noch diese Wunderkinder, die trotz miserabelster Kindheit später sowohl bindungsfähig als auch richtig nette Menschen werden. Ebenso wie es Menschen gibt, die, obwohl sie eine gute Kindheit hatten, einen unangenehmen Charakter entwickeln können. Es sind die vielen Entwicklungseinflüsse, die ein Menschenleben berühren, die neben der Elternbeziehung mit darüber entscheiden, zu welcher Persönlichkeit wir uns entfalten. Persönlich gelange ich auch immer mehr zu der Überzeugung, dass es auch angeborene Persönlichkeitsmerkmale und genetische Faktoren gibt, die für die Ausformung eines „guten" beziehungsweise „schlechten" Charakters mitverantwortlich sind. In meinem Buch „So bin ich eben!" habe ich mit meiner Co-Autorin Melanie Alt bereits dargestellt, wie sich angeborene Persönlichkeitsmuster im Leben eines Menschen darstellen und auswirken.

Eine wesentliche Rolle, auf welchen Wegen die Bindungsangst ausgelebt wird, spielt in jedem Fall, wie reflektiert der Betroffene damit umgeht. Ein Mensch, der sich mit seinen Problemen auseinandersetzt, weist eine viel höhere Wahrscheinlichkeit auf, eine bewusste Haltung zu entwickeln, was gegenüber seinen Mitmenschen beziehungsweise seinem Partner fair ist und was nicht, als ein Mensch, der vor sich selbst davonläuft. Wer bewusst mit seinen Problemen umgeht, der mag zu dem Ergebnis kommen, dass es für den Partner nicht okay ist, einfach abzutauchen, zu lügen oder ihm das offene Gespräch zu verweigern. Er kann sich besonnen gegen unfaire Strategien entscheiden.

Ich habe in meinem Freundeskreis ein paar bindungsscheue Gesellen. Sie kommen in diesem Buch bisher ein bisschen zu schlecht weg – ich packe sie zu hart an, wenn ich immer wieder darauf poche, wie brutal, unehrlich und feige bindungsängstliche Menschen sein können. Deswegen möchte ich das Bild an dieser Stelle noch ein bisschen differenzieren: Bindungsängste werden je nach persönlicher Veranlagung und nach Ausprägungsgrad sehr unterschiedlich ausgelebt. Grundsätzlich neigen die Betroffenen zu den beschriebenen Strategien und Verhaltensweisen und trotzdem können einige von ihnen extrem sympathisch und auch als Freunde absolut verlässlich sein. Einen Freund von mir, der stark betroffen ist, empfinde ich als einen der nettesten Menschen, die ich kenne, selbst seine Frau würde nichts anderes von ihm behaupten. Trotzdem ist sie sehr unglücklich mit ihm und er versteht nicht, was ihr fehlt. In seinen Augen ist er ein verantwortlicher, liebevoller Vater und Ehemann. Das stimmt auch. Aber wenn seine Frau ihm morgen eröffnen würde, sie hätte sich in einen anderen verliebt und wollte sich deshalb von ihm trennen, dann würde er ihr mit aufrichtigem Herzen viel Glück wünschen und ihr fortan als guter Freund zur Verfügung stehen (und ihrem neuen Partner auch). Und dies ist genau das, was für seine Frau so kränkend ist. Er kann nicht mehr als ein tiefes Gefühl der Freundschaft aufbringen. Liebe mit ihren Nebenwirkungen (Sehnsucht, Eifersucht, Besitzansprüchen und Vermissen) ist ihm fremd, er ist ein gleichgültiger Bindungsvermeider. Und da ihm diese Gefühle völlig fremd sind, hat er auch nie ein Problem dabei verspürt, wenn er mit einer anderen Frau ins Bett ging. Er hätte seiner Frau auch jederzeit eine kleine Affäre gegönnt. Eifersucht kennt er nicht. Seine Frau will aber keinen guten Freund, sie will einen Mann, der sie liebt und ihr das Gefühl gibt, etwas ganz besonderes für ihn zu sein. Die Vorstellung, dass er genauso gut ohne sie leben könnte, ist für sie sehr verletzend. Das kann mein Freund zwar mit dem Verstand nachvollziehen, aber nicht nachempfinden. Und ändern kann er es auch nicht.

Der kleine Unterschied: Bindungsängste bei Frauen und Männern

Mir fällt immer wieder auf, dass Frauen mit Bindungsängsten oft weniger rücksichtslos und bedächtiger vorgehen als ihre männlichen Leidensgenossen. Dies mag daran liegen, dass Frauen im Durchschnitt geneigter als Männer sind, sich mit ihren Gefühlen auseinanderzusetzen und über ihre Ängste zu sprechen. Frauen sind sich ihrer Bindungsangst häufig bewusster und stärker als Männer bemüht, sich ihren Ängsten zu stellen. Natürlich gibt es auch hier Ausnahmen von der Regel.

Auch was die Häufigkeitsverteilung von Bindungsängsten betrifft, sind insgesamt mehr Männer als Frauen davon betroffen. Dies liegt zum einen vermutlich an der genetischen Ausstattung, die Frauen hinsichtlich ihrer Bindungsfähigkeit begünstigt. Frauen sind bereits durch ihre Gene auf die Betreuung von Säuglingen und Kindern ausgerichtet, die naturgemäß eine sehr starke Bindung hervorrufen und erfordern. Frauen ist ein stärkeres Interesse an menschlichen Beziehungen angeboren. Hierzu gab es ein sehr interessantes psychologisches Experiment: Man hat Säuglingen, die einen Tag alt waren, Bilder von menschlichen Gesichtern gezeigt. Die Mädchen schauten sich die Bilder im Durchschnitt deutlich länger als die Jungen an. Sie zeigten ein größeres Interesse an den Menschen.

Zum anderen sind Frauen hinsichtlich ihrer männlichen Partnerwahl weniger vorbelastet, wenn ihre Beziehung zur Mutter schwierig war. Wenn eine Frau in den ersten Lebensjahren von ihrer Mutter zu wenig Zuwendung erfahren hat, so projiziert sie diese Erfahrungen mit ihrer Mutter nicht zwangsläufig auf einen Mann beziehungsweise ihre Beziehung zu Männern. Zwar wird ihre Bindungsfähigkeit eingeschränkt sein, aber dieses Defizit wird nicht noch zusätzlich verstärkt, indem sie unbewusst ihr inneres Bild von ihrer Mutter auf ihren Partner überträgt (es sei denn sie ist homosexuell). Die Übertragung von der Mutter auf den späteren Partner ist also nicht so naheliegend wie bei Männern auf ihre spätere Partnerin (auch hier bilden homosexuelle Menschen die Ausnahme). Hinsichtlich ihrer Partnerwahl sind Frauen eher durch ihre Väter beeinflusst. Da der Vater jedoch in den ersten zwei prägenden Lebensjahren zumeist nicht die Hauptbezugsperson für das Kind ist, reichen die Erfahrungen von Frauen mit einer gestörten Vater-Beziehungen häufig nicht so tief in die ersten Entwicklungsjahre hinein, sondern greifen in einen etwas späteren Entwicklungsabschnitt. Falls die Mutter für diese Frau in den ersten zwei (und weiteren) Lebensjahren als Hauptbezugsperson fürsorglich war, bleibt dieser Frau noch ein grundlegendes Vertrauen in menschliche Beziehungen. Mithin kann eine schwierige Vaterbeziehung bei einer gleichzeitig positiven Mutterbeziehung der Frau noch ein gewisses Fundament für ihre spätere Beziehungsfähigkeit bereitstellen. Ihre Beziehungsfähigkeit wird dann nicht so tief gestört wie bei einem Mann mit einer gestörten Beziehung zu seiner Mutter. Diese Überlegungen sollen jedoch nicht darüber hinwegtäuschen, dass natürlich auch Frauen von Bindungsängsten betroffen sind.

Bindungsangst und Aggression: Ohne Bindung kein guter Umgang mit Aggression, Wut und Konflikten

Das Verhalten ihrer Eltern löst bei allen Kindern immer wieder eine Menge Wut aus. Den Schnuller nicht zu kriegen, zu warten, dass die Mama endlich kommt, überhaupt ein Nein zu akzeptieren – all das reicht bei Kindern für einen trotzigen Wutschub aus. Nun reagieren Eltern sehr unterschiedlich auf die Aggressionen ihrer Kinder. Eltern von sicher gebundenen Kindern verhandeln je nach Situation einen Kompromiss mit dem Kind, setzen eine klare Grenze oder geben nach. Im Großen und Ganzen verstehen sie, warum ihr Kind gerade wütend ist und nehmen es nicht zu persönlich. Die Kinder lernen, dass Wut an sich nichts Schlimmes ist, dass man jedoch angemessen mit ihr umgehen muss. Je älter sie werden, desto besser gelingt es ihnen, ihren Ärger so auszudrücken, dass die Mutter, der Spielfreund oder die Lehrerin verstehen, worin das Problem besteht. Das Kind kann dann zum Beispiel zu seinen Eltern sagen: „Ich finde es ziemlich doof, dass ihr von mir immer verlangt, dass ich mein Zimmer aufräumen soll, wenn Papa selber immer alles rumliegen lässt", ohne sich vor der Reaktion seiner Eltern fürchten zu müssen. Durch das Verhalten ihrer Eltern lernen die Kinder, dass sie Einfluss nehmen können. Die Erfahrung, etwas bewirken zu können, haben diese Kinder bereits in den ersten Lebensmonaten gemacht, und sie verfestigt sich im Verlauf der weiteren Entwicklung. Die Erfahrung, etwas bewirken zu können, Nein sagen zu dürfen, auf Verhandlungsbereitschaft und Verständnis zu stoßen, ist von enormer Bedeutung für die spätere Bindungsfähigkeit. Die Kinder lernen hierdurch Folgendes:

- Ich bin dir nicht hilflos ausgeliefert.
- Ich werde auch geliebt, wenn ich mal nicht deiner Meinung bin.
- Ein Streit ist keine Katastrophe, man verträgt sich dann wieder.
- Ich werde so geliebt, wie ich bin, und nicht, wie du mich gern hättest.

Die Kinder lernen, dass sie eigenständige Wesen sein dürfen und trotzdem geliebt werden. Dies tut dem Selbstwertgefühl sehr gut. Diese Erfahrung prägt ihre spätere Einstellung zu Liebesbeziehungen: Ich kann ich bleiben und gleichzeitig mit dir zusammen sein. Und diese Überzeugung ist von existenzieller Bedeutung, um Nähe und Intimität leben zu können.

Die Kinder lernen aber noch etwas Entscheidendes: den Umgang mit Konflikten. Sie lernen, dass Wut und Aggression keine Gefühle sind, die verdrängt oder aus dem Bewusstsein abgespalten werden müssen, sondern dass es Gefühle sind, die gefühlt werden dürfen und dann in einer (zumeist) angemessenen Form ausgedrückt werden. Wenn ein Konflikt entsteht, können diese Menschen ihn ansprechen und mit ihrem Gegenüber konstruktiv verhandeln. Die zahlreichen Spielarten der passiven Aggression haben sie nicht nötig. Ebenso neigen sie in der Regel nicht zu plötzlichen Ausbrüchen aktiver Aggression. Sie können zwar ziemlich wütend werden, aber diese Wut ist im Großen und Ganzen dem Anlass angemessen. Oder: Sie sind aufgrund ihres Temperaments etwas impulsiv, beruhigen sich dann aber auch schnell wieder.

Die Fähigkeit, Konflikte auszutragen, ist eine unabdingbare Voraussetzung, um tragfähige Liebesbeziehungen herzustellen. Denn nur so kann man innerhalb einer engen Beziehung ein gesundes Verhältnis zwischen den eigenen Bedürfnissen und jenen des Partners herstellen – also eine gute Balance zwischen Anpassung und Selbstbehauptung finden. Unabdingbare Voraussetzung ist, dass ein Mensch sich traut, seine Wünsche und Bedürfnisse überhaupt auszusprechen. Doch schon hiermit tun sich konfliktscheue Menschen schwer. Aber nur, wer den Mund aufkriegt, kann die eigenen Anliegen formulieren und mit dem Partner besprechen.

In intakten Partnerschaften findet man dementsprechend immer eine gute Balance zwischen Selbstbehauptung und kompromissfähiger Anpassung vor. Die Partner gewähren sich gegenseitig ebenso persönliche Weiterentwicklung und Freiräume, wie sie auch Wert auf Gemeinsamkeit und Miteinander legen. Aber dieser wechselseitige Respekt fliegt ihnen nicht unbedingt zu, sondern manchmal sind auch zähe Verhandlungen notwendig, um Kompromisse zu finden. Bleiben diese aus, gerät die Beziehung aus der Balance, weil mindestens ein Partner, wenn nicht beide, das Gefühl haben, ständig zu kurz zu kommen.

Welchen Umgang mit Konflikten und Erwartungshaltungen entwickeln nun die nicht-sicher gebundenen Kinder? Alle unsicheren

Bindungstypen, also der anklammernde, der ängstlich-vermeidende und der gleichgültig-vermeidende machen sehr früh und fortwährend die Erfahrung, dass sie keinen oder kaum Einfluss auf die Mutter (also auf Beziehungen) nehmen können. Ihre frühesten Erfahrungen auf dieser Welt sind trost-los. Vor allem bei den vermeidenden Bindungstypen ist es nicht selten so, dass sie schon als Säuglinge spüren und ahnen, dass sie nicht willkommen sind. Dass sie, um es mit klaren Worten auszudrücken, keine Daseinsberechtigung haben. Ein Betroffener erklärte: „Ich stand dem Leben meiner Mutter im Weg, das fühlte ich ganz früh. Es gab nur eine Möglichkeit in ihrer Nähe zu existieren, und zwar die vollkommene Unterwerfung an ihre Bedürfnisse. So etwas wie einen eigenen Willen konnte ich mir nicht erlauben, das wäre undenkbar gewesen."

Kinder lernen in dieser Atmosphäre genau das Gegenteil von dem, was sicher gebundene Kinder lernen. Sie spüren, dass sie den Erwachsenen hilflos ausgeliefert sind, dass sie nicht mehr geliebt werden, wenn sie sich nicht anpassen und dass jeder Streit und jeder Konflikt eine existenzielle Bedrohung ist. Sie reagieren, indem sie alle Aggressionen und Eigenheiten unterdrücken, um die Fürsorge durch die Mutter nicht noch mehr zu gefährden. Aus diesem Grund können sie allerdings auch keinen gesunden Umgang mit den natürlichen Impulsen von Aggression, Wut und eigenen Interessen erlernen. Im späteren Leben haben sie deshalb große Schwierigkeiten mit ihren Aggressionen, mit Impulsen von Wut und mit Konflikten im Allgemeinen umzugehen.

Von der Unterwerfung als Kind zur passiven Aggression im Erwachsenenalter

Bereits als Säuglinge lernen diese unerwünschten Kinder, sich den Erwartungen ihrer Mutter anzupassen, um zu überleben. Überleben bedeutet in dieser frühen Phase vor allem körperliches Überleben. Ich möchte hier nicht näher auf die traurige Tatsache eingehen, dass es wirklich Säuglinge gibt, die durch Vernachlässigung oder durch aktiven Mord sterben – aber ich möchte zumindest an dieser Stelle darin erinnern, dass es tatsächlich um Leben und Tod geht.

Wenn die Mutter nun das Kind zwar körperlich so weit versorgt, dass es am Leben bleibt, aber sich innerlich wünscht, seine Existenz rückgängig machen zu können, dann entspricht dies inneren

Mordimpulsen, die das Kind unbewusst spürt. Das Kind merkt, dass es keine Freude darüber gibt, dass es lebt. Wenn es die heimlichen Vernichtungswünsche der Mutter bewusst wahrnehmen würde, müsste es in ständiger Todesangst leben. Für diese Kinder steigt die Gefahr zu sterben, wenn sie viel Schreien und somit „Ärger machen". Diese Kinder gewöhnen sich das Schreien als vitalen Ausdruck eines Überlebensbedürfnisses meist schnell ab, so wie überhaupt alle Signale, die die Mutter reizen könnten. In der Konsequenz heißt das jedoch, dass das Kind seinen Überlebenswunsch abschaltet. Um zu überleben, entwickelt es paradoxerweise keinen Überlebenswillen. Die genetische Anlage „Ich will leben" wird nicht mit körperlicher Erfahrung gefüllt. Auch das Bedürfnis nach Angenommensein und menschlicher Wärme wird eliminiert – denn das könnte ebenso gefährliche Schrei- und Lautimpulse hervorbringen. Im Körpergedächtnis des Kindes wird deswegen keine Lebensfreude abgespeichert. Fordernde und aggressive Impulse, die den Wunsch versorgt und umsorgt zu werden laut machen, werden ausgeschaltet. Was allerdings nicht bedeutet, dass diese Menschen später keine Wut und Aggressionen verspüren. Diese verspüren sie sehr wohl, aber sie hatten keine Möglichkeit, einen gesunden Umgang damit zu lernen.

Der Mangel an Lebensfreude bleibt im Erwachsenenalter bestehen. Solche Menschen hängen nicht besonders an ihrem Leben. Dabei merkt man ihnen das nicht unbedingt an, rein äußerlich „machen sie mit". Sie können durchaus beruflich sehr erfolgreich sein, gern unter Leute gehen und ein Hobby pflegen – man würde gar nicht darauf kommen, dass sie zutiefst in ihrem Lebenswillen verstört sind. Sie haben sehr früh gelernt, so zu funktionieren, dass keiner oder kaum einer etwas merkt. Bei einem Bekannten von mir habe ich diese Fassade nur zufällig entdeckt, als ich ihn einmal im Krankenhaus besuchte. Die Ärzte waren ratlos wegen seiner Symptome und es stand eine tödliche Diagnose zur Debatte. Er wartete auf das Ergebnis der Untersuchung und vertrieb sich währenddessen die Zeit mit Lesen und Fernsehen. Ich war fassungslos, ob seiner Gelassenheit angesichts dieser Situation. Auf meine Frage, wie er so cool bleiben könnte, erklärte er: „Egal was es ist, es ist alles besser, als so weiter zu leben wie bisher." Dabei war er ein junger, attraktiver und erfolgreicher Mann, der sich für viele Dinge interessierte und im Gespräch viel Lebendigkeit versprühte. Tatsächlich war er jedoch zutiefst verstört, wie ich zum ersten Mal in dieser Situation feststellte.

Anhand von Videoauswertungen konnte man nachweisen, dass bereits Säuglinge eine Empfindung dafür aufweisen, wie sie es ihrer Mutter recht machen können. So ließ sich bei bindungsgestörten Mutter-Kind-Beziehungen beobachten, dass die Säuglinge (ab dem Alter von sechs Wochen) lächelten, wenn die Mutter sie anschaute. Doch sobald die Mutter wegschaute, nahmen sie einen ganz eingefrorenen und verlorenen Gesichtsausdruck ein. Negative Gefühle zeigten diese Kinder nur, wenn die Mutter nicht hinsah. Diese Studie konnte nachweisen, dass schon Kleinstkinder ihre Mimik so gestalten, dass sie möglichst wenig Aggressionen bei der Mutter erzeugen.

Auch in Familien, die sich eigentlich über ihre Kinder freuen, kann ein hoher Anpassungsdruck herrschen, wenn Mutter und Vater überfordert sind oder selbst unter hohem Anpassungsdruck aufwuchsen, was sehr häufig der Fall ist. Wenn ein Kind immer wieder die Botschaft erhält: „Ich lieb dich nur, wenn du so bist, wie ich dich haben will!", reicht dies bei ansonsten relativ „normalen" Eltern aus, um ein gestörtes Verhältnis zu Erwartungshaltungen und zu Aggressionen zu entwickeln. Diese Botschaft wird ja auch oft recht subtil übermittelt. Petra erzählt: „Meine Mutter war nie böse, wenn ich etwas falsch gemacht habe – sie war enttäuscht. Dann wirkte sie so traurig, so depressiv, sie zog sich zurück, und ich fühlte mich entsetzlich schuldig." Petra hat gelernt, ihre eigenen Bedürfnisse weitgehend zu unterdrücken und sich anzupassen. Wut kann sie gar nicht offen zeigen. Am besten fühlt sie sich, wenn sie allein ist – nur dann hat sie das Gefühl, ein freier Mensch zu sein.

Kinder, die früh gelernt haben, ihre Wut auf die Mutter beziehungsweise die Eltern zu unterdrücken, entwickeln als Erwachsene bevorzugt Strategien der passiven Aggression. Also jene passiv-aggressiven Verweigerungstaktiken, die nicht auf den ersten Blick als Aggression zu erkennen sind und die ich im ersten Teil des Buches unter der Überschrift „Flucht" beschrieben habe.

Streit als Ersatz für Nähe

Es ist aber nicht zwangsläufig so, dass Kinder, die einen vermeidenden Bindungsstil aufweisen, sei er ängstlich oder gleichgültig, ihre Aggressionen unterdrücken. Bei der Frage, wie ein Mensch mit Aggressionen umgeht, spielen immer viele Entwicklungseinflüsse zusammen: das angeborene Temperament des Kindes, das Streitverhalten in der Familie und in der späteren Entwicklung, der Einfluss von Freunden und anderen Personen. Ein Klient vom ängstlich-vermeidenden Bindungstyp erzählte, dass er und seine Mutter ständig gestritten hätten, während der Vater sich aus allem herausgehalten habe. Die Mutter sei sehr herrisch gewesen und sei schnell explodiert. Er erklärte: „Ich war immer so wütend. Wut ist die vorherrschende Empfindung meiner Kindheit. Wenn meine Mutter gebrüllt hat, habe ich zurückgebrüllt. Es gab fürchterliche Szenen zwischen uns. Aber das war die Art der Auseinandersetzung, die ich kannte. Heute, als Erwachsener, fühle ich mich unsicher und unwohl, wenn zu viel Harmonie zwischen mir und meiner Freundin herrscht. Ich suche dann den Streit. Streit ist die Nähe, die ich aus meiner Kindheit kenne. So echte, liebevolle Nähe kenne ich fast nicht und wenn ich sie habe, macht sie mir Angst. Angst, sie gleich wieder zu verlieren – es ist zu schön, um wahr zu sein. Deswegen mache ich sie dann selber wieder kaputt, indem ich anfange, meiner Freundin irgendwelche Vorwürfe zu machen. Wenn sie mich dann verlassen sollte, habe ich das Ende wenigstens selbst herbeigeführt." In dieser Schilderung finden wir eines der zentralen Motive von aktiver Aggression, nämlich die Kontrolle zu bewahren nach dem Motto: „Wenn du mich verlässt, dann weiß ich wenigstens weshalb: Ich war so böse zu dir, dass dir eigentlich nichts anderes übrig blieb. Das halte ich aber besser aus, als wenn ich mich anstrengen würde, lieb zu sein, und du würdest mich trotzdem verlassen."

Ein weiteres Motiv für aggressives Verhalten, das hier anklingt, ist, dass die aggressive Auseinandersetzung die Form der Nähe ist, die dieser Klient in der Kindheit erfahren hat. Kinder, die aggressive Verhaltensweisen entwickeln, tun dies häufig auch deshalb, weil ihnen ein Streit mit der Mutter lieber ist, als gar nicht beachtet zu werden.

Ein weiteres mögliches Motiv von Kindern, die sich entscheiden, ihre Wut gegenüber der Mutter oder den Eltern herauszulassen, ist, dass diese Kinder noch nicht resigniert haben. Sie kämpfen noch um die Zuwendung. Bedingt durch ihr Temperament halten sie es länger aus, aktiv zu bleiben, sich immer wieder an die mütterliche Front zu wagen, auch wenn sie sich stets dabei eine

Abfuhr einholen. Sicherlich spielt hier auch das wahrgenommene Ausmaß der Bedrohung auf Seiten der Mutter eine Rolle. Der Klient, der beispielsweise erklärte, er habe sich einen eigenen Willen gar nicht erlauben können, nahm seine Mutter als extrem kalt und bedrohlich wahr. Zudem fehlte ihm der Vater, auf den er bei einem Streit mit der Mutter hätte ausweichen können. Er war stärker auf die Mutter angewiesen als Kinder, die mit beiden Elternteilen oder in größeren Familien aufwachsen. Einen wesentlichen Einfluss hat auch die Geschwisterbeziehung. Einzelkinder sind noch stärker vom mütterlichen Wohlwollen abhängig als Geschwister. Sie können auch Halt und Trost in ihren Geschwistern finden, die dasselbe Schicksal teilen. Zudem nehmen Geschwisterkinder häufig unterschiedliche Rollen in der Familie ein. Während das eine Kind die Rolle des „Angepassten" einnimmt, das bestrebt ist, Ärger aus dem Weg zu gehen und die Erwartungen der Eltern zu erfüllen, wählt das andere Kind in Abgrenzung von Bruder oder Schwester die Rolle des „Rebellen" und trotzt gegen die elterlichen Erwartungen.

Egal, ob die Aggression vorwiegend passiv, aktiv oder gemischt ausgelebt wird, Bindungsängstliche haben immer einen problematischen Umgang mit ihren Aggressionen. In Beziehungen gehen sie Konflikten deshalb in der Regel aus dem Weg, weil sie darin eine existenzielle Bedrohung sehen. Manche können nicht einmal offen über ihre Wünsche und Anliegen sprechen. Andere fangen an zu manipulieren oder reagieren passiv aggressiv. Wieder andere zeichnet aus, dass sie hin und wieder völlig unerwartet „explodieren". Die passiven und aktiven Aggressionen der Bindungsängstlichen rufen bei den Partnern ebenfalls Aggression und Wut sowie Depression und Hilflosigkeit hervor.

Fazit: Bindungsängste haben viele Ursachen und viele Gesichter. Die erste Bezugsperson spielt für den Säugling dabei die Hauptrolle in der Frage, ob er ein Gefühl der sicheren Bindung und damit das Vertrauen in Beziehungen entwickelt oder ob er ein Gefühl der unsicheren Bindung entwickelt, dass ihn später zu einem Menschen macht, der jeder Bindung misstraut und ihr ängstlich gegenübersteht. Zu wenig Zuwendung, eine Trennung von Säugling und Mutter (oder einer anderen festen Bezugsperson), aber auch eine innerlich distanzierte Mutter können Ursachen für eine unsichere Bindung und damit für starke Bindungsängste sein. Dabei liegt in dieser Entwicklungsphase natürlich die Hauptverantwortung für das Geschehen bei den Erwachsenen, aber es gibt auch Persönlichkeitseigenschaften, mit denen Babys auf die Welt kommen, die sie besonders anfällig für Bindungsstörungen machen. Ebenso gelten die ersten zwei Lebensjahre als grundlegend entscheidend für die Bindungs- und Beziehungsfähigkeit eines Menschen, aber auch in späteren Jahren kann das Bindungsvermögen eines Kindes und sogar das Beziehungsvermögen eines erwachsenen Menschen noch durchaus positiv beeinflusst werden. Beim Kind beispielsweise, weil sich die Lebenssituation ändert, weil eine neue Bezugsperson auftaucht. Beim Erwachsenen beispielsweise, weil er sich in einer Therapie seinen Ängsten und seiner Vergangenheit zuwendet.

Vielen beziehungsängstlichen Menschen wird erst in einer Therapie bewusst, wie tief und stark ihre Beziehungsangst ihr gesamtes Leben prägt. Denn Bindungsängste tangieren bei weitem nicht nur das Liebesleben der Betroffenen. Die Auswirkungen reichen von einer eingeschränkten Lebensfreude, über Schwierigkeiten, eigene Anliegen und Wünsche, Meinungen und Anliegen zu äußern, bis hin zur Unfähigkeit mit Konflikten aller Art umzugehen und einem stark reduzierten Selbstvertrauen. Am Anfang dieses Kapitels sagte ich: Bindung spielt von Beginn unseres Lebens an eine existenzielle, überlebenswichtige Rolle. Am Ende dieses Kapitels kann man sagen: Bindungsängste bedeuten existenzielle Schwierigkeiten im Leben eines Menschen.

Erziehung, Enttäuschung und Gesellschaft – Ursachen, die im späteren Leben Beziehungsängste begünstigen

Auch wenn eine Bindungsangst in den meisten Fällen durch Vernachlässigung und tiefe Verletzungen entsteht, die ein Mensch in seinen ersten zwei Lebensjahren erlebt, so gibt es doch auch Menschen, die ihr bindungsvermeidendes Verhalten erst in späteren Jahren entwickeln. Große emotionale Verletzungen können beispielsweise auch bei Jugendlichen oder Erwachsenen dazu führen, dass sie Bindungsängste entwickeln. Ebenso kann eine angeborene Neigung zu Einzelgängertum gepaart mit einem starken Wunsch nach Unabhängigkeit dazu führen, dass ein Mensch emotional starke Bindungen zu anderen Menschen vermeidet.

Ein Kind muss sich zu sehr anpassen

Auch wenn in den ersten zwei Lebensjahren alles einigermaßen gut für das Kind gelaufen ist, kann es im Verlauf seiner weiteren Erziehung zu Problemen kommen, die im Erwachsenenalter zu Bindungsängsten führen können. Eine besonders sensible Zeit ist beispielsweise die Entwicklungsphase, in der das Kind zunehmend selbstständig wird. Als groben Zeitpunkt könnte man die Zeit ab dem zweiten Lebensjahr benennen. Gerade in dieser Zeit braucht das Kind das Gefühl, dass die Eltern ihm zutrauen, seinen eigenen Weg zu gehen – im realen wie im übertragenen Sinne. Nur so kann das Kind ein gutes Gefühl für die eigenen Wünsche entwickeln und lernen, dass es einen großen Einfluss auf seine Lebenssituation hat – beides wichtige Grundlagen für die spätere Bindungsfähigkeit. Viele bindungsscheue Menschen beklagen, dass sie in ihrer Kindheit einem Übermaß an Gängelei und Vorschriften durch einen oder beide Elternteile ausgesetzt gewesen waren. Wenn sie nicht so funktioniert haben, wie die Eltern oder ein Elternteil es wollten, gab es Stress. Sei es in Form von Liebesentzug, deutlich demonstrierter Enttäuschung, Nichtbeachtung, Gemecker, Demütigungen, Verboten, Schlägen oder welche „Erziehungsmaßnahmen" die Eltern auch immer bevorzugt haben. Die Betroffenen beklagen fast ausnahmslos, dass sie sich als Kinder mit eigenen Bedürfnissen und Wünschen von ihren Eltern nicht wahrgenommen und nie verstanden gefühlt haben. Sie wurden früh genötigt, sich in die vorgefertigte Schablone ihrer Eltern hineinzuzwängen. Ihr innerstes Programm lautet: „Wenn ich will, dass du mich liebst, muss ich mich so verhalten, wie du mich haben willst." Dies hat sehr viel Ähnlichkeit mit den Problemen der unsicher-gebundenen Kinder, nur dass das Drama bei diesen Menschen zu einem späteren Zeitpunkt seinen Lauf nimmt. Nämlich genau zu dem Zeitpunkt, wenn das Kind anfängt, einen eigenen Willen zu entwickeln und zunehmend über Möglichkeiten verfügt, diesen zu behaupten.

Die Eltern dieser Kinder können mit den Bedürfnissen ihres Kindes nach Abhängigkeit umgehen, aber nicht mit jenen nach Unabhängigkeit und Selbstbestimmung. Diese Eltern können sich ihren Kindern als Babys liebevoll zuwenden und Verständnis und Geduld für sie aufbringen. Je mehr das Kind jedoch Sprache erlernt und somit die Anweisungen und Ermahnungen der Eltern verstehen kann, desto mehr erwarten diese Eltern, dass das Kind sich nach ihnen zu richten hat. Für das kindliche Erleben bedeutet dieser Erziehungsstil, dass der anfänglich gute Kontakt zu den Eltern plötzlich zum Käfig wird.

Im vorigen Kapitel wurde bereits beschrieben, dass Kinder, die als Säuglinge keine sichere Bindung zu einer Bezugsperson aufbauen konnten, häufig auch in späteren Kinderjahren keine besseren Erfahrungen mit ihren Eltern machen. Diese Kinder erleben insofern oft neben der ersten, größten und als existenziell erlebten Verunsicherung im Säuglingsalter viele weitere Verletzungen und Schädigungen im weiteren Kindesalter und sind dementsprechend als Erwachsene häufig auf vielen Ebenen bindungsgestört.

Die Kinder nun, die in ihren Bedürfnissen nach Selbstbestimmung sehr eingeschränkt wurden, können eine ausgesprochene Aversion gegen enge Beziehungen entwickeln, da sie diese unbewusst mit der Gängelei alter Kindheitstage gleichsetzen. Zudem sind sie in dem menschlichen Bedürfnis, als ganzes Wesen mit allen Ecken und Kanten geliebt zu werden, stark verletzt worden, da ihre Eltern ihnen unbewusst die Botschaft vermittelten: „Ich liebe dich nur, wenn du dich so verhältst, wie ich es von dir erwarte". Insofern rechnen diese Kinder auch als Erwachsene nicht damit, dass sie so geliebt werden, wie sie „wirklich" sind.

Nadines Schilderungen sind ein typisches Beispiel für die Folgen eines Erziehungsstil, der im späteren Leben zu Bindungsängsten führen kann: „Meine Mutter war das, was man eine Übermutter nennt. Ich glaube, so richtig glücklich mit mir war sie nur, als ich ein Baby war. Je älter ich wurde, desto mehr musste ich nach ihrer Pfeife tanzen. Sie hatte grausam genaue Vorstellungen davon, was richtig und was falsch ist. Das fing bei meiner Kleidung an und endete in der Auswahl meiner Freunde. Allein sie bestimmte, welche Frisur ich tragen sollte, welche Klamotten ich anziehen sollte, ob meine Freunde passend waren und so weiter. Wenn ich anderer Meinung war, dann gab es immer ein Riesen-Palaver. Um dem aus dem Weg zu gehen, machte ich oft, was sie wollte. Als Kind hatte ich das Gefühl, in der Nähe meiner Mutter zu ersticken. In der Schule und später in der Ausbildung qualmte ich hingegen vor Trotz und Widerstand." Nadine hat aus ihrer Kindheit eine tief gehende Abneigung gegen Einmischung und Erwartungshaltungen entwickelt: Jede Liebesbeziehung, die zu eng zu werden droht, bricht sie ab. Es reicht schon die Idee einer Erwartung auf Seiten eines Mannes, damit sie trotzig und bockig reagiert. Nahe Beziehungen lösen in Nadine Atemnot aus.

So wie viele Menschen, die einem Übermaß an Zwang und Bevormundung durch mindestens ein Elternteil ausgesetzt waren, hat Nadine innere Überzeugungen entwickelt, die für ihre Kindheit zwar richtig waren, aber im Erwachsenenalter keine Gültigkeit mehr haben und deshalb zum Selbstboykott führen. Sie hat als Kind nicht verinnerlichen können, dass sie ein eigenes Ich haben darf. Deswegen geht in ihrem Empfinden Ich und Du nicht zusammen. Ein eigenes Ich kann sie sich nur „leisten", wenn sie allein ist und sich kein potenzieller Erwartungsträger im Raum befindet. Sobald ein anderer Mensch in ihrer Nähe ist, startet ihr anerzogenes Programm: Sie will es dem anderen recht machen – und hasst zugleich nichts mehr als das. Für Nadine gibt es in dieser Situation nur zwei Entscheidungsmöglichkeiten: Entweder sie unterwirft sich den vermeintlichen Erwartungen des anderen, oder sie begehrt dagegen auf. Wenn sie die Erwartungen des anderen erfüllt, kriecht wieder das alte Kindergefühl in ihr hoch, sich zu verbiegen und dominiert zu werden. Wenn sie gegen die Erwartung handelt, geht sie davon aus, dass der andere ihr das Aufbegehren zumindest übel nimmt, sie vielleicht sogar verstößt. Deswegen entscheidet sie sich zumeist für die Flucht nach vorn und verlässt den Partner nach dem Motto: „Ich will dich sowieso nicht!" Ein Dilemma. Nadine hat durch ihre Erziehung keinen gesunden Umgang mit Konflikten gelernt. Wobei in Nadines Augen ein einfaches Nein schon einem Konflikt gleichkommt (siehe auch Abschnitt „Bindungsangst und Aggression" auf S. 113)

Man sieht am Beispiel von Nadine deutlich, dass die Schädigungen des Vertrauens in Beziehungen in späteren Jahren zu ähnlichen Ergebnissen führen können wie die Frühschäden. Der Unterschied ist, dass die Ängste bei den später Geschädigten nicht so tief im Unbewussten verankert sind wie bei den früh Geschädigten. Sie haben meist viele bewusste Erinnerungen an ihre Erlebnisse im Elternhaus und ihre Psyche wurde nicht so stark an der Basis malträtiert wie die Psyche der Menschen, die schon als Säugling keine sichere Bindung erleben durften. Häufig können diese Menschen in einer Therapie relativ schnell für sich etwas zum Guten verändern. Menschen, deren Vertrauen in Beziehungen schon sehr früh im Leben zerstört wurde, müssen dagegen größere Ängste und Hürden überwinden, bevor sie im alltäglichen Leben Bindungen eingehen können. Für sie ist die Angst vor dem Selbstverlust, vor der totalen Vereinnahmung existenzieller – lebensbedrohlicher. Doch Veränderungen sind auch hier möglich!

Die Mutter wollte zu viel Nähe

Neben dem Zuwenig an Zuwendung kann aber auch ein Zuviel schädlich für ein Kind sein. Die Rede ist von Müttern, die ihre Kinder mit ihrer Liebe erdrücken. Diese Mütter haben Angst – teils bewusst, teils unbewusst, dass ihr Kind sich zu weit von ihnen entfernen könnte. Sie leiden unter starken Verlustängsten, die sie über ihr Kind „heilen" wollen. Sie brauchen das Kind, um ihre eigenen Wünsche nach Nähe, Zuwendung und Bindung zu stillen. Strebungen des Kindes nach Selbstständigkeit und Eigenleben werden von der Mutter als persönliche Zurückweisung erlebt. Hierauf reagieren solche Mütter subtil. Sie sind enttäuscht und traurig, wenn das Kind sich von ihnen weg bewegt. Das löst wiederum im Kind starke Schuldgefühle aus – und es kommt „freiwillig" zurück. Andere Mütter stellen offen Forderungen und sprechen Verbote aus, die das Kind in die exklusive Zweisamkeit drängen. Manche Mütter agieren auch mit einer Mischung aus beiden Maßnahmen. So oder so lernt das Kind, dass es sich nicht von der Mutter entfernen darf, ohne dass diese hierauf mit Enttäuschung oder Ärger reagiert. Das Bedürfnis dieser Kinder nach einem eigenen, selbstständigen Ich, das unabhängig von der Mutter existieren darf, wird stark frustriert. Sie werden in ihrer Autonomieentwicklung sehr eingeschränkt. Dies hat zur Folge, dass sie nur begrenzt lernen, ihre eigenen Bedürfnisse wahrzunehmen und auszudrücken. Denn Bedürfnisse nach Selbstständigkeit, die den Bedürfnissen der Mutter zuwider laufen, sind unerwünscht und belasten die Beziehung zum Elternteil. Folglich lernen diese Kinder sehr früh, die gefährlichen Ich-Strebungen zu unterdrücken, die nach Abgrenzung von der Mutter verlangen. Denn je weniger eigene Bedürfnisse man verspürt, desto schmerzfreier gelingt die Anpassung. Je nach Temperament des Kindes und Ausmaß der mütterlichen Sanktionen kann das

Kind statt der totalen Anpassung aber auch ein massives Trotz-Verhalten entwickeln, mit dem es sich gegen die mütterlichen Erwartungen stemmt und sich so früh wie möglich radikal von ihr ablöst.

Einen wesentlichen Einfluss auf die Entwicklung des Kindes nehmen in dieser Konstellation weitere Bezugspersonen ein. Hat das Kind Ausweichmöglichkeiten, zum Beispiel einen Vater, der das Kind in seiner selbstständigen Entwicklung unterstützt, ist die Reichweite des mütterlichen Gängelbandes entsprechend geringer.

Auch wenn es Väter gibt, die ihre Töchter zu stark an sich binden, und Mütter, die an ihren Töchtern klammern, ist die Überbindung zwischen Mutter und Sohn, das viel belächelte „Mama-Söhnchen", immer noch der Klassiker. Im extremen Fall wohnt der Sohn mit der Mutter in einer eheähnlichen Gemeinschaft, bis sie stirbt, und bleibt ihr auch nach ihrem Tod treu verbunden. In weniger extremen Fällen bindet sich der Sohn zwar an eine andere Frau, aber die Schwiegermutter steht irgendwie immer zwischen dem Paar. Häufig so sehr, dass es zu Streitigkeiten in der Beziehung oder sogar zum Bruch kommt. Da ich nicht nur als Psychotherapeutin, sondern auch als Gutachterin für Familiengerichte für Sorge- und Umgangsstreitigkeiten tätig bin, gehört die Frage, woran die Ehe oder Beziehung gescheitert ist, zu meinem Berufsalltag. Nach meiner persönlichen Schätzung sind in 20–30 Prozent der Fälle zu enge Beziehungen zu den eigenen Eltern und speziell den Müttern eine wesentliche Ursache. Das Ultimatum „Deine Mutter oder ich!" wird häufiger gestellt, als man gemeinhin vermuten mag.

Die erdrückende Liebe der Mutter kann aber auch zu regelrechten „Erstickungsanfällen" und einer ausgeprägten Bindungsphobie führen. Bindungsscheue mit diesem Hintergrund haben die Erfahrung Liebe = Fesseln in sich eingebrannt und können sich nicht vorstellen, dass man in einer Liebesbeziehung existieren und trotzdem ein eigenständiger Mensch sein kann. Sobald ihnen jemand zu nah „auf die Pelle" rückt, legt sich ihnen das Enge- und Erstickungsgefühl alter Kindertage auf die Brust, das sich nur durch Näheflucht bannen lässt.

Die Ehe der Eltern war katastrophal

Eine weitere Ursache für Bindungsängste kann die schlechte Beziehung der eigenen Eltern sein. Die Scheidungsforschung hat belegt, dass Kinder, die in sehr zerstrittenen Elternhäusern aufwachsen oder in Elternhäusern, in denen zwischen den Eltern ein sehr kaltes Klima herrschte, als Erwachsene häufig Probleme in Partnerschaften und Beziehungsängste aufweisen. Auch wenn die Eltern-Kind-Beziehung hinreichend liebevoll war, können Kinder, die in einer permanenten Streitfront zwischen ihren Eltern aufwachsen, für sich verinnerlichen, dass Liebesbeziehungen nichts Erfreuliches sind. Ein Dauerstreit der Eltern ist für Kinder übrigens unerträglicher, als wenn diese sich scheiden lassen. Eine Scheidung der Eltern, auch wenn sie zunächst sehr schmerzhaft ist, kann für Kinder durchaus noch ein Happy End darstellen. Nämlich dann, wenn es den Eltern gelingt, ihre Trennung so zu regeln, dass die Kinder nicht in die Auseinandersetzungen miteinbezogen werden und nach der Trennung einen guten Kontakt zu beiden Eltern bewahren können. Die Kinder lernen dann, dass auch schlimme Krisen bewältigt werden können. Beispielsweise indem sie erleben, dass Mama und Papa nach der Trennung friedlicher und zufriedener sind als vorher und den Kindern trotz der Trennung beide Eltern erhalten geblieben sind.

Wenn die Eltern aber dauerhaft in einer katastrophalen Ehe ohne irgendeine Besserung verharren, kann dies bei den Kindern zu der Überzeugung führen, dass man Konflikte nicht regeln kann. Dass es keine Hoffnung gibt und Auseinandersetzungen nur zu mehr Schäden, aber nicht zu einer guten Lösung führen. Die Eltern sind ihnen ein sehr schlechtes Vorbild für eine Paarbeziehung und den Umgang mit Konflikten. Hierdurch können sie selbst entweder sehr konfliktscheu oder zu aggressiv werden. Je nachdem, ob sie in Abgrenzung zu den Eltern Harmonie um jeden Preis wollen oder das Vorbild ihrer Eltern übernehmen. In jedem Fall sind sie gebrannte Kinder, die häufig ein tief sitzendes Misstrauen gegenüber Liebesbeziehungen hegen und sich deshalb zu Bindungsphobikern entwickeln können.

Die Eltern trennen sich

Aber selbstverständlich kann auch eine Trennung oder Scheidung der Eltern zu Bindungsängsten führen, vor allem wenn sie für das Kind mit sehr belastenden Folgen versehen ist. Der plötzliche Verlust eines Elternteils kann die Überzeugung in Kindern verankern, dass man sich nicht auf Beziehungen verlassen kann. Diese Gefahr erhöht sich vor allem dann, wenn ein Elternteil plötzlich ganz aus dem Leben des Kindes verschwindet – entweder weil von dem anderen Elternteil kein Kontakt zugelassen wird oder weil ein Partner sich nach der Trennung gar nicht mehr oder nur sehr sporadisch blicken lässt. Diese Erfahrung kann für ein Kind traumatisch sein und ein überdauerndes Misstrauen in die Verlässlichkeit zwischenmenschlicher Beziehungen etablieren. Noch dramatischer wird es, wenn sich diese Erfahrungen wiederholen, so wie bei Elfie: „Als ich fünf Jahre alt war, haben sich meine Eltern scheiden lassen. Mein Vater hatte meine Mutter wegen einer anderen Frau verlassen und meine Mutter konnte ihm das nicht verzeihen. Sie wollte keinen Kontakt zwischen mir und meinem Vater. Zum einen, um meinen Vater zu bestrafen, zum anderen, weil für sie die Vorstellung unerträglich war, dass ich die andere Frau kennenlernen könnte. Ein Jahr nach der Scheidung hatte meine Mutter einen neuen Freund, Kalle. Kalle war super lieb zu mir und ich war überglücklich, wieder so etwas wie einen Vater zu haben. Aber das Glück war nicht von langer Dauer. Meine Mutter und Kalle haben sich ständig gestritten und schließlich ist Kalle nicht mehr gekommen. Ich weiß noch, wie unendlich traurig ich gewesen bin und wie neidisch ich auf Kinder war, die noch eine Mama und einen Papa hatten. Dann kam Wolfgang. Endlich, so dachte ich, wird alles gut. Die Mama war richtig glücklich und zufrieden und Wolfgang war sehr nett zu mir. Mein Glück schien perfekt, als Mama und Wolfgang heirateten. Ich war damals neun Jahre alt. Ich sagte zu Wolfgang „Papa" und er war auch wie ein Papa zu mir. Als ich 13 Jahre alt war, brach meine Welt zusammen und Mamas auch. Wolfgang war auf dem Weg zur Arbeit tödlich verunglückt. Da habe ich beschlossen, mich nie mehr an einen Menschen so zu binden, dass es mir das Herz brechen kann." Als Elfie zu mir in die Psychotherapie kam, war sie 35 Jahre alt und hatte bis auf ein paar kurze Liebesaffären keinen Mann näher an sich heran gelassen. Immer wenn sie spürte, dass sie dabei war, sich richtig zu verlieben, hatte sie die Beziehung abgebrochen. Sie lebte noch bei ihrer Mutter, die sich auch nicht wieder gebunden hatte, und die beiden pflegten die Überzeugung, dass Liebesbeziehungen so oder so immer ein tragisches Ende nehmen und man deshalb am besten die Finger davon lässt.

Ungünstige Vorbilder

Ein weiterer Einfluss, der Bindungsängste jenseits von sehr früh gestörten Mutter-Kind-Beziehungen hervorrufen kann, sind die Vorbilder, die die Eltern, vor allem der gleichgeschlechtliche Elternteil, abgeben. Das Beispiel von Julius verdeutlicht die Zusammenhänge: Julius hatte eine liebe Mutter. Das Problem in Julius Kindheit war sein Vater. Sein Vater war ein Despot, vor dem die ganze Familie zitterte. Er kam und ging, wann er wollte, hatte diverse Frauengeschichten und behandelte Julius' Mutter wie eine Leibeigene. Die Mutter wehrte sich nicht, sie war finanziell und auch emotional abhängig von ihrem Mann. Sie lebte in der unverbesserlichen Hoffnung, er würde sich doch noch irgendwann ändern, und hatte sich in die innere Überzeugung verkrallt, dass er in Wirklichkeit nur sie liebe. Und so sehr Julius seine Mutter auch liebte, so sehr verachtete er sie auch für ihre Schwäche, dass sie so mit sich umspringen ließ. Seinen Vater verabscheute er zwar, aber er nahm ihn auch als stark und mächtig wahr. Julius verinnerlichte ein sehr ambivalentes Frauenbild, das zwischen Liebe und Verachtung schwankte, und übernahm unbewusst die Haltung seines Vaters, den er einerseits ablehnte, anderseits aber auch für seine Unabhängigkeit und scheinbare Stärke bewunderte. Sein Vater wurde auch nicht müde, ihm zu erklären, dass man mit Frauen nur so wie er verfahren könne. Seine Begründung: „Letztlich sind es alles Schlampen". Als Erwachsener behandelte Julius seine Freundinnen ähnlich respektlos wie sein Vater damals seine Mutter behandelt hatte. Glücklich war er jedoch nicht. Die Geschichte hätte dabei auch anders ausgehen können. Es ist auch denkbar, dass ein Kind in der Situation von Julius sich schwört, nie so ein Mistkerl wie sein Vater zu werden – und es auch nicht wird. So ist das in der Psychologie: Es gibt keine mathematischen Gleichungen, die die persönliche Entwicklung eines Menschen mit Sicherheit vorhersagen können.

Ein zweites Beispiel erklärt ein Phänomen, das viele Menschen kennen, die nur schwer einen Partner finden: Sie fühlen sich „zu hässlich" oder auch „zu uninteressant", um jemanden auf Dauer an sich zu binden. Häufig haben diese Gefühle ihren Ursprung in der Kindheit. Nicola ist bei ihrer Mutter in einem kleinen Eifeldorf aufgewachsen. Ihr Vater hatte ihre Mutter in der Schwangerschaft sitzen lassen und Nicola hat ihn nie kennengelernt. Ihre Mutter war eine ängstliche Frau, die ein sehr zurückgezogenes Leben führte. Nicola war schon von Natur aus sehr schüchtern und ihre Mutter, die selbst sehr kontaktscheu war, ermunterte sie nicht, mehr auf Menschen zuzugehen. In der Schule blieb Nicola eine Einzelgängerin. Zwar war sie nicht wirklich unbeliebt, aber ihre sehr verschlossene Art führte zu wenig Freundschaftsangeboten. Daheim wuchs Nicola in der etwas versponnenen Welt ihrer Mutter auf, die sich um ihre zahlreichen Katzen kümmerte und täglich stundenlang Klavier spielte. Nicola beschrieb ihre Mutter als liebevoll, aber sehr weltfremd. Über den Vater sprach ihre Mutter nie. Nicola hatte schon sehr früh die Intuition entwickelt, die Mutter auch besser nicht nach diesem zu fragen. Ihre Mutter habe immer eine gewisse Schwermut ausgestrahlt, und sie, Nicola, habe immer das Gefühl gehabt, dies hänge mit ihrem Vater zusammen, erzählte sie mir. Nicola wuchs quasi in einer männerfreien Welt auf, da es auch ansonsten kaum männliche Verwandtschaft gab. Als sie in die Pubertät kam, zog sie sich noch mehr von Gleichaltrigen zurück. Sie wurde nicht auf Partys eingeladen und kein Junge interessierte sich für sie. Sie war von Natur aus nicht besonders hübsch und machte auch nichts aus sich. Auch die Mutter hatte nie Wert auf ihr Äußeres gelegt. Nicola hatte von ihrer Mutter zwar Liebe und Zuwendung erhalten, aber keine Selbstsicherheit. Sie fand sich unattraktiv und viel zu gehemmt. Da sie sich keinerlei Chancen ausrechnete, ging sie Männern aus dem Weg. Beruflich war sie hingegen recht erfolgreich. Sie hatte eine ausgeprägte mathematische Begabung, absolvierte ein Studium in Wirtschaftsmathematik und fand danach eine gut bezahlte Anstellung in einer Bank. Doch ihr Privatleben war sehr einsam. Als dann ihre Mutter auch noch recht früh verstarb – Nicola war damals Ende zwanzig – kam sie zu mir, weil sie in ihrer „Einsamkeit zu ertrinken" drohte, wie sie erklärte. Auch Nicola ist ein gutes Beispiel, wie Bindungsängste entstehen können, obwohl die Mutter-Kind-Beziehung liebevoll war.

Enttäuschungen in früheren Liebesbeziehungen

Auch ernsthafte emotionale Verletzungen in späteren Lebensabschnitten können zu Beziehungsangst führen:

Inga war 47 Jahre alt, als sie zu mir in die Psychotherapie kam. Sie war eine sehr attraktive Frau, durch ihren Beruf finanziell unabhängig und mit zahlreichen Interessen ausgerüstet. Zudem war sie eine äußerst lebendige Erzählerin, die ausgesprochen witzig und unterhaltsam sein konnte. Eigentlich hatte sie alle Voraussetzungen, um einen Mann zu finden, der sie auf Händen trägt und mit ihr für lange Zeit glücklich ist. Nur eines hatte sie nicht: Glück. Inga hatte drei mehrjährige Beziehungen und eine Ehe hinter sich und war jedes Mal wegen einer anderen Frau verlassen worden. Nach jeder Enttäuschung hatte sie wieder neues Vertrauen gefasst und sich nach einiger Zeit auf eine neue Beziehung eingelassen. Als sie zu mir kam, waren ihre Kraft und ihr Mut für einen Neuanfang aufgebraucht. Eigentlich hatte sie sich innerlich damit arrangiert, allein zu bleiben und ohne einen festen Begleiter an ihrer Seite ein interessantes und erfülltes Leben zu führen. Dann begegnete ihr allerdings Jürgen und wider Willen und wider alle Schutzmaßnahmen verliebte sie sich in ihn. Jürgen war sehr an einer festen Beziehung mit Inga interessiert und passte in jeder Hinsicht gut zu ihr. Jürgen, der ebenfalls zu mir kam, um über das Problem mit Inga zu sprechen, war ein attraktiver und einfühlsamer Mann. Er war nach einer 20-jährigen, recht glücklichen Ehe verwitwet und ein durchaus bindungsfähiger Kandidat. Aber Inga hatte schlichtweg Angst noch einmal enttäuscht zu werden. Sie sagte: „Wenn Jürgen mich auch noch sitzen lässt, packe ich das nicht mehr!" Es war nicht leicht, Inga zu einem neuen Versuch zu ermutigen. Es gab keinen richtigen roten Faden in ihrer Lebensgeschichte, aus dem man hätte ableiten können, was sie früher falsch gemacht und wie sie sich somit zukünftig besser vor Enttäuschungen schützen könnte. Sie hatte eigentlich nichts falsch gemacht. Es war auch nicht so, dass sie sich immer „Hallodris" ausgesucht hätte, bei denen jeder Blinde hätte prophezeien können, dass die Sache schiefgeht. Es gab also auch auf Seiten der Männer kein identifizierbares Muster, vor dem sie sich hätte schützen können.

Es war einfach viel Pech im Spiel gewesen. Glücklicherweise war Inga aufgrund ihrer recht positiven Kindheit, die ihr ein kraftvolles psychisches Fundament mitgegeben hat, und Gesprächen mit Jürgen und mir bereit, doch noch einen Versuch zu wagen. Ein paar Jahre später erhielt ich von ihr eine Ansichtskarte aus dem Urlaub, auf der sie mir mitteilte, die richtige Entscheidung getroffen zu haben.

Frühere Enttäuschungen, vor allem wenn sie sehr tiefe Verletzungen hinterlassen, können einen Menschen, der eigentlich mit Vertrauen und Selbstbewusstsein ausgerüstet ist, nachhaltig verunsichern. Das Problem mit den Ent-täuschungen ist die Täuschung, die darin steckt. Sie zieht starke Zweifel an dem eigenen Urteilsvermögen nach sich. Besonders nachhaltig erschüttert sind Menschen, die irgendwann festgestellt haben, dass ihr Partner sie über längere Zeit betrogen hat. Es entsteht ein tiefer Riss in dem ursprünglichen Glauben, sich auf den Partner und damit auch auf zukünftige Partner verlassen zu können. So ging es Peter: Er hatte seine Frau Sabine kennengelernt, als er Mitte zwanzig war. Sie war seine große Liebe und sie heirateten ein Jahr später. Peter war Anfang dreißig als die Zwillinge und Wunschkinder Lara und Hanna auf die Welt kamen. Sabine, die zwei Jahre jünger als Peter war, gab ihren Beruf als Zahntechnikerin vorläufig auf, um sich den Kindern zu widmen. Peter sorgte für das Familieneinkommen. So gingen die Jahre dahin und Peter fühlte sich sehr wohl in seiner Familie. Sie hatten ein schönes Haus mit Garten, einen netten Freundes- und Bekanntenkreis, gemeinsame Interessen und die Kinder, die ihnen viel Freude bereiteten. Sabine und er verstanden sich gut, es gab selten Streit; die Leidenschaft hatte natürlich nachgelassen, war aber nicht erloschen. Peters Welt war vollkommen in Ordnung, bis eines Tages sein Freund Hermann ihn um ein Gespräch unter vier Augen bat. Hermann, sichtlich bedrückt, erzählte Peter, dass er Sabine kürzlich eng umschlungen mit einem anderen Mann in einem Auto in einer nahe gelegenen Kleinstadt gesehen habe. Wie der dumme Zufall es wolle, sei er, Hermann, neben diesem Auto an einer roten Ampel zum Stehen gekommen. Er habe den Mann nicht genau erkennen können, aber er meine, es sei Johannes gewesen, der Ehemann von Brigitte, die im selben Ort wie Peter und Sabine wohnten. Hermann war sich sicher, Sabine richtig erkannt zu haben, und Peter war sich sicher, dass Hermann ihm die Wahrheit erzählte. „Ich fühlte mich plötzlich, wie wenn tausend Messer in meinem Bauch steckten", erzählte mir Peter später. Peter konfrontierte Sabine umgehend mit den Aussagen von Hermann und sie gestand weinend, es gehe schon ein Jahr lang so und sie fühle sich scheußlich; die Leidenschaft für den anderen Mann – es war tatsächlich Johannes – sei jedoch so stark, dass sie nicht von ihm los komme. Peter hätte vorher für Sabine die Hand ins Feuer gelegt. Das Schlimmste war für ihn, dass er nichts bemerkt hatte und deswegen rückblickend ein mächtiges Gefühl entwickelte, in einer Scheinwelt gelebt zu haben, „irgendwie neben der Realität", wie er es beschrieb. „Diese Täuschung hat mir komplett den Boden unter den Füßen weggezogen".

Aber es kam noch schlimmer: Nachdem die Affäre aufgeflogen war, trennte sich Johannes' Frau Brigitte umgehend von ihrem Mann. Sie nahm das gemeinsame Kind mit und brach den Kontakt ab. Johannes, sitzen gelassen und verzweifelt und zudem verliebt in Sabine, fing an, um seine Geliebte zu kämpfen. Peter war am Boden zerstört, seine ansonsten souveräne Selbstsicherheit hatte einen schweren Schlag abbekommen. Somit war er zu jener Zeit, als Sabine zwischen zwei Stühlen saß, nicht der starke Mann, den sie kannte und liebte. Nach einer extrem zermürbenden und quälenden Phase des Hin- und Hergerissenseins, entschied sich Sabine, ihre Zukunft mit Johannes weiterzuleben. Immerhin schafften es Peter und Sabine, die Trennung so zu regeln, dass die Kinder weiter ihren Vater sehen konnten und auch finanzielle Angelegenheiten fair ausgehandelt wurden. Peter aber war niedergeschmettert. Sein Vertrauen war so gebrochen, dass er sich über sehr viele Jahre komplett der Möglichkeit verschloss, eine neue Beziehung einzugehen.

Das Schlimme an Vertrauensbrüchen ist die massive Verunsicherung und Angst vor der Zukunft, die sie auslösen. Es ist die Erfahrung, sich nicht auf seine fünf Sinne oder seine Intuition verlassen zu können, und somit die Erfahrung eines starken Kontrollverlusts. Und der Verlust von Kontrolle, also letztlich der Verlust des Vertrauens darauf, den Partner richtig wahrnehmen und einschätzen zu können, löst massive Gefühle von Hilflosigkeit aus. Hinzu kommt die starke Selbstwertkränkung, die Betrug hinterlässt. Die Wunden verheilen in der Regel ziemlich langsam.

Produziert unsere Gesellschaft Bindungsphobiker?

Wenn ich in privaten Kreisen erzähle, dass ich gerade dabei sei, ein Buch über Bindungsängste zu schreiben, höre ich – sinngemäß – häufig denselben Kommentar: „Oh ja, das ist ein großes Problem in der heutigen Gesellschaft. Sie produziert ja immer mehr beziehungsgestörte Menschen." Diese Bemerkungen brachten mich dazu, mich mehr mit der Frage zu befassen, inwieweit unsere Gesellschaft zur Bindungsunfähigkeit vieler Menschen beiträgt. Da es so viele gesellschaftliche Einflüsse gibt, deren Auswirkungen für die Zukunft noch recht unklar sind, wie beispielsweise die rasche Entwicklung der Medien und Computeranwendungen, ist diese Frage gar nicht so einfach zu durchleuchten.

Da ist zunächst einmal der pädagogische Aspekt. Eltern wissen heute viel mehr über Kindererziehung, als es je der Fall war. Den meisten Kindern wird heute viel mehr Beachtung geschenkt und auf ihre Bedürfnisse wird stärker Rücksicht genommen als vor 50 Jahren. Die Generation der heute 30- bis 40-Jährigen hatte es in dieser Hinsicht auch schon besser als die Generationen ihrer Eltern und Großeltern. Inzwischen gibt es Erziehungsratgeber und Beratungsstellen wie Sand am Meer. Insofern hat jeder Zugang zu Hilfe und Information, auch wenn dieser nicht immer genutzt wird beziehungsweise in ihrer Persönlichkeit gestörte Eltern hierdurch auch nicht viel weiterkommen. Einfach, weil ihre Fehler in der Erziehung ihre Ursachen in tief sitzenden Problemen haben, die zu einer gestörten Beziehung zu den Kindern führen und nicht durch Lesen zu beheben sind (schon eher durch psychologische und pädagogische Beratung). Andererseits kann man davon ausgehen, dass es mehr gestresste Eltern gibt, da die Ansprüche in unserer Gesellschaft – nicht zuletzt, was die Berufstätigkeit der Mütter betrifft – gestiegen sind. Immer weniger Frauen möchten als „nur" Mutter und Hausfrau leben. Zwar ist die Emanzipation fortgeschritten, aber trotzdem sind nicht viele Männer bereit, daheimzubleiben und der Frau den beruflichen Vortritt zu lassen. Letztlich sind Eltern deshalb früh auf Fremdbetreuung für die Kinder angewiesen, was für die Kinder wechselnde Bezugspersonen bedeutet. Die Doppelbelastung von Beruf und Familie macht die Mütter und Väter auch nicht unbedingt ausgeglichener. Obwohl manche auch sagen, dass sie ausgeglichener seien, gerade weil sie arbeiten gehen – deswegen will ich den obigen Satz unter Vorbehalt stehen lassen.

Wirtschaftliche Gründe machen es ebenfalls oft erforderlich, dass beide Elternteile nach der Geburt eines Kindes schnell wieder die Arbeit aufnehmen. Zudem wird auch immer wieder reklamiert, dass die Anspruchshaltung bezüglich des materiellen Wohlstands sehr gestiegen sei. Alles in allem gibt es eine klare Tendenz, Kinder immer früher in Fremdbetreuung zu geben. Lag das durchschnittliche Alter für den Eintritt in den Kindergarten in den 60er- und 70er-Jahren bei vier Jahren ist es inzwischen auf drei Jahre, teilweise sogar jünger, gesunken. Laut Bindungsforschung ist es jedoch wichtig, dass der Aufbau einer Bindung in den ersten Lebensjahren nicht durch zu viele wechselnde Bezugspersonen gestört werden darf. Gegner dieser Argumentation halten dem entgegen, dass deutsche Frauen zur „Gluckenmutter" neigen, während es bei unseren französischen Nachbarn gang und gäbe ist, die Kinder früh abzugeben und wieder arbeiten zu gehen. Sicher ist, dass die Qualität der Mutter-Kind-Beziehung entscheidender ist als die Quantität der gemeinsam verbrachten Zeit, solange nicht eine gewisse Grenze unterschritten wird. Zumindest im Zeitraum des Bindungsaufbaus, also bis zum Alter von einein-halb Jahren, sollten die Bezugspersonen konstant bleiben.

Neben der frühen Fremdbetreuung und den heute möglicherweise gestressteren Eltern wird die hohe Scheidungsrate als Argument für die wachsende Bindungsunfähigkeit in unserer Gesellschaft genannt. Dieses Argument ist nicht ganz von der Hand zu weisen, kann doch eine Trennung der Eltern ein Kind erheblich in seinem Vertrauen auf feste Beziehungen erschüttern. Aber auch dem ist wieder entgegenzuhalten, dass sich die meisten Eltern nach wie vor nicht leichtfertig trennen – und dass ein Dauerstreit der Eltern für die Kinder schlimmere Auswirkungen haben kann als eine Scheidung. Insofern muss man im Auge behalten, dass die früher niedrigere Scheidungsrate nicht zwangsläufig positive Auswirkungen auf die Bindungsfähigkeit der Menschen hatte.

Meiner Ansicht nach hat sich die Situation für Kinder in den letzten Jahren eher verbessert als verschlechtert. Mittelalterliche

Erziehungsmethoden von drakonischer Strenge und extremer „Zucht und Ordnung" sind ziemlich unpopulär geworden. Und es hat sich bis in die bildungsfernsten Kreise herumgesprochen, dass es nicht gut ist, Kinder zu schlagen, und dass man ihnen Verbote lieber erklären sollte. Es besteht ein deutlicher Trend, mit Kindern respektvoller und liebevoller umzugehen, als es noch vor 50 Jahren der Fall gewesen ist. Derzeit wird eher kritisiert, dass den Kindern zu viel Aufmerksamkeit geschenkt wird und sie zu sehr verwöhnt werden. So werden die kommenden Generationen schon als „egomane Narzissten" beargwöhnt. An dieser Stelle könnte es wirklich einen Zusammenhang zwischen der modernen Gesellschaft und Bindungsängsten geben: Zu viel Verwöhnung führt normalerweise zu mangelnder Anpassungsfähigkeit und unrealistischem Anspruchsdenken. Das wiederum kann die Gestaltung einer Beziehung erheblich erschweren und auch dazu führen, dass Betroffene dazu neigen, Partner sehr schnell auszutauschen, weil sie nur eine sehr geringe Frustrationstoleranz haben.

Gleichwohl denke ich, dass die meisten Kinder in den letzten Jahrzehnten nicht verstörter groß wurden als in früheren Generationen. Insofern bezweifle ich, dass die Anzahl der Bindungsängstlichen größer geworden ist. Allerdings ist es in unserer heutigen Gesellschaft viel legitimer geworden, seine Bindungsprobleme offen auszuleben. Der gesellschaftliche Druck, man könnte auch sagen, der gesellschaftliche Wert, Verantwortung für einen Partner und eine Familie zu übernehmen und sich zu verpflichten, hat stark an Bedeutung verloren. Die Prozentzahl der Bindungsängstlichen, die trotz ihrer Problematik eine dauerhafte Ehe eingehen, ist erheblich gesunken. Früher kamen solche Menschen sehr viel häufiger „unter die Haube" – wenn auch widerwillig – und ließen sich seltener scheiden. Eine Scheidung war damals verpönter, und Menschen, die keinen Partner hatten und keine Familie gründeten, waren gesellschaftlich weniger anerkannt. Heute löst man dagegen gesellschaftlich kaum noch Widerspruch aus, wenn man sich öffentlich dazu bekennt, keine Beziehungsverantwortung übernehmen zu wollen. Zudem gibt es sehr viel mehr Verlockungen, die ein ungebundenes Leben attraktiv und unverbindlichen Sex leicht machen. Durch das Internet muss man noch nicht einmal mehr vor die Tür gehen, um jemanden kennenzulernen. Unsere Gesellschaft bietet Bindungsscheuen viel Raum, um ihr Problem auszuleben. Scheidungen sind längst zum Alltag geworden. Genauso wie schnell wechselnde Beziehungspartner. Schauspieler, Musiker, Sportler und Politiker – die Zeitschriften und Fernsehmagazine sind gespickt mit Geschichten von ihren Trennungen, Scheidungen und Affären. Zwar gab es schon immer öffentliche Skandalbeziehungen wie beispielsweise die Liebe von Richard Burton und Elizabeth Taylor, die sich in bindungsphobischer Manier zigmal trennten und wieder versöhnten. Heute ist es aber, zumindest unter Prominenten, nicht mehr die Ausnahme, sondern eher die Regel, sich scheiden zu lassen. Politiker, die die fünfte Ehekandidatin vorführen, ernten zwar ein Kopfschütteln, mehr aber auch nicht. Im Übrigen kann sich jeder offen dazu bekennen, gerne und mit Absicht Single zu sein, die Wortkombination „überzeugter Single" ist fast schon abgegriffen. Um Missverständnissen vorzubeugen: Ich plädiere hier nicht für die „guten alten Zeiten". Meines Erachtens wäre weder den Bindungsängstlichen noch ihren potenziellen Partnern geholfen, wenn man sie in die Zwangsehen stecken würde. Was ich anhand dieser Beispiele erläutern möchte, ist schlicht, dass der viel beklagte Werteverfall unserer Gesellschaft dazu führt, dass sich mehr Bindungsphobiker öffentlich zu ihrem Widerwillen bekennen, sich auf eine enge, monogame Beziehung festzulegen. Unsere heutige Gesellschaft erzeugt meiner Ansicht nach nicht mehr Bindungsängstliche, sondern sie gibt ihnen nur mehr Raum und lässt sie besser sichtbar werden.

Auswege aus der Bindungsangst für Betroffene

Wie für alle Probleme gilt auch für Bindungsängste, dass man die Ursache erkennen muss, um den Hebel für die Lösung an der richtigen Stelle ansetzen zu können. Da ich in einem Buch nicht auf jeden einzelnen Leser individuell eingehen kann, werde ich mich im Folgenden auf die Themen beziehen, die mehr oder minder in allen bindungsängstlichen Beziehungen eine wichtige Rolle spielen. Es geht dabei um die Angst vor Abhängigkeit und Erwartungen, die für bindungsängstliche Menschen so typisch ist. Es geht um die Angst vor Ablehnung und um die Angst vor der Hingabe. Es geht um die Opferrolle, in der viele beziehungsängstliche Menschen leben, und um ihre Schuldgefühle. Insgesamt habe ich acht Kernthemen herausgearbeitet, die ich in einzelnen Absätzen aufgreifen werde. In jedem der acht Absätze finden Sie auch konkrete Anregungen, wie Sie aus Ihren bindungsängstlichen Mustern aussteigen und Ihre Bindungsängste Schritt für Schritt ablegen können – oder zumindest bewusster damit umgehen.

Der Königsweg aus der Bindungsangst führt über die Selbsterkenntnis. Solange mir selbst nicht bewusst ist, dass und warum ich mich immer wieder so und nicht anders verhalte, solange ich meine persönlichen Verhaltensmuster nicht kenne, werde ich keinen Zugriff auf die unbewussten Mechanismen finden, die in mir am Werke sind. Diese unbewussten Mechanismen freizulegen, sie erkennbar und somit auch in gewisser Weise handhabbar zu machen, ist das Hauptanliegen dieses Buches und des folgenden Abschnitts. Deshalb gliedern sich die praktischen Anregungen auf den folgenden Seiten meist in zwei Schritte: Im ersten Schritt geht es einfach darum, das persönliche Muster überhaupt zu erkennen. Denn die Selbsterkenntnis ist mindestens die Hälfte des Weges, manchmal auch schon der ganze Heilungserfolg. Über die Selbsterkenntnis hinaus werde ich aber auch in einem zweiten Schritt konkrete psychologische Maßnahmen vorstellen, die sehr hilfreich sein können, um Bindungsängste zu reduzieren. Um diese psychologischen Interventionen zu vertiefen, empfehle ich den Lesern, sich mit der fortführenden Literatur zu beschäftigen, die ich im Anhang dieses Buches zusammengestellt habe. Im Exkurs „Focusing – So finden Sie den Zugang zu Ihren Gefühlen" (s. S. 161) gibt es außerdem eine Anleitung, wie Sie auf leichte und sehr effektive Art einen Zugang zu Ihren Gefühlen finden können. Die Übungen können Ihnen dabei helfen, aus dem unklaren, diffusen Gefühlschaos, das Ihr Leben vermutlich häufig bestimmt, auszusteigen.

Abgesehen von meinem Angebot zur Selbsthilfe kann natürlich eine Psychotherapeutin oder ein Psychotherapeut Ihnen auf Ihrem Weg sehr behilflich sein.

Warum sich der Weg lohnt

Möglicherweise sind Sie sich gar nicht so sicher, ob Sie sich tatsächlich verändern wollen. Der Weg erscheint Ihnen zu lang und zu beschwerlich, und im Großen und Ganzen sind Sie doch bisher ganz gut klargekommen. Ich kann Ihnen hier nur wiedergeben, was mir Menschen erzählen, die es geschafft haben, sich aus diesem Muster zu befreien. Sie erzählen ausnahmslos, dass sie sehr viel festeren Boden unter den Füßen verspüren würden als vorher. Sie erleben sich als viel klarer und ausgeglichener. Sie müssen nicht mehr Versteck spielen. Das spart sehr viel Lebensenergie. Sie fühlen sich ruhiger, gefestigter und zufriedener. Ihre Beziehungen sind stabiler geworden – auch die Beziehungen zu Freunden und die zwischenmenschlichen Kontakte im Rahmen der Arbeit sind tragfähiger geworden. Sie fühlen sich nicht mehr so gehetzt, und es fällt ihnen viel leichter als früher, eine Entscheidung zu treffen und zu dieser auch zu stehen. Sie sind verbindlicher geworden und dies wird ihnen sehr von ihren Mitmenschen gedankt. Sie erhalten viele positive Rückmeldungen aus ihrer Umwelt. Hierdurch fühlen sie sich sicherer in der Welt, diese ist nicht mehr so feindlich und bedrohlich, wie sie sie früher wahrgenommen haben.

In Liebesbeziehungen spüren sie zum ersten Mal ein Gefühl von innerer Sicherheit – einen wohltuenden Halt und Geborgenheit. Wenn sie Sorgen und Ängste haben, müssen sie dies nicht mehr allein durchstehen, sondern da ist plötzlich jemand, dem sie sich anvertrauen können. Und das tut ungeheuer gut. Sie fühlen sich lebendiger, mehr als „ganzer Mensch", nicht mehr so isoliert von den anderen. Anstatt das Leben der anderen als Zaungast zu beobachten, nehmen sie plötzlich daran teil. Es ist, als wenn sie in ihrem Leben endlich angekommen wären. Und das macht glücklich.

**Acht Schritte aus der Bindungsangst –
ein Wegweiser zu Selbsterkenntnis und Veränderung**

1. Stellen Sie sich Ihrer Angst vor Abhängigkeit

Das Gefühl abhängig beziehungsweise unabhängig zu sein, spielt für jeden Menschen in fast allen Lebenslagen eine wichtige Rolle. In Liebesbeziehungen ist das Erleben von Abhängigkeit unvermeidbar, wenn man eine nahe und tragfähige Beziehung eingehen will. Dabei umschreibt der Wunsch nach Abhängigkeit gleich mehrere Bedürfnisse: Wünsche nach Bindung, Geborgenheit und Umsorgtwerden. Der Wunsch nach Unabhängigkeit umfasst hingegen das menschliche Bedürfnis selbstständig, autonom und frei handeln zu können.

Das gesunde Auspendeln von abhängigen und unabhängigen Bestrebungen ist in jeder Paarbeziehung eine wichtige Aufgabe und quasi ein Dauerthema. Und auch in anderen Zusammenhängen geht es immer wieder darum, unsere Bedürfnisse nach Unabhängigkeit und nach Abhängigkeit auszubalancieren und sowohl unsere innere Haltung als auch unser Handeln den äußeren Bedingungen anzupassen. Sei es im Privatleben, beruflich oder im Umgang mit süchtig machenden Substanzen und Lebensmitteln – ganz zu schweigen von dem Ausgeliefertsein an die Verletzbarkeit des eigenen Körpers, denn wir sind grundsätzlich und existenziell abhängig und verletzbar: Krankheit, körperliche Einschränkungen und Tod haben wir auch nicht im Griff.

Menschen mit Bindungsstörungen sind nun aber als Babys und Kleinkinder tief in ihrem Erleben von Abhängigkeit verstört worden. Sie fühlten sich von ihren engsten Bezugspersonen nicht angenehm „abhängig und umsorgt", sondern in extrem unangenehmer Weise „abhängig und ausgeliefert". Diese äußerst schmerzhafte Erfahrung ist für die Betroffenen so tiefgreifend, dass diese Menschen sich nie wieder in eine abhängige Situation begeben möchten. Auch Erwachsene, die in Liebesbeziehungen immer wieder enttäuscht wurden, können aufgrund der schmerzhaften Erfahrung mit Abhängigkeiten ein sehr starkes Bestreben entwickeln, unabhängig und damit allein zu bleiben. Das einzige Gegenmittel, das Bindungsängstlichen wirksam erscheint, ist, mit allen Mitteln unabhängig zu bleiben. Das menschliche Bedürfnis nach Nähe, Umsorgtwerden und Geborgenheit wird nicht oder vielmehr nur punktuell gelebt. In Beziehungen fühlen sich diese Menschen genauso wie sie sich als Säugling im Kontakt mit ihren Eltern gefühlt haben: machtlos, wehrlos, ausgeliefert, hoffnungslos, verzweifelt und überzeugt, dass man sich in einer Beziehung dem anderen Menschen völlig unterwerfen muss. Sie glauben nicht daran, dass jemand sie liebt – zumindest nicht auf Dauer und schon gar nicht so, wie sie „wirklich" sind. Kurz: Alle Beziehungsgefühle, sowohl die eigenen als auch die des anderen, lösen in ihnen unbewusst Erinnerungen an ihre frühesten Lebenserfahrungen von Ausgeliefertsein, Einsamkeit und extremen Anpassungsdruck aus.

Diese Emotionen und Zusammenhänge sind den meisten Menschen mit Beziehungsängsten jedoch nicht so deutlich bewusst – hierin liegt eine wesentliche Schwierigkeit, die oft verhindert, das eigentliche Problem zu erkennen. Bewusst empfinden die meisten nur diffuse Gefühle von Niedergeschlagenheit, Bedrücktheit, Ängstlichkeit und Genervtheit, die in ihnen einen Fluchtimpuls auslösen. Ein Klient berichtete über ein sehr typisches Verhalten: „Wenn ich einen schönen Sonntag mit meiner Freundin verbracht habe, befällt mich gegen Abend immer so eine nervöse Unruhe und ich meine dann unbedingt in meine Wohnung zurückkehren zu müssen. Anstatt mit ihr noch den Abend oder auch die Nacht zu verbringen, treibt mich so ein falsches Pflichtgefühl. Ich denke dann, ich müsste noch die nächste Arbeitswoche vorbereiten, Wäsche waschen und all so ein blödes Zeug tun." Erst durch die therapeutischen Gespräche wurde ihm allmählich bewusst, welche massiven Ängste hinter der „nervösen Unruhe" stecken, die ihn zum Rückzug treiben.

Menschen mit tiefen Bindungsängsten fühlen sich am sichersten, wenn der Partner nicht in der Nähe ist. Sie können die Nähe zwar genießen, aber nur auf begrenzte Zeit. Schnell stellt sich ein Gefühl ein, dass sie die Nähe überflutet, der Partner sie total vereinnahmt, geradezu verschlingt, und sie retten sich wieder in die Einsamkeit oder in die Arbeit oder wohin auch immer. Sie tun – unbewusst – alles, um ihre funktionierende Angstabwehr aufrechtzuerhalten. In extremen Fällen haben sie gelernt, ihre Gefühle abzuspalten, das heißt, die Gefühle werden blockiert, bevor sie in die Hirnregionen der bewussten Wahrnehmung eindringen. Dieser Mechanismus ist inzwischen durch neurologische Studien belegt worden. Bei anderen funktioniert die Angstabwehr dagegen sehr schlecht. Sie fühlen sich von diffusen Ängsten überschwemmt, die ihnen selbst unverständlich und übertrieben erscheinen, die sie jedoch nicht in den Griff bekommen.

Erschwerend kommt hinzu, dass beziehungsängstliche Menschen häufig nicht einmal ein stabiles Gefühl dafür haben, dass sie den Partner überhaupt lieben und mit ihm zusammen sein wollen. Viel häufiger nehmen sie wahr, dass sie oft wenig für den Partner empfinden oder dass ihre Gefühle immer wieder unterbrochen werden. Auf kurze Momente eines Liebesgefühls erfolgt wieder ein Gefühl der Leere oder der Angst. Sie vermissen den Partner selten, wenn überhaupt, sie fühlen sich gestresst, wenn der Partner sie vermisst, weil sie die Gefühle nicht in dem Ausmaß erwidern können, wie sie ihnen entgegen gebracht werden. Viele sind auch erschrocken, wie wenig sie oft für den Partner empfinden. Andere vermissen den Partner durchaus – wenn er nicht da ist. So oder so fühlt sich für Menschen mit Beziehungsängsten alles rund um Beziehung und Partnerschaft sehr diffus an, wenig greifbar und deswegen kaum verstehbar, weder für sie selbst, geschweige denn für den Partner.

Der erste Schritt, der aus der Bindungsangst führen kann, ist deshalb die Erkenntnis, dass sich hinter der scheinbaren Gleichgültigkeit und Genervtheit, der beklemmenden Niedergeschlagenheit und der diffusen Angst sehr schmerzhafte Kindheitserfahrungen von Abhängigkeit und Ausgeliefertsein verbergen. Diese Selbsterkenntnis ist für viele Betroffene bereits heilsam, weil sie ein wenig Licht in das Dunkel der Beziehungsangst bringt. Außerdem kann man in dem Moment, in dem man wahrnimmt, dass man selbst ein Problem mit Beziehungen hat, aufhören, das Probleme beim Partner zu suchen. Wenn Sie immer wieder die

Erfahrung machen, dass Sie schnell genervt sind in Liebesbeziehungen, nur bruchstückhafte Leidenschaft fühlen, sehr viel Freiraum benötigen und immer wieder zig Gründe finden, warum Sie mit diesem Partner nicht zusammen sein können, dann wird es nicht daran liegen, dass Sie noch nicht den oder die Richtige gefunden haben. Die Suche nach dem „richtigen" Menschen führt Sie nicht weiter.

Ihr eigentliches Problem sind die Gefühle der Ohnmacht und des Ausgeliefertseins, die Sie seit frühester Kindheit mit der Vorstellung einer engen Beziehung verbinden und die bei vielen bindungsängstlichen Menschen im Untergrund wirksam sind. Als Gegenreaktion und zum Selbstschutz streben Sie unbewusst nach der größtmöglichen Unabhängigkeit. Der größte Teil Ihrer Kritik an Ihrem Partner und den Zweifeln an Ihrer Liebe fußt letztlich in diesem übergroßen Wunsch nach Unabhängigkeit und Freiheit – und in Ihrer Angst vor Nähe und Abhängigkeit. Wahrscheinlich kennen Sie diese Abneigung gegen Abhängigkeiten auch nicht nur in Liebesbeziehungen, sondern in allen Lebenslagen.

Bevor Veränderungen möglich sind, müssen Sie sich als Betroffener oder Betroffene in einem ersten Schritt klarmachen, dass hinter Ihrer scheinbaren Gleichgültigkeit und Unabhängigkeit eine existenzielle Angst vor Abhängigkeit nistet. Es kostet viel Selbst-Aufmerksamkeit und Mut, sich das einzugestehen. Diese Einsicht ist jedoch die Voraussetzung für alle weiteren Veränderungen.

Im zweiten Schritt ist es wichtig, sich vor Augen zu führen, dass Sie heute erwachsen sind und weder ohnmächtig noch total abhängig. Dies sind die alten Babygefühle, die damals richtig waren, aber heute nicht mehr gültig sind. Es kann extrem hilfreich sein zu diesem Zweck eine Art „Bewusstseinsspaltung" vorzunehmen:

1. Da gibt es das kleine Kind oder Baby in mir, das all diese schlimmen Erfahrungen mit Abhängigkeit gemacht hat und das immer noch so viel Angst hat, dass es sich vor allen Liebesbeziehungen schützen möchte, weil sie existenziell bedrohlich sind.

2. Da gibt es den erwachsenen Menschen, der sich wehren kann und der überleben wird. Dieser erwachsene, rationale Teil weiß auch, dass Beziehungen nicht existenziell bedrohlich sind, sondern etwas Schönes sein können, das man leben möchte.

Ihr innerer Teil (das Baby), der immer wieder diese Ängste fühlt, muss klar von der heutigen Realität als Erwachsener unterschieden werden. Wenn sich beide immer unbewusst vermischen, hat das Baby die ganze Macht und regiert den Erwachsenen. Denn das innere Kind oder Baby ist davon überzeugt, dass Liebesbeziehungen höchst bedrohlich sind, und reagiert entsprechend mit massiven Unabhängigkeitswünschen. Dieses Kind benötigt zu seiner Beruhigung einen liebevollen Erwachsenen, der es tröstet und ihm Mut macht. Dieser Erwachsene ist keine Person von außen, sondern Sie selbst müssen diese Haltung zu Ihrem inneren Kind einnehmen. Der Erwachsene, also der rationale Teil in Ihnen, sollte wissen, dass er Möglichkeiten hat, eine Situation mitzugestalten, dass er Einfluss nehmen und sich wehren kann. Der erwachsene Teil weiß auch, dass er zwar sehr traurig sein wird, wenn die Beziehung scheitern sollte, diese Trauer aber mit der Zeit nachlässt und er wieder in sein altes Leben zurückfindet und sich irgendwann die Chance einer neuen Liebe ergeben wird. Sollte der Erwachsene in Ihnen nicht davon überzeugt sein, dann ist dies nicht der Erwachsene, sondern das innere Kind in Ihnen, das die klare Sicht des Erwachsenen blockiert.

Das Gespräch mit Ihrem inneren Kind können Sie sich so vorstellen, wie wenn Sie mit einem Kind reden, das zum Beispiel Angst hat, auf den Spielplatz zu gehen und sich dort unter die anderen Kinder zu mischen. Sie würden es liebevoll ermutigen, indem Sie ihm zum Beispiel Folgendes versichern würden: „Geh ruhig zu den anderen Kindern spielen, die wollen dir nichts Böses. Im Gegenteil, wahrscheinlich freuen sie sich, wenn noch einer mitspielt. Außerdem bleibe ich bei dir und gucke zu. Wenn irgendetwas ist, das dich erschreckt oder traurig macht, bin ich für dich da." So oder so ähnlich würden Sie ein Kind trösten. Ihr inneres Kind, und damit der bindungsängstliche Teil Ihrer Persönlichkeit, denkt ähnlich wie ein ängstliches Kind. Es spielt lieber mit niemandem und hält Abstand zu anderen Kindern, als sich der Gefahr auszusetzen, abgelehnt zu werden.

Es ist ganz wichtig, das innere Kind liebevoll an die Hand oder in den Arm zu nehmen und ihm sozusagen die Welt zu erklären. Zum Beispiel so: „Ich verstehe, dass du Angst hast, das war damals ganz schlimm für dich mit der Mama. Aber heute bin ich (der liebevolle Erwachsene) bei dir und kann dir versichern, dass ich für dich da bin und dich beschütze. Du kannst dich wehren und bist nicht ausgeliefert. Außerdem vertraue ruhig mal ein bisschen, die oder der (Name der Person) will mit dir zusammen sein und liebt dich." Denn nur so fühlt sich dieser innere Teil verstanden und kann beruhigt werden. Schließlich handelt es sich um reale Erfahrungen – das innere Kind in Ihnen hat also gute Gründe so misstrauisch zu sein. Meistens gehen wir mit unseren inneren Kindern leider ziemlich lieblos um, da heißt es dann: „Stell dich nicht so an, du blöder Schisser. Das ist ja lächerlich, wie du dich hier aufführst ..." Wenn man jedoch mit dem inneren Kind schimpft und es niedermacht, wiederholt man das elterliche Verhalten, das es so traumatisiert hat, und nährt damit die alten Ängste.

Die Arbeit mit dem inneren Kind ist sehr hilfreich, weil sie zu einer angemessenen und realistischen Bewertung der heutigen Situation führt, die sich vollkommen von der traumatischen Situation unterscheidet, die das Kleinkind erlebte. Das Problem mit solchen Kindheits-Erfahrungen ist, dass sie im Erwachsenenleben weiter wirken, obwohl sie für den Erwachsenen keine Gültigkeit mehr haben. Sie führen deshalb zum Selbstboykott, denn sie verhindern, dass man als Erwachsener neue Erfahrungen mit Beziehungen macht. Das Kind in uns versteht nicht, dass die Situation vorbei ist und sich die Bedingungen geändert haben. Hiervon muss es geduldig überzeugt werden. Das Gespräch mit dem inneren Kind, auf das ich auch in den folgenden Abschnitten immer wieder zu sprechen komme, ist eine der hilfreichsten Methoden, um Probleme zu bewältigen. Ich kann diese Form des inneren Dialogs aus Platzgründen in meinem Buch jedoch nur skizzieren. Ich empfehle Ihnen zur Vertiefung das Buch von Chopich, das ich im Anhang aufgeführt habe.

2. Beschäftigen Sie sich mit Ihrer Angst vor Erwartungen

Der Umgang mit Erwartungen ist einer der wundesten Punkte in bindungsängstlichen Beziehungen und von bindungsängstlichen Menschen. Man könnte auch sagen, sie sind „Erwartungsphobiker". Sie reagieren auf alle echten oder vermeintlichen Erwartungen ihres Gegenübers mit einem heftigen Abwehrimpuls.

Der Umgang mit Erwartungen, die Angst zu enttäuschen, nicht zu genügen und abgelehnt zu werden, ist ein Thema, das letztlich jeden betrifft. Es gibt viele Menschen, die hiermit ein Problem haben und es aber trotzdem schaffen, in einer einigermaßen befriedigenden Beziehung zu leben. Menschen die keine Bindungsängste aufweisen, haben einen größeren Raum, in dem sie sich zwischen Ja und Nein entscheidend bewegen können als Menschen mit Bindungsängsten. Sie sind flexibler und können sich je nach Situation anpassen oder sich durchsetzen. Erwartungen und Ansprüche des Partners rufen in ihnen keinen reflexartigen Widerstand hervor. Im Bindungsphobiker hingegen lösen vermeintliche Erwartungen ihres Gegenübers einen heftigen Abwehrimpuls aus. Sie wollen sich nicht beugen. Schon kleine Erwartungen und Ansprüche des Partners rufen in ihnen Widerstand und Trotz hervor. Ich erinnere an die zahlreichen Spielarten der „passiven Aggression", die ich ab Seite 34 in „Flucht durch Vermeiden von Nähe" vorgestellt habe. Da Bindungsängstliche ihren Widerstand häufig nicht offen kommunizieren, er ihnen sogar selbst oft nicht bewusst ist, entziehen sie sich gern durch die Hintertür und verweigern sich durch passiven Widerstand, der für das Gegenüber nicht leicht zu durchschauen ist (zur Erinnerung: Flucht durch Arbeit, Flucht durch Hobbys, Flucht durch Krankheit etc.).

Warum haben Bindungsängstliche so ein gestörtes Verhältnis zu Erwartungen? Dies hat im Wesentlichen zwei Gründe:

1. Sie setzen Erwartungen mit Vereinnahmung und Unterjochung gleich. So mussten sie sich zu früh und zu stark den Erwartungen ihrer Bezugspersonen anpassen, entweder um ihr Überleben zu sichern wie bei den ganz frühen Bindungsstörungen und/oder um sich die Zuwendung ihrer Eltern zu sichern, wie es bei zu viel Gängelei und Unverständnis der Eltern auch in späteren Entwicklungsabschnitten passieren kann. Somit war entweder ihr körperliches und/oder ihr psychisches Überleben abhängig von ihrer Fähigkeit, die Erwartungen ihrer Mutter oder sogar beider Eltern zu erfüllen. Kein Kind kommt ohne die Zuwendung seiner Eltern aus. Und wenn diese zu stark von elterlichen Bedingungen abhängt, müssen diese Kinder früh lernen, ihre eigenen Bedürfnisse zu verleugnen. Und dies kann zu einer starken, geradezu phobischen Gegenreaktion führen. Ein enormer Trotz braut sich in ihnen zusammen und früh entwickeln sie Strategien, um sich Erwartungshaltungen zu entziehen. Nie wie-

der wollen sie diese Ohnmacht erfahren müssen, einem Menschen (wie damals der Mutter/den Eltern) derartig ausgeliefert zu sein. Unbewusst entwickeln sie ein sehr starkes Macht- und Kontrollmotiv. Es brodeln enorme Aggressionen in ihnen gegen jeden „Eindringling", jeden, der ihnen Vorschriften machen will, ihnen zu nah „auf die Pelle" rückt, der sie ihrer Freiheit und Unabhängigkeit berauben will. Dieser Trotz kann schon durch kleinste Erwartungen des Gegenübers ausgelöst werden. Sie kämpfen um ihre Freiheit, um ihr Leben, um ihre persönliche Integrität. „Wage es nicht, mir zu nahe zu kommen!" lautet ihr unbewusster Schlachtruf. Sie verteidigen ihre Ich-Grenzen mit aller Macht. Aufgrund ihrer Projektion sehen sie nicht, dass es sich um einen Kampf gegen Gespenster handelt.

2. Sie sind kaum konfliktfähig. Menschen mit Beziehungsängsten wollen verhindern, dass die Erwartungen anderer sie unterjochen – und schütten sozusagen das Kind mit dem Bade aus. Da sie in ihrer Kindheit meistens auf verlorenem Posten standen, wenn es um die Durchsetzung ihrer Interessen ging, rechnen sie nicht mit einem Erfolg. Sie haben zu selten erfahren, dass es sich lohnt, seinen Standpunkt zu vertreten. Früh haben sie es deswegen aufgegeben. Zumindest, wenn es um Wünsche und Bedürfnisse in zwischenmenschlichen Beziehungen geht. Bei Sachthemen, wie beispielsweise politischen Meinungen, die nicht unmittelbar die Beziehungsebene betreffen, können sie sehr wohl diskutieren und argumentieren. Wenn es jedoch um die Verhandlung von persönlichen Interessen zwischen Ich und Du in einer Liebesbeziehung geht, haben sie wenig Übung und wenig Selbstvertrauen, dass ihr Anliegen Gehör oder gar Verständnis findet. Ihnen fehlen zumeist die Zwischentöne und die Übung einen Kompromiss zu verhandeln. Bei einigen von ihnen – vor allem den männlichen Vertretern – kann dies regelrecht in Sprachlosigkeit münden; sie bekommen kaum noch ein Wort heraus, wenn ihre Partnerin das persönliche Gespräch sucht. Sie können sich entweder nur radikal abgrenzen oder sofort nachgeben. Dazwischen fehlt ihnen der Verhandlungsspielraum. Im Innersten sind sie überzeugt, nicht Nein sagen zu dürfen, wenn sie die Beziehung nicht riskieren wollen. Diese Überzeugung durchdringt schon so banale Entscheidungen, in welchen Kinofilm man gehen möchte. Sie sind durchdrungen von dem Gefühl, aus einer unterlegenen

Position heraus zu verhandeln und jeder Zeit „abgeschossen", sprich, verlassen werden zu können. Und dies führt paradoxerweise zu einem inneren Dauerwiderstand. Sie halten von Anfang an durch ihre Abgrenzungsstrategien immer so viel Sicherheitsabstand ein, dass sie möglichst unverwundbar bleiben. Wenn der Partner sie dann tatsächlich verlässt, dann trifft es sie nicht so stark, als wenn sie ihn näher an sich herangelassen hätten. Ihre innere Überzeugung, eigentlich nicht Nein sagen zu dürfen, führt aus Selbstschutz paradoxerweise zu einer chronischen Verweigerungshaltung.

In den obigen Ausführungen dürfte deutlich geworden sein, dass der Schlüssel zu einem gelasseneren Umgang mit Erwartungen in der Verbesserung der Konfliktfähigkeit liegt. Um konfliktfähig zu sein, benötige ich jedoch die Gewissheit, meine Wünsche äußern zu dürfen und eingreifen zu können. Die im vorherigen Absatz über die Angst vor Abhängigkeit empfohlene Arbeit mit dem „inneren Kind" ist deshalb auch für die Konfliktfähigkeit sehr förderlich. Denn das Problem liegt ja nicht in einem Mangel an sprachlichen Fähigkeiten, sondern in einem mangelnden Selbstvertrauen und der falschen, subjektiven Überzeugung, dass es sowieso nichts bringt, wenn man sich mit anderen Menschen auseinandersetzt.

Im ersten Schritt empfehle ich Ihnen, sich Ihrer allergischen Reaktion auf Erwartungen bewusst zu werden. Die Abwehr erfolgt nämlich zumeist reflexartig, ohne dass dem Betreffenden selbst klar ist, warum er gerade mal wieder „abtaucht" oder „mauert". Oft ist es nur ein diffuses Gefühl der Einengung, das in ihm Platz nimmt und ihn zur Näheflucht verleitet. Es ist deswegen notwendig, in sich zu gehen und den blinden Passagier, die Erwartungsangst, erst einmal dingfest zu machen und sie aus dem diffusen Nebel beklemmender Gefühle zu befreien. Dies gelingt am besten durch innere Aufmerksamkeit und Reflexion. Man sollte sich klarmachen, was einen immer wieder subjektiv in die Enge treibt. Hier kann es sinnvoll sein, sich aufzuschreiben, was einem dazu einfällt. Welche Erwartungen werden objektiv an Sie gestellt, also tatsächlich klar vom Partner formuliert? Und welche Erwartungen wittern Sie vielleicht nur? Fragen Sie sich, welche Gedanken und Gefühle die tatsächlichen und die erahnten Erwartungen in Ihnen auslösen? Lenken Sie hierbei Ihre Aufmerksamkeit auch ganz bewusst auf Ihr Körpergefühl. Wie spürt der Körper den Erwartungsdruck – ist es ein Drücken, Ziehen, Brennen im Bauch oder in der Brust? Vermutlich ist dieses Gefühl ein „alter Bekannter", den Sie schon Ihr Leben lang kennen. Begrüßen Sie ihn freundlich, er hat Ihnen viel zu erzählen, denn er drückt aus, was Ihr inneres Kind fühlt, das das nicht glauben kann, dass es ein Recht hat, Nein zu sagen. Das nicht glauben kann, dass es auch noch geliebt wird, wenn es nicht immer Ja sagt und das sich in Folge dessen trotzig verweigert, überhaupt in Verhandlung zu treten.

Im zweiten Schritt beruhigen Sie Ihr inneres Kind, das am liebsten vor jedem Konflikt davonrennen würde oder trotzig und bockig Nein brüllen will. Versuchen Sie die Situation vom Standpunkt des „guten Erwachsenen" aus zu betrachten. Ist es wirklich so schlimm, hier mal nachzugeben? Wird tatsächlich zu viel verlangt? Wenn ja, ist es möglich, dies in einem ruhigen Gespräch zu klären? Passiert wirklich etwas Schlimmes, wenn ich freundlich Nein sage? Der gute Erwachsene sollte Ihrem inneren Kind begreiflich machen, dass es verhandeln darf und Einfluss nehmen kann. Er sollte dem inneren Kind begreiflich machen, dass es Kompromisse gibt und es nicht nötig ist, sich direkt bockig in die Ecke zu setzen und zu schmollen. Das innere Kind muss lernen, dass es zwischen sich-verbiegen und totaler Selbstaufgabe auf der einen Seite und radikaler Kompromisslosigkeit auf der anderen Seite, sehr viel Verhandlungsspielraum gibt.

Dabei kann es vorkommen, dass Sie auch als Erwachsener keine gute Antwort auf bestimmte Fragen zum Thema Konflikte haben. Hier kann das Gespräch mit Freunden, die gut mit Konflikten umgehen können, helfen. Auch in der Ratgeberliteratur finden sich gute Anregungen.

Einigen von Ihnen wird beim Lesen dieses Buches wahrscheinlich aufgefallen sein, dass Sie nicht nur in Liebesbeziehungen konfliktscheu agieren. Sehen Sie das postitiv: Sie finden daher auch in Ihrem Alltag ein gutes Trainingsfeld vor, um Ihre Konfliktfähigkeit als erwachsener Mensch zu schulen. Formulieren Sie öfter einmal den eigenen Standpunkt, greifen Sie ein, verhandeln Sie. Ich garantiere Ihnen, dass Sie hiermit viel positivere Erfahrungen machen werden, als Sie erwarten. Man wird Sie als klarer und greifbarer erleben. Und dies wird sich sowohl positiv auf Ihre Selbstsicherheit auswirken als auch auf Ihre Beziehungen.

3. Erforschen Sie Ihre Angst vor Ablehnung

Eng verwoben mit der Angst vor Erwartungen ist die Angst vor Ablehnung. Die meisten Bindungsängstlichen betreiben „Saure-Trauben-Politik". Sprich, wenn die Trauben zu hoch hängen, beschließen sie wie der Fuchs in der Fabel, dass sie ihnen zu sauer sind und sie sie deshalb gar nicht haben wollen. Die Angst vor der Ablehnung sitzt tief. So tief, dass viele sie nicht bewusst wahrnehmen. Vor allem der gleichgültige Vermeidungstyp spaltet sie so gut ab, dass er in seinem Bewusstsein nur fragmentarisch Wünsche nach Nähe und Bindung verspürt. Dahinter verbirgt sich eine abgrundtiefe Resignation. Die Gewissheit sowieso nicht zu bekommen, was man will. Dieses Gefühl ist jedoch unerträglich, sodass es von der Psyche umgedreht wird in ein „Ich will nicht". Durch diesen Gedankentrick stellt das Ich wieder ein Gefühl von Kontrolle her, denn es ist weitaus erträglicher abzulehnen als abgelehnt zu werden. Das psychologische Motiv der „Unabhängigkeit" nimmt auch hier eine steuernde Funktion ein. Wenn ich unabhängig bleibe, keinen zu nah an mich heranlasse, dann brauche ich mich auch nicht vor Ablehnung zu fürchten – zum einen, weil ein etwaiger Verlust leichter zu verschmerzen ist, zum anderen, weil im Zweifelsfall immer ich derjenige bin, der geht.

Die wenigsten bindungsängstlichen Menschen können oder wollen jedoch gänzlich auf zwischenmenschliche Nähe verzichten. Deswegen hat die Unabhängigkeit einen gefährlichen Gegenspieler: den Wunsch nach Nähe. Der Wunsch nach Unabhängigkeit und das gleichzeitige Bedürfnis nach Nähe sind jedoch nicht unter einen Hut zu bringen. Aus diesem Zwiespalt resultiert der ewige Tanz zwischen Nähe und Distanz, den die meisten Beziehungsängstlichen und ihre Partner nur zu gut kennen. In der Psychologie heißt dies: Annäherungs-Vermeidungs-Konflikt. Der Wunsch nach Nähe und die Hoffnung, es könnte vielleicht doch einmal gut gehen, sind bei den Wenigsten völlig begraben. Dies lässt sie annähern. Dann schlägt jedoch die Angst vor der Ablehnung Alarm und sie schrecken wieder zurück.

Die Hauptursache für die große Angst vor Ablehnung ist das geringe Selbstwertgefühl der bindungsängstlichen Menschen. Das gilt auch für den gleichgültigen Vermeider. Sie haben zwar in ihrem Wachbewusstsein eigentlich ein ganz gutes Selbstwertgefühl, aber hinter der Fassade lauern versteckte Ängste, nicht zu genügen und abgelehnt zu werden. Einen Menschen mit einem schlechten Selbstwertgefühl trifft eine Ablehnung sehr viel stärker als einen Menschen mit einem guten Selbstwertgefühl. Bei geringem Selbstwert fühlt sich Ablehnung geradezu vernichtend an und darf deswegen nicht riskiert werden. Wie ich schon mehrfach beschrieben habe, gibt es für Menschen mit geringem Selbstwertgefühl grundsätzlich zwei Entscheidungswege: Entweder tue ich (fast) alles, um nicht abgelehnt zu werden, indem ich versuche, alles richtig zu machen, um den anderen bloß keinen Anlass für eine Ablehnung zu bieten (Stichwort: anklammernder Bindungstyp). Oder ich verzichte lieber gleich und verbarrikadiere mich hartnäckig gegen Eindringlinge, die meinen Selbstwert gefährden könnten (Stichwort: vermeidender Bindungstyp).

Letztlich kann man sagen, dass das Epizentrum der gesamten Bindungsangst ein geringes Selbstwertgefühl ist. Denn das Selbstwertgefühl, sei es gut oder schlecht, ist die Kommandozentrale der menschlichen Psyche. Und ganz gleich was bindungsängstliche Menschen unternehmen, um die Beziehung zum Partner für sich selbst erträglich zu gestalten, sie tun es, um ihren labilen und sehr angreifbaren Selbstwert zu schützen. Ein gutes Selbstwertgefühl kommt mit relativ wenig Schutzbataillonen aus, da es in sich stark und somit nicht so leicht verwundbar ist. Ein geringes Selbstwertgefühl benötigt hingegen eine solide Festung und gute Truppen, um sich vor Verwundung zu schützen. Aufgrund der kindheitsbedingten Wahrnehmungsverzerrung identifizieren bindungsängstliche Menschen jeden als Feind, der in ihre „Festung" eindringen will. Denn innerhalb der Festung ist der Feind nicht mehr zu kontrollieren. Er könnte das Kommando übernehmen. Es droht eine „feindliche Übernahme", die totale Vereinnahmung, Ich-Verlust, Vernichtung. So haben sie es als Kinder erlebt – auch wenn diese Erinnerungen zum Teil verschüttgegangen sind. Intakt geblieben sind nur die Abwehrmanöver Flucht, Angriff, Totstellreflex, die den Selbstwert, das Ich, vor dieser vernichtenden Invasion schützen. Der Preis ist Einsamkeit und Verwundete – auf beiden Seiten.

Was kann man nun tun, um den eigenen Selbstwert anders zu schützen als durch radikale Verschanzung in der eigenen Burg? Wie kann ich ihn so stärken, dass ich mich dem Risiko der Ablehnung, des Scheiterns stellen kann? Wie immer liegt die Selbsterkenntnis allen weiteren Heilungsschritten zugrunde und ist meistens schon die Hälfte des Weges.

Im ersten Schritt gestehen Sie sich ein, dass Sie diese Angst vor der Verletzung Ihres Selbstwertes haben und ständig bemüht sind, Ihr Selbstwertgefühl zu schützen, wenn Sie alle Menschen auf Abstand halten.

Im zweiten Schritt akzeptieren Sie diese Angst. Gehen Sie freundlich mit ihr um. Es ist das innere Kind, das da in seiner Festung sitzt und keinen Besuch gestatten will. Das innere Kind braucht wie immer Trost und Zuspruch und nicht Schimpfe und Schelte. Kein Mensch kommt böse oder schlecht auf die Welt. Dieser Aussage würden die allermeisten Leser – hoffentlich – zustimmen. Wenn Sie grundsätzlich bereit sind, ein Kind willkommen zu heißen, das gerade auf die Welt gekommen ist, sollten Sie bei sich selbst keine Ausnahme machen. Ihr inneres Kind hat guten Grund, sich schlecht zu fühlen. Ihm ist Unrecht angetan worden, selbst wenn dieses Unrecht in guter Absicht seiner Eltern geschah. Setzen Sie das Unrecht nicht fort, indem Sie auf Ihr inneres Kind einhacken, und schon gar nicht, indem Sie es in seiner einsamen Burg belassen. Der gute Erwachsene muss dem inneren Kind geduldig erklären, dass es wertvoll ist und sein Wert nicht davon abhängt, ob ein anderer Mensch es liebt.

Wer lernt, eigene Ängste zu überwinden, kommt dabei nicht nur sich selbst näher, sondern auch den anderen Menschen. Denn das Kreisen um den eigenen Selbstschutz macht egozentrisch. Vor lauter Beschäftigung mit der eigenen Abwehr, übersieht man sehr leicht die Bedürfnisse und Interessen des Gegenübers. Ein Betroffener erzählte mir, dass er gar nicht auf die Idee käme, seine Freundin könnte traurig sein, wenn er so selten bei ihr ist. Er konnte sich nicht vorstellen, dass jemand seinetwegen traurig ist, und aus dieser egozentrischen Sicht heraus nahm er die Traurigkeit seiner Freundin nicht wahr, er glaubte ihr nicht.

Wenn der Partner immer aus der Froschperspektive wahrgenommen wird – also groß und übermächtig –, ist es aus der Innensicht eines Menschen nur legitim sich zu wehren. So empfinden es die meisten Bindungsängstlichen. Was sie dabei nicht wahrnehmen ist, dass sie ihr Feindbild auf den anderen projizieren. Ihre Angst liegt vor allem in ihnen selbst – und die wirklichen

Absichten ihres Gegenübers stimmen mit ihren Befürchtungen in keiner Weise überein. Sie schießen somit auf Gespenster. Und nicht nur das. In der Wahrnehmung bindungsängstlicher Menschen kommt durch ihre große Selbstbezogenheit meist auch zu kurz, dass sich hinter dem Gespenst ein Mensch verbirgt, der in seinen Gefühlen verwundbar ist. Eine ganz bewusste Hinwendung zu den Empfindungen der anderen Person und damit einhergehend Abwendung von den eigenen Ängsten kann sehr hilfreich sein.

Machen Sie sich bewusst, dass der andere Sie nicht im Griff hat. Sie leben in keiner Knechtschaft. Sie sind nicht unterlegen. Das sind alles Projektionen aus Ihrer Kindheit. Diese Projektionen sorgen jedoch dafür, dass Sie, der sich grundsätzlich als Opfer fühlt, zum Täter wird. Sie werden zum Täter durch Ihre Schutzmaßnahmen: Flucht, Angriff und Totstellreflex sind für den Menschen, der mit Ihnen zusammen ist oder zusammen sein möchte, enorm verletzend. Ja, Sie haben durchaus die Reichweite schwer zu verwunden. Weil Sie eben kein „Niemand", sondern ein „Jemand" sind. Sie bedeuten dem anderen tatsächlich viel – oder glauben Sie, dass er den ganzen Zirkus ansonsten mitmachen würde? Wenn Sie wieder jemanden erfolgreich auf Distanz geschossen haben, haben Sie geschossen. Und auch wenn Sie nur sich selbst sehen, dass Sie mal wieder für kurze Zeit davon gekommen sind und Ihr Ego verschont geblieben ist. Versuchen Sie einmal über Ihre Festungsmauer zu blicken, da gibt es nämlich mindestens einen Verwundeten.

Ein Klient, der in Folge seiner Bindungsängste in die Trunksucht abgerutscht war, hatte allen Ernstes Zweifel daran, dass seine Lebensgefährtin, die jahrelang seine alkoholbedingten und bindungsgestörten Manöver ausgehalten hat, zu ihm hält. Nachdem er seine Alkoholerkrankung in den Griff bekommen hatte und die Vergangenheit nüchtern reflektierte, konnte er allmählich erkennen, welche Wahrnehmungsverzerrungen sein Tun über Jahre hinweg beherrscht hatten. Sehr hartnäckig hielten sich jedoch seine innersten Zweifel, ob seine Lebensgefährtin es aushalten würde, wenn er mehr auf sie zuginge oder ob er sie vielleicht verscheuchen könnte? Seine Lebensgefährtin wünschte sich natürlich nichts mehr als das. Der Klient sah (zunächst) nur seine Angst vor einer möglichen Abfuhr. Dass seine Freundin trotz der zahlreichen

Abfuhren, die sie von ihm über die vielen Jahre erlitten hatte, bei ihm geblieben und durch welche Hölle sie aufgrund seiner Sauferei gegangen ist, das konnte er nur allmählich erkennen.

Machen Sie sich klar: In Ihrer Kindheit waren Sie ein Opfer. Heute sind Sie häufig ein Täter. Ihre tief sitzenden Ängste davor, abgelehnt zu werden, lassen Sie Ihrem Partner jene Schmerzen zufügen, vor denen Sie sich selbst schützen möchten.

4. Steigen Sie aus der Opferrolle aus!

Ein Film, dessen Name ich leider vergessen habe, erzählt folgende Geschichte: Ein Mann liebt leidenschaftlich eine Frau, die seine Liebe offensichtlich erwidert. Eines Tages ist sie jedoch verschwunden und der Mann begibt sich auf die Suche. Schließlich findet er sie in einer prachtvollen Villa, umgeben von Menschen, die vor lauter Dekadenz und Reichtum nichts mehr mit sich anzufangen wissen. Bizarre, leere Gestalten, die gelangweilt ihre Drinks schlürfen. Als der verzweifelte Mann eintritt, sieht er seine Freundin im Arm eines anderen liegen. Fassungslos spricht er sie auf ihre Liebe an. Sie und ihre Freunde lachen ihn aus: „Du hast ihr wirklich geglaubt?" Total gedemütigt bejaht er die Frage. Da höhnen die anderen: „Siehst du, so ist es uns früher auch ergangen!"

Dem Kind in Ihnen, das ein Opfer war und das sich immer noch als solches fühlt, stehen heute die Waffen des Erwachsenen zur Verfügung. Da das Kind die veränderte Realität nicht zur Kenntnis nimmt, verteidigt es sich mit allen Mitteln im Körper des Erwachsenen. Und es fühlt sich im Recht. Das gedemütigte, verletzte Kind rächt sich grausam an den Tätern. Es erkennt dabei nicht, dass die Täter von damals nicht die Menschen von heute sind. Durch die Projektionen und die psychischen Abwehrmechanismen, die die eigenen Gefühle und Erfahrungen vom Wachbewusstsein fernhalten, handeln die meisten Bindungsängstlichen ohne Warnung ihres Über-Ichs (Über-Ich = die moralische Instanz in uns), ohne Gewissensnot. Je früher im Leben die Störung ihren Lauf nahm, desto abgespaltener ist sie von der bewussten Reflexion – und desto brutaler und rücksichtsloser ist zumeist die Vorgehensweise des bindungsängstlichen Menschen. Bei allem tiefem Verständnis und Mitgefühl für die frühen, grausamen Verletzungen, die bindungsgestörten Menschen in ihrer Kindheit zugefügt worden sind, muss der Blick trotzdem freigegeben werden für die Schuld, die sie als Erwachsene auf sich laden. Dies gilt vor allem für die gleichgültigen Bindungsvermeider. Wie ich bereits in den Abschnitten über „Narzissten" (s. S. 86) beschrieben habe, sind sie im heutigen Wettbewerb im Vorteil, da sie ihre Entscheidungen ohne Mitgefühl treffen können. Ihr Tun beschränkt sich ja häufig nicht allein auf Liebesbeziehungen, sondern auf alle Lebensbereiche. Sie sind in allen Machtpositionen zu finden und richten sehr viel Schaden auf dieser Welt an. Sie sind unter den Entscheidungsträgern zu finden, dies gilt fürs große politische Parkett ebenso wie für den Sachbearbeiter einer Kreditabteilung. (Der Umkehrschluss gilt natürlich nicht: Nicht alle Entscheidungsträger sind gleichgültige Bindungsvermeider.)

Die persönliche Reflexion, also die Auseinandersetzung mit den eigenen Gefühlen, den versteckten Motiven des eigenen Handelns und der persönlichen Lebensgeschichte, ist der Weg, der aus diesem Teufelskreis herausführt. Reflexion ist deshalb nicht in den Bereich der Freizeitbeschäftigung für psychologisch angehauchte Intellektuelle zu verweisen, sondern sie ist von außerordentlicher politischer und gesellschaftlicher Tragweite. Es sind jedoch gerade jene, die am weitesten von ihren Gefühlen entfernt sind und die am wenigsten persönlichen Leidensdruck aufweisen, die psychisch stabil und sehr erfolgreich durchs Leben kommen. Für „Psychologie" und „Psychologen" haben sie oft nur Verachtung übrig, diese wecken geradezu Aggressionen in ihnen. Es sei denn, sie können psychologische Erkenntnisse benutzen, um ihre Machtposition auszubauen.

Der psychisch reflektierte Mensch ist weise. Er handelt bedächtig auf einer stabilen Grundlage von ethischen und moralischen Werten. Er ist sich seiner Schwächen, seiner Eitelkeiten, seiner Befähigung zum Neid und Gefühlen der Unterlegenheit bewusst. Er ist sich seiner selbst bewusst. Und hierdurch kann er diese Gefühle, wenn sie auftauchen, verwalten und im Zaum halten. Er kann sich seiner Angst stellen. Seine Angst wird dadurch nicht zu einer Gefahr für andere. Denn die Angst um das eigene Ich ist die Triebfeder der Aggression, der körperlichen und der psychischen Gewalt. Wenn ich mich meinen Ängsten stelle, ist die Wahrscheinlichkeit sehr hoch, dass ich sie nicht verzerre und ins Gegenteil verkehre. Die Gefahr, ein tiefes Gefühl der Ohnmacht unbewusst und ohne Gewahrwerden des Über-Ichs in ein starkes Machtmotiv zu transformieren, ist erheblich geringer, wenn die Angst als Gefühl der persönlichen Bedrohung zur Kenntnis genommen und reflektiert wird. Ein Mensch, der große Angst vor Einbrechern hat, wird sich möglicherweise eine Waffe besorgen. Die Angst vor dem Einbrecher lässt ihn schnell aufschrecken und möglicherweise auf jemanden schießen, der sich zufällig auf sein Grundstück verirrt hat. Diese Überlegung scheint zwar für deutsche Verhältnisse etwas abwegig. Für US-amerikanische Verhältnisse ist sie hingegen nicht absurd. Wie der Regisseur Michael Moore in seinem bemerkenswerten Dokumentarfilm „Bowling for Columbine" dargelegt hat, ist es vor allem die Angst der Amerikaner, die sie in großer Zahl zum Besitz von Schusswaffen und auch zum Schießen verleitet. Es ist eine diffuse Angst, persönlich zu versagen, nicht schön, nicht gesund, nicht leistungsfähig, nicht erfolgreich genug zu sein. Eine Angst, die den ganzen Menschen ergreift, der angreifbar, verwundbar und sterblich ist. Diese diffusen Ängste werden auf den Angreifer von außen projiziert und mit dem Besitz von Schusswaffen wird eine fragile Sicherheit hergestellt, die eigene Person vor der Vernichtung schützen zu können. Aufgrund der Waffengesetze in den USA könnte theoretisch jede Person, die einem begegnet, eine Waffe bei sich tragen, wodurch die Angst weiter genährt wird. Diese psychologische Reihenschaltung von Angst und Angstabwehr, die wiederum zu mehr Angst führt, ist ein psychischer Mechanismus von globaler Gültigkeit, der lediglich am US-amerikanischen Beispiel illustriert werden sollte. Dass ehemalige Opfer selbst zu Tätern heranwachsen, ist hinlänglich bekannt. Trotzdem möchte ich nochmals deutlich darauf hinweisen, dass dies auch für unreflektierte Bindungsängste gilt. Reflexion ist der einzige Ausstieg aus diesem Kreislauf.

Das innerste Lebensgefühl von Bindungsängstlichen ist das eines Opfers, das sich gegen Angreifer schützen muss. Das Gegenüber wird ungefähr wie folgt wahrgenommen: als potenzieller Eindringling, als Angreifer, als machtvoll, manipulativ, nicht vertrauenswürdig, übergriffig, stark, mindestens egoistisch, wenn nicht gar bösartig. Bindungsängstliche Menschen empfinden ihre Partner als Personen, die sie umziehen wollen, gängeln, vereinnahmen, anbinden, knechten, einsperren, in Ketten legen, vernichten. Der Partner ist aber auch eine Suchtgefahr, eine Droge, die einen in die Abhängigkeit, in den Verlust des eigenen Willens treibt und jeglicher Kraft und Autonomie beraubt. In minder schweren Fällen ist der Partner eine diffuse Bedrohung, weil er einen früher oder später verraten und fallen lassen wird. Diese Projektionen sind für Bindungsängstliche Realität. Und natürlich ist es legitim, sich gegen Angreifer und Drogen zu schützen. Wenn ich jederzeit damit rechnen muss, überfallen zu werden, dann ist es absolut gerechtfertigt mit einer Waffe unter dem Kopfkissen zu schlafen. Wenn ich Gefahr laufe, süchtig zu werden und die Kontrolle über mich zu verlieren, dann sollte ich die Droge verbannen oder sie nur unter höchst kontrollierbaren Bedingungen einnehmen. Aufgrund ihrer Projektionen weisen die Betroffenen kein Unrechtsgefühl auf. In Wirklichkeit sind ihre Verteidigungsmaßnahmen jedoch nicht nur völlig unangemessen, sondern häufig äußerst brutal. Es wird gelogen, betrogen, beleidigt, gedemütigt, gemauert, sitzen gelassen und manchmal auch geschlagen. Durch die zentrierte Beschäftigung mit der eigenen Verteidigung fehlt die Empathie für die Wirkung der Worte und Taten beim Gegenüber.

Dazu kommt, dass sich das radikale Abwehrverhalten von Beziehungsphobikern, das sich mit Egozentrik und wenig Mitgefühl paart, nicht nur in Liebesbeziehungen bemerkbar macht.

Wenn Sie auch nur ein bisschen Wahrheit an meinen Ausführungen für sich erkennen können, dann fangen Sie an, sich Ihrer selbst bewusst zu werden. Hören Sie auf zu verdrängen und so weiter zu machen wie bisher. Gehen Sie in sich, denken Sie nach und fühlen Sie nach! Versuchen Sie Kontakt herzustellen mit Ihren inneren Gefühlen, mit Ihrem inneren Kind. Verharmlosen Sie nicht, stellen Sie sich den Tatsachen. Der Ausweg aus der Opferhaltung und damit aus der Täterschaft ist die Erkenntnis der eigenen Projektionen und ihrer Folgen.

5. Kümmern Sie sich um Ihre Angst vor Hingabe und Nähe

In diesem Abschnitt geht es um die Angst, sich selbst zu sehr zu verlieren, süchtig und haltlos zu werden. Diese Angst hat eine große Schnittmenge mit der Angst vor der Abhängigkeit und der

Angst vor der Ablehnung, die ich bereits besprochen habe. Hier möchte ich jedoch den Scheinwerfer mehr auf jene Gefühle lenken, die zu glücklich machen könnten und deswegen bei Beziehungsphobikern Angst auslösen.

Die meisten Bindungsängstlichen kennen Momente des großen Glücks. Momente der Hingabe, in denen die Angst schweigt. Momente der Geborgenheit, wo die Zweifel still sind. Die Wächter ihres Unbewussten, die normalerweise so viel Gefühl nicht über die Grenze lassen würden, haben irgendwie geschlafen, waren eingelullt und haben ihren Dienst für kurze Zeit niedergelegt. So gelangen die Bindungsängstlichen immer mal wieder auf Inseln der Nähe, auf denen sie sich kurz ausruhen, bevor sie wieder die Flucht ergreifen und davonsegeln.

Bei Menschen, die nicht unter Bindungsängsten leiden, lösen diese Inseln der Nähe einen Wunsch zum Verbleiben aus. Bei Menschen mit Bindungsängsten lösen sie hingegen die Angst aus, nie wieder von ihnen weg zu kommen. Das Erlebnis der Nähe löst die Angst aus, nicht mehr ohne den Partner sein zu wollen, ihn nie mehr loslassen zu können. Da diese Menschen in der Kindheit in Bezug auf ihren Wunsch nach Nähe und Geborgenheit nie satt geworden sind, stellt sich auf einmal ein überwältigender Hunger nach „mehr und immer und ewig" ein. Das normalerweise sorgfältig verdrängte Bedürfnis nach Nähe bricht mit solcher Macht in sie herein, dass sie es nicht mehr verwalten können, es sie völlig zu überschwemmen droht. Sie haben sich ihr Leben lang darin geübt, den Hunger zu ignorieren, ihn nicht oder nur ein wenig zu spüren. Sie haben dem Hunger ein erbittertes „Ich will nicht essen" entgegengehalten, sich in freiwilliger Askese geübt, um ihn zum Schweigen zu bringen. Sie hatten die Kontrolle über den Hunger und nicht er über sie. Sie haben sich unabhängig gemacht von dem Bedürfnis zu essen. Und jetzt das: Der Geschmack der Nähe wirkt wie ein Appetithäppchen, das den Heißhunger auf Nähe entfacht. Der jahrelange „freiwillige" Verzicht auf Liebe und Geborgenheit, den die Bindungsängstlichen sich unbewusst selbst aufzwingen, um der Enttäuschung zu entgehen, kann sich mit Übermacht ins Gegenteil verkehren, wenn sie durch die „Tür zum Paradies" blicken. Anstatt jedoch durch die Tür zu gehen, schlagen sie sie schnell wieder zu und halten sie verrammelt. Warum? Weil ihr inneres Kind weiß, dass es sich um eine

Illusion handelt. Das innere Kind weiß, dass es nie satt werden wird, dass es am Ende enttäuscht und einsam zurückbleiben wird. Deswegen erfolgt auf Momente des höchsten Glücks in Beziehungen mit bindungsängstlichen Menschen unweigerlich die Zerstörung. Ein Betroffener schrieb an seine Freundin: „Wenn ich etwas begegne, das mich glücklich machen könnte, breche ich es ab – 100 Prozent und so brutal wie möglich ..." und weiter „... je weiter ich mich wage, umso größer die Fallhöhe, die Enttäuschung. Ich weiß zumindest theoretisch, dass das Quatsch ist, aber ich kann es nicht anders fühlen."

Genau hier liegt der Grund, warum die Distanzierung des beziehungsängstlichen Partners so oft auf die schönen Momente erfolgt oder die Beziehung gerade dann beendet wird, wenn sie gut läuft. Es ist die Angst vor der Hingabe an das Glück, die sich speist aus der unerschütterlichen Gewissheit, dass die Hingabe, das Vertrauen, in einem tödlichen Absturz enden wird. Man darf sich niemals in die Hände eines anderen begeben. Der wird einen fallen lassen, früher oder später, auf die eine oder andere Weise, aber in jedem Fall. Dieses Wissen hat ein Mensch mit Bindungsangst verinnerlicht. Die eigene Unabhängigkeit ist dagegen sicher, die Abhängigkeit tödlich. Genau so hat das Kind Beziehungen erlebt. Die Mutter hatte diese Macht. Sie hätte das Kind, wenn sie gewollt hätte, einfach in eine Mülltonne stecken können. Nach seinem Empfinden hat das Kind allein durch viel Glück und Anpassungsvermögen überlebt. Und das war's! Eine Wiederholung dieses Dramas will es nicht. Fortan wird jede Bindung, jede Abhängigkeit vermieden.

Für die erwachsene Person wäre die Hingabe natürlich keine vergleichbare Bedrohung. Aber wie so oft unterscheiden beziehungsängstliche Menschen hier meist nicht zwischen den Überzeugungen ihres inneren Kindes und der Realität. Sie projizieren ihre alten Ängste auf jede neue Beziehung, statt zu sehen, dass sie erwachsen sind und ihr Leben und ihre Liebe selbst gestalten können.

Bindungsängstliche haben sehr wenig Erfahrung mit den glücklich machenden, intensiven Gefühlen. Sie sind nicht geübt, mit Liebe umzugehen. Auch hier, wie bei dem Umgang mit Erwartungen, fehlt ihnen der Mittelweg. Wenn der ausgehungerte Wunsch nach Nähe durchbricht, dann tut er dies mit Übermacht

– wie bei einem Süchtigen, der für einen gewissen Zeitraum den Entzug geschafft hat, bis das Verlangen nach der Droge so übermächtig wird, dass es in einem Drogenexzess (oder einer Fressorgie) mündet. Bindungsängstliche fühlen ein „ganz oder gar nicht". Ihr Unabhängigkeitsbedürfnis kann sich in ein totales Abhängigkeitsbedürfnis verkehren.

Psychologisch ist dieser Umsturz von extremer Unabhängigkeit in die extreme Abhängigkeit von Bindungsängstlichen so zu erklären: Das innere Kind in ihnen ist auf dem Entwicklungsstand eines Babys, bevor es eine sichere Bindung zur Mutter aufgebaut hat. Kleine Babys schreien nach der Mama, wenn sie nicht da ist. Sie haben noch nicht gelernt, dass die Mama auch da ist, wenn sie sie nicht sehen können. Erst im weiteren Verlauf ihrer Entwicklung erwerben sie die sogenannte Objektkonstanz und damit die innere (sichere) Bindung zur Mutter, dem Vater oder einer anderen sehr engen Bezugsperson. Mit dieser Objektkonstanz erwerben sie auch das Vertrauen in diese Beziehungen und in alle weiteren Beziehungen ihres Lebens. Bindungsängstliche sind in diesem Prozess stark gestört worden, er ist nicht abgeschlossen. Das mangelnde Urvertrauen und das Bedürfnis nach Symbiose und Verschmelzung mit der Mutter (respektive dem Partner) brechen gerade in Situationen, in denen sie intensive Nähe erleben, als unerledigter Entwicklungsschritt hervor und wollen nachgeholt und befriedigt werden.

Wenn sie diesem Impuls jedoch stattgeben würden, dann würden sie sich auch genauso benehmen wie ein Säugling: Sie würden die geliebte Person nie wieder loslassen und sie ganz und gar besitzen wollen. Das kleine Kind in ihnen könnte auch mit kleinen, vorübergehenden Trennungen, wie sie im Alltag unvermeidlich sind, kaum umgehen, sie wären fast unerträglich. Und die schlimmste Fessel der Liebe, die Eifersucht, drohte sie erbarmungslos zu ersticken. Ein Betroffener, der einmal in einer Beziehung dem Wunsch nach Nähe Raum gegeben hatte, erzählte: „Meine damalige Freundin und ich verbrachten mal mit ein paar Freunden ein Wochenende auf dem Land. Am Nachmittag wollte sie mit einigen ein paar Runden Doppelkopf spielen. Ich konnte aber kein Doppelkopf, also musste ich mich anders beschäftigen. Das konnte ich aber nicht. Anstatt ein Buch zu lesen oder spazieren zu gehen, war ich wie gelähmt von Trauer und Wut, weil ich

mich so ausgeschlossen fühlte. Ich konnte es nicht ertragen, dass ich für zwei Stunden nicht im Mittelpunkt ihrer Aufmerksamkeit stand."
Wie kann ich nun meinen Wunsch nach Nähe zulassen, ohne gleich in ihm zu ertrinken?

Erster Schritt: Gestatten Sie diesem Gefühl einfach einen Zutritt zu Ihrem Bewusstsein. Fokussieren Sie es wie im nebenstehenden Exkurs. Lassen Sie ihm einmal den Raum, den es haben will und schenken Sie ihm Ihre innere Aufmerksamkeit. Meistens stellt sich hierdurch schon eine Erleichterung ein. Denn die Gefühle, die verdrängt werden, klopfen immer wieder an, weil sie gehört werden wollen. Das ist wie mit kleinen Kindern. Wenn man ihnen einmal aufmerksam zuhört, sind sie zufrieden und können sich auch wieder eine Weile mit sich selbst beschäftigen. Wenn man sie jedoch immer wieder wegschickt oder ihnen nur zerstreut zuhört, dann nerven sie einen so lange, bis man sie endlich hinreichend beachtet.

In dem Moment, in dem sich dieses Gefühl, Ihr Wunsch nach Nähe und den Empfindungen, die diesen Wunsch begleiten, wirklich einmal wahrgenommen und verstanden fühlt, verliert es auch an Macht. Es kann sich dann wie das kleine Kind, dem endlich zugehört wurde, auch mal wieder zurückziehen. Falls Sie dennoch die Sorge haben, das Gefühl könnte Sie total überschwemmen und wegspülen, dann betrachten Sie es etwas aus der Ferne. Das ist ein kleiner Trick, mit dem im Focusing gern gearbeitet wird, wenn Gefühle zu übermächtig zu werden drohen: Stellen Sie das Gefühl vor Ihrem inneren Auge bildlich aus sich heraus, und zwar so weit von sich weg, dass Sie es in Ruhe betrachten können und dennoch Empfindungen (im Focusing: „Felt Sense") zu ihm verspüren. Fokussieren Sie es also mit einem inneren Abstand. Das geht auch.

Wenn Sie genügend fokussiert haben, stellen Sie das Gefühl freundlich beiseite und versprechen Sie ihm, dass Sie wieder auf es zurückkommen und sich kümmern werden. Das beruhigt das Gefühl, das innere Kind in Ihnen. Auch hier müssen Sie wieder die Rolle des guten Erwachsenen einnehmen, der diesen kindlichen Anteil in Ihnen beschützt und ihm erklärt, warum es sich jetzt so fühlt und dass dies in Ordnung ist.

Eine weitere, sehr sinnvolle Maßnahme wäre, mit dem Partner oder potenziellen Partner über Ihre Probleme zu sprechen. Das ist manchmal nicht so leicht umzusetzen, denn wer seinem Partner nicht vertraut, der traut sich auch nicht, ihm von seinen Problemen zu erzählen. Meine Anregung an dieser Stelle ist, dass Sie immer wieder versuchen sollten, auf Ihre Vernunft als innere Ressource zurückzugreifen: Machen Sie sich klar, dass Ihnen heute nicht mehr viel passieren kann. Schlimmstenfalls verlässt Ihr Partner Sie. Machen Sie sich klar, dass Ihr Partner Sie erst recht irgendwann verlässt, wenn Sie so weitermachen wie bisher.

**EXKURS: Focusing –
so finden Sie den Zugang zu Ihren Gefühlen**

Ein Problem bei der psychologischen Behandlung von Bindungsängsten liegt in dem blockierten Zugang zu den eigenen Gefühlen. Die Trauer, die Angst und die Wut, die das elterliche Verhalten ausgelöst haben, liegen zumeist unter einem dicken Teppich der Verdrängung begraben. Wenn die psychischen Verletzungen sehr früh und sehr tief stattgefunden haben, können die meisten Betroffenen die weggesperrten Gefühle, selbst wenn sie dies wollen, nicht mehr aktivieren, so fest sind sie eingeschlossen in einem Verlies in den Kelleretagen des Untergrunds. Wie ich es bereits unter dem Abschnitt „Bindung und Einfühlungsvermögen" beschrieben habe, ist diese Blockade auch die Ursache für das fehlende Mitgefühl, für die Empathiestörung, die viele Betroffene bezüglich ihrer Mitmenschen aufweisen.

Die Wächter des Unbewussten, die die schmerzhaften Gefühle abschirmen, sind Grobiane. Sie können nicht gut differenzieren zwischen „guten" und „schlechten" Gefühlen. Sie schieben einen Riegel vor alle Gefühle, die zu intensiv zu werden drohen. Wo viel Licht ist, ist viel Schatten. Wer intensiv Freude und Glück spüren kann, kann auch intensiv trauern. Die Fähigkeit zum Fühlen umschließt alle Gefühle. Die Blockade auch. Deswegen beklagen Bindungsängstliche nicht selten einen grundsätzlichen Mangel an Gefühlen. Ihre Gefühle sind schwach, leise, brüchig, dumpf, wie unter einem Schalldämpfer. Es fehlen die Kontraste, wenig Licht – wenig Schatten, das Ergebnis ist ein Grauton. Was viele unter den Frühgestörten verspüren, ist ein dumpfes, trauriges Grundsummen, das sozusagen die Geräuschkulisse ihres Lebensgefühls darstellt – zumindest in Momenten der Stille, wo dieses Summen hörbar wird. Bei vielen Bindungsängstlichen fällt eine fortwährende Nervosität auf, sie können schlecht stillsitzen, halten sich ständig beschäftigt und gehen ihrer Umgebung mit ihrem Aktivismus nicht selten auf die Nerven. Durch diese Aktivität halten sie den Lärmpegel in ihrem Leben so hoch, dass sie das depressive Grundsummen nicht hören müssen. Sie sind notorisch selbst-abgewandt, nicht nur auf der Flucht vor den anderen, sondern auch auf der Flucht vor sich selbst. Die blinden Passagiere in ihnen, die Trauer, die Angst und die Wut, reisen jedoch immer mit. Dieses Leben auf der Flucht kostet viel Energie, ständig müssen sie die Gespenster in Schach halten, sich selbst unter Kontrolle und die Mitmenschen auf Abstand. Dies ist ein enormer psychischer Verwaltungsaufwand, der viel Kraft kostet. In der Jugend und in der Lebensmitte ist dieser Kraftakt meistens noch zu bewältigen, die Einbrüche erfolgen mit zunehmendem Alter, wenn die Energie knapper wird. Aber auch im Alter zeigt sich das eigentliche Thema nicht in klarer Gestalt, sondern wie immer vernebelt, verzerrt, in verschwommenen Umrissen. Sucht, psychosomatische Erkrankungen und Depressionen sind die häufigsten Folgen ihres Marathons – ihrer unermüdlichen Flucht vor sich selbst und den anderen.

Meinen Klienten sage ich immer: Die Verdrängung und die Flucht kosten sehr viel mehr Lebensenergie als das Innehalten und Sichstellen. Das tut zwar kurzfristig mehr weh, ist aber langfristig erheblich entspannender. Den Stier bei den Hörnern zu packen, ist viel energiesparender als ein Leben lang vor ihm davon zu laufen. Das Schöne an diesem Vergleich ist, dass er hinkt. So könnte die Sache mit dem Stier tatsächlich tödlich enden – die Konfrontation mit den eigenen Gefühlen jedoch nicht.

Focusing – ein Weg zu sich selbst: Die Frage ist nur, wie man den Schlüssel zu dem Verlies wiederfindet, in dem die

Trauer und die Wut eingesperrt sind. Da gibt es einen Weg, den ich im Folgenden mit Ihnen beschreiten möchte. Dieser Weg heißt „Focusing" – das englische Wort für fokussieren. Er wurde gefunden von Eugene Gendlin, einem amerikanischen Philosophen und Psychotherapeuten. Zur Vertiefung empfehle ich Ihnen das Buch von Eugene Gendlin (siehe Anhang) und/oder eine unterstützende Psychotherapie mit Focusing (Adressen im Internet und Anhang).

Gendlin war ein enger Mitarbeiter von Carl Rogers, dem Vater der Gesprächspsychotherapie. Gendlin fragte sich, warum einige Psychotherapien erfolgreich verlaufen und andere nicht. Dieser Frage ging er anhand von Hunderten von Tonbandaufzeichnungen von Therapiesitzungen nach. Und er fand eine Antwort: Klienten, die sich in einer Psychotherapie erfolgreich weiterentwickelten, hatten während der Gespräche einen guten Kontakt zu ihren Gefühlen. Die Therapie lief also nicht einfach nur über den Kopf ab. Folglich überlegte Gendlin, wie man diesen Kontakt aktiv und gezielt fördern kann, woraus sich seine Methode, das Focusing, entwickelte.

Beim Focusing geht es darum, sich auf jene Körperempfindungen zu konzentrieren und mit ihnen in einen inneren Dialog zu treten, die sich in der Körpermitte abspielen, also im Bauch und Brustraum. Gemeint ist eine Empfindungsebene, die sich beispielsweise wie „Kribbeln", ein „enges Gefühl auf der Brust", ein „Ziehen im Magen" oder ein „Druck" bemerkbar macht. Es geht also um diese scheinbar kleinen Empfindungen, die man oft gar nicht richtig wahrnimmt und wenn man sie spürt, häufig nicht näher einordnen oder benennen kann. Für das Focusing sind genau diese unklaren „Bauchgefühle" interessant. Sie begleiten uns häufig, ohne dass wir ihnen weitere Beachtung schenken. Manchmal nehmen wir sie aber auch wahr. Zum Beispiel haben wir beim Verlassen des Hauses so ein „komisches Gefühl", irgendetwas vergessen zu haben. Der Verstand überlegt und plötzlich fällt ihm ein: die Einkaufsliste! Und prompt verändert sich das Gefühl im Magen oder in der Brust, es entspannt sich und der Körper weiß, es ist die richtige Antwort. Wir empfinden „Erleichterung." Diese kleinen körperlichen Empfindungen, die manchmal auch mit dem Wort „Intuition" beschrieben werden, enthalten Botschaften aus dem Unbewussten, die man entschlüsseln kann, wenn man ihnen „zuhört".

Was Gendlin damals durch reine Reflexion und Erprobung herausfand, ist inzwischen, Jahrzehnte später, durch neurobiologische Studien bestätigt worden. Es scheint tatsächlich so zu sein, dass sich das unbewusste Wissen eines Menschen in diesen kleinen Empfindungen häufig einen Weg zum Bewusstsein bahnt und dort sozusagen anklopft. Und dass das, was wir gemeinhin Intuition oder Bauchgefühl nennen, schlichtweg ein Datensatz an Information ist, der irgendwo in unserem Gedächtnis abgespeichert ist. Zu diesen Informationen haben wir normalerweise keinen direkten Zugriff, weil unser Bewusstsein nur eine begrenzte Menge an Daten verwalten kann. Dieser Datensatz besteht aus Erfahrungswissen und aus angelerntem Wissen. Um effektiv zu arbeiten, kann unser Gehirn immer nur mit einer begrenzten Menge an Information zu einem Zeitpunkt umgehen. Wenn uns beispielsweise beim Autofahren alles, was wir wissen und was wir schon einmal erlebt haben, präsent wäre, dann könnten wir unmöglich noch den Verkehr überblicken. Folglich steht unserem Bewusstsein immer nur ein Minimum dessen zur Verfügung, was wir tatsächlich wissen. Dies gilt auch für Erfahrungen, die unserem Sprachbewusstsein nicht zugänglich sind, weil sie zu einem Zeitpunkt gemacht wurden, zu dem wir noch nicht sprechen konnten. Die Erfahrungen, die wir in den ersten zwei Lebensjahren gemacht haben, präsentieren sich vorwiegend als eine körperliche Empfindung.

Diese unbewussten Informationen treten nun manchmal als „gefühltes Ganzes" in unser Bewusstsein ein und im Focusing geht es darum, sie zu entschlüsseln und zu verstehen.

Der innere Prozess, den ich im Folgenden mit Ihnen beschreiten will, ist zum Lernen in einzelne Schritte aufgeteilt. Je geübter Sie werden, desto mehr werden Sie diesen Prozess als ein Ganzes empfinden, die einzelnen Schritte (Gendlin spricht von „Bewegungen") grenzen sich dann nicht mehr so mechanisch voneinander ab.

- *Freiraum schaffen*
Entspannen Sie sich. Versuchen Sie ganz ruhig zu sein. Richten Sie Ihre Aufmerksamkeit auf Ihr Inneres. Nehmen Sie wahr, wie Sie atmen, wie tief Ihr Atem geht, ob er irgendwo stockt? Tun Sie dies ohne Absicht und ohne Bewertung, nehmen Sie es einfach nur wahr.

Wahrscheinlich gehen Ihnen jetzt Gedanken oder irgendwelche Probleme durch den Kopf, nehmen Sie sie wahr, aber sozusagen nicht ernst. Versuchen Sie einen inneren Abstand zwischen sich und diesen Gedanken und Problemen herzustellen. Reihen Sie sie auf und treten Sie innerlich einen Schritt zurück. Gendlin schreibt: „Wahren Sie so munter wie möglich Abstand davon", und sagen Sie sich, „abgesehen davon, geht es mir gut!"

Sie können auch versuchen, die Probleme vor Ihrem inneren Auge einfach herauszustellen, zum Beispiel in eine weit entfernte Ecke des Raumes, in dem Sie sich gerade befinden. Stapeln Sie sie dort auf und bewahren Sie den Abstand. Sie können sich sagen, „Ah ja, da ist wieder dieses Problem mit meiner Chefin. Und da taucht wieder dieses altbekannte nervöse Gefühl auf; und da war noch der Streit mit meinem Sohn heute morgen ..., aber abgesehen davon, geht es mir gut."

Es können aber auch ganz banale Dinge sein, die Ihre Aufmerksamkeit stören. Versuchen Sie einfach ein bisschen inneren Abstand zwischen sich und diesen Störungen herzustellen, sodass ein innerer Freiraum für die folgenden Schritte verbleibt.

- *Die Empfindung kommen lassen – der „Felt Sense"*
Um ein Gespür dafür zu bekommen, auf welche Ebene wir uns jetzt begeben, möchte ich Sie bitten, sich einmal einen Ort vorzustellen, an dem Sie sich sehr gern aufhalten. Spüren Sie nach innen, wie Ihre Körpermitte auf diese Vorstellung reagiert – welche Empfindungen tauchen auf? Wenn Sie diese gespürt haben, dann denken Sie an einen Ort, den Sie überhaupt nicht mögen, und spüren erneut, wie es sich da drinnen anfühlt. Die meisten von Ihnen werden innerlich den Unterschied wahrgenommen haben. Wenn Sie gar nichts spüren, kann das entweder daran liegen, dass Sie sich im Moment schlecht entspannen und konzentrieren können oder dass Sie sehr wenig Zugang zu dieser Empfindungsebene haben. Dann ist es wichtig für Sie, diesen ein wenig zu trainieren, sowohl mit den folgenden Schritten als auch im Alltag. Ich empfehle Ihnen, sich im Alltag zwischendurch immer mal wieder die Frage zu stellen „Wie fühlt sich das da drinnen jetzt an?" und Ihre Aufmerksamkeit kurz auf Ihre inneren Empfindungen zu richten. Nehmen Sie auch sehr kleine Empfindungen, die auftauchen können, ernst. Diese Empfindungen, Gendlin spricht vom „Felt Sense" (gefühlter Sinn), haben immer etwas zu bedeuten. Sie können Sie sich wie die Spitze vom Eisberg vorstellen: Eine kleine Empfindungsspitze erreicht Ihre bewusste Wahrnehmung und dahinter verbirgt sich ein großer Datensatz an Information, der Ihnen sehr viel über sich selbst verraten kann. Wenn Sie nur Leere spüren, dann wenden Sie dieser Empfindung Ihre Aufmerksamkeit zu: Wie ist es mit dieser Leere zu sein? Akzeptieren Sie die Leere, nehmen Sie sie wahr und spüren, wie es ist, diese Leere in sich zu fühlen.

Nach dieser kleinen Vorübung wenden Sie Ihre Aufmerksamkeit dem Problem zu, mit dem Sie sich befassen möchten. Hierfür fragen Sie sich: Wie fühlt sich das Ganze mit (hier nennen Sie Ihr Problem) an? So können Sie beispielsweise fragen: Wie fühlt sich das Ganze mit engen Beziehungen an? Oder: Wie fühlt sich das Ganze an, meiner

Freundin zu vertrauen? Oder: Wie fühlt sich das Ganze mit meiner Mutter an? Oder: Wie fühlt sich das Ganze an, mal Nein zu sagen? Oder: Wie fühlt sich das Ganze an, wenn ich mit meinem Partner Händchen haltend durch die Stadt gehe? Sie können also jede beliebige Fragestellung, die Sie beschäftigt und der Sie näher kommen wollen, einfügen.

Richten Sie die Frage in Ihre Körpermitte und warten Sie einfach ab, welche Empfindung sich einstellt. Nehmen Sie diese wahr. Aber: Versuchen Sie nicht, Ihr Problem jetzt zu analysieren, wie Sie es normalerweise wahrscheinlich tun würden. In diesem Stadium werden eine Menge Gedanken auf Sie einstürzen, psychologische Theorien, Selbstvorwürfe und nervige, alt bekannte Kommentare. Stellen Sie diese beiseite. Konzentrieren Sie sich ausschließlich auf die Empfindung, die auftaucht, auf den Felt Sense. Sagen Sie Ihren inneren Stimmen, die ständig dazwischen plappern wollen: „Ja, ja, ich weiß, ich werde später auf Euch zurückkommen. Jetzt spüre ich nur, wie es sich in mir anfühlt."

Die Kopfstimmen zu bezähmen kostet etwas Übung und Geduld. Schließlich sind wir es gewöhnt, unsere Probleme zu analysieren. Der Annäherung an das Problem über den Felt Sense ist ungewöhnlich, aber sehr lohnenswert. Wonach Sie suchen müssen, ist die gefühlte „Ausstrahlung" des Problems, die Aura sozusagen. Es interessieren jetzt nicht die einzelnen Aspekte, die sicherlich komplex und verästelt sind. Versuchen Sie die Melodie des Problems und nicht die einzelnen Töne zu hören beziehungsweise zu spüren.

Ein Beispiel: Als ich eine Klientin bat, zu spüren, wie sich das Ganze anfühlt, wenn Ihr Freund sie umarmt, erklärte sie: „Es ist so ein brennendes Gefühl im Magen." Diese Ebene ist gemeint, nach dieser müssen Sie suchen. Ich zitiere Gendlin: „Der Felt Sense ist das umfassende, unklare Gefühl, das das ganze Problem in Ihnen auslöst. Die meisten Leute beachten ihn nicht, denn er ist dunkel, vage, verschwommen. Wenn Sie ihn erstmals wahrnehmen, werden Sie vielleicht sagen: ‚Ach, das ist es? Damit soll ich mich beschäftigen? Aber das ist ja nur ein unbequemes Nichts!' Ja, genauso empfindet Ihr Körper dieses Problem, und diese Empfindung ist auf den ersten Blick unklar".

Es kann in diesem Stadium auch passieren, dass eine alte Erinnerung auftaucht. So haben Sie beispielsweise die Frage gestellt, „Wie fühlt sich das Ganze an, wenn meine Freundin mich bittet, noch einen Tag länger zu bleiben?" und Peng, eine alte Kindheitserinnerung ist plötzlich da: Sie sehen Ihre Mutter mit traurigen Augen, weil Sie einen Freund besuchen wollten, anstatt daheim zu bleiben. Dann spüren Sie nach, ob das Ganze mit Ihrer Freundin und das mit Ihrer Mutter sich sehr ähnlich anfühlen. Wenn ja, dann arbeiten Sie am besten direkt mit Ihrer Mutter weiter, denn dann ist Ihr Problem schon in eine weitere Prozessstufe der Verarbeitung geraten. Arbeiten Sie dann also mit dem Felt Sense zu dieser Erinnerung weiter. Wenn nein, spüren Sie nach, welches Problem jetzt dringlicher ist, das mit Ihrer Freundin oder mit Ihrer Mutter und entscheiden danach, woran Sie weiter arbeiten möchten.

- *Den Felt Sense beschreiben, einen „Griff" finden*
Wenn sich der Felt Sense eingestellt hat, versuchen Sie ein Eigenschaftswort für ihn zu finden. Lassen Sie zu dem Felt Sense ein passendes Wort oder einen Satz auftauchen (Gendlin nennt dies, einen „Griff" finden). Auch hier: Suchen Sie nicht mit dem Kopf, sondern lassen Sie das Wort/den Satz aus Ihrem Körperinneren entstehen. Solche Eigenschaftswörter können zum Beispiel sein: mulmig, nervös, stechend, kribbelnd, schwer. Aber auch Wortkombinationen wie traurig-ängstlich, dunkel-einsam, kurzatmig-stechend usw. sind in Ordnung. Ebenso wie ganze Sätze: Es ist wie in einer kleinen Zelle eingeschlossen zu sein. Wie wenn ich keine Luft kriegen würde. Wie wenn ich keine Haut hätte usw. Es kann auch ein Bild anstatt eines Wortes oder Satzes auftauchen, zum Beispiel Eisschollen, Feuer,

eine dunkle Kammer. Versuchen Sie nicht innerlich zu argumentieren und zu analysieren, nehmen Sie an, was von innen heraus entsteht.

Wenn das passende Wort, Satz, Bild gekommen ist, kann schon eine kleine Veränderung in Ihnen passieren. So wie sich der Körper entspannt und sich ein Erleichterungsgefühl einstellt, wenn er sich an die „Einkaufsliste" erinnert. Vielleicht kennen Sie dieses Gefühl auch aus Gesprächen: Sie suchen nach einem treffenden Wort und plötzlich fällt Ihnen genau der passende Begriff ein. Da entsteht so ein kleines Entspannungsgefühl: „Ja, genau das ist es!" Gendlin bezeichnet diese kleinen Veränderungen in Richtung Erleichterung als „Shift", also als einen Wechsel, eine Änderung. Die Shifts zeigen immer eine Veränderung im Sinne eines gefühlten Verstehens an. Auch dies kennen Sie vermutlich aus Gesprächen: Sie erzählen jemandem ein Problem (welcher Art auch immer, es kann auch ein technisches Problem sein), aber es fällt Ihnen irgendwie schwer, die Sache auf den Punkt zu bringen, weil sie Ihnen selbst noch nicht so richtig klar ist. Und dann formuliert Ihr Gesprächspartner plötzlich diesen Punkt, er findet genau das richtige Wort oder den richtigen Satz. Und plötzlich entsteht so ein Shift der Erleichterung, man fühlt sich verstanden und auch einen kleinen Schritt weiter. Das Interessante hierbei ist, dass allein das Sich-verstanden-fühlen erleichternd ist, auch wenn Ihr Gesprächspartner Ihnen mit seiner Formulierung möglicherweise erstmals ins Bewusstsein rückt, wie schlimm die Situation tatsächlich ist.

- *Den Griff mit dem Felt Sense vergleichen*

Wenn Sie ein Wort, Bild, Satz gefunden haben, vergleichen Sie dieses erneut mit Ihrer Empfindung, mit dem Felt Sense. Hierfür ist es wichtig, dass Sie den Felt Sense noch mal deutlich spüren. Dieser geht nämlich manchmal mit dem passenden Wort verloren. Also spüren Sie bitte noch mal den Felt Sense und fragen Sie diesen (nicht Ihren Kopf), ob das richtig ist? Wenn das Wort, das sich eingestellt hat, zum Beispiel „Angst" ist, dann fragen Sie innerlich: „Ist das, was ich da fühle, Angst?" Falls ja, dann fühlt es sich „passend", irgendwie „erleichtert" an. Falls diese zustimmende Empfindung ausbleibt, dann gehen Sie noch einmal in sich. Warten Sie, was passiert, drängen Sie Ihrer Empfindung keine Antworten auf. Denn damit würden Sie die innere Wahrheit blockieren. Es ist nämlich wahrscheinlich, dass Sie eine Reihe von alten Antworten in Ihrem Kopf gespeichert haben, aber diese müssen nicht unbedingt richtig sein. Wenn Sie zu einer Kopfantwort greifen, dann beschneiden Sie sich der Möglichkeit, einen tiefen Eingang zu Ihrem unbewussten Wissen zu finden. Bleiben Sie geduldig und hören Sie in sich hinein.

Es kann passieren, dass sich in diesem Prozess die Worte und die Empfindungen ändern. Vielleicht hat sich der Felt Sense schon verändert? Dies ist oft ein Zeichen, dass Sie schon einen Schritt tiefer in Ihr Problem eingedrungen sind. Lassen Sie das zu. Sagen Sie sich immer wieder behutsam die Worte vor und spüren Sie Ihren Felt Sense. Lassen Sie sowohl den Felt Sense als auch die Worte tun, was sie wollen. Versuchen Sie nicht, das Geschehen mit Ihrem Kopf zu steuern.

Ein Beispiel: Ein Klient beschrieb mir in einer Therapiesitzung seine Probleme mit seiner Ehefrau. Er fühlte sich von ihr bevormundet und wusste sich häufig nicht richtig zu wehren. Ich bat ihn dann, einmal zu spüren, wie sich das Ganze mit der Ehefrau innerlich anfühlt.

Der Klient antwortete: Es ist, wie wenn sich mir ein Stein auf die Brust legt.

Therapeut: Ah ja, wie ein Stein auf der Brust ... (Vergleich von Eigenschaftswort und Felt Sense).

Klient: Nein, eigentlich ist es eher, wie wenn mich etwas ganz tief nach unten zieht (der Klient hatte noch einmal nachgespürt und korrigiert).

Sehr wichtig ist, dass Sie immer wieder den Kontakt zu der Empfindung, zu dem Felt Sense, herstellen, denn dieser kann auch leicht wieder verloren gehen. Wenn Sie merken, dass der Felt Sense verloren gegangen ist, dann halten sie inne, sagen sich das Problem oder das Eigenschaftswort noch einmal vor und warten, dass er sich wieder einstellt. Wenn er auf diesem Wege nicht zurückkommt, gibt es einen kleinen Trick: Denken Sie an Ihr Problem und sagen Sie sich, ah ja, dann scheint ja alles wieder gut zu sein! Meistens kommt der Felt Sense dann wieder zurück, um dieser Aussage zu widersprechen.

- *Dem Felt Sense Fragen stellen*

Wenn Sie jetzt einen Felt Sense zu Ihrem Problem haben und den passenden Griff dazu, können Sie noch einen Schritt weitergehen, indem Sie dem Felt Sense Fragen stellen. Im obigen Beispiel habe ich den Klienten gefragt: „Was an dem ganzen Problem mit Ihrer Frau macht es denn so tief runterziehend?" Sie nehmen also genau den Griff, also das Wort, den Satz, den Inhalt des Bildes und fragen den Felt Sense direkt, worum es geht. Wenn Ihr Griff zum Beispiel „kribbelig" heißt, dann fragen Sie den Felt Sense, „Was macht es denn an dem ganzen Problem so kribbelig?" Je nachdem, welchen Griff Sie einsetzen, kann dies zu etwas ungebräuchlichen Formulierungen führen, wie im obigen Beispiel, „Was macht es denn so tief runterziehend?" sagt ja normalerweise kein Mensch. Stören Sie sich nicht daran, je präziser Sie Ihren Griff an den Felt Sense zurückgeben, desto besser kann dieser antworten. Apropos antworten: Es ist ganz wichtig, dass Sie die Antwort nicht aus dem Kopf kommen lassen. Ihr Kopf wird wahrscheinlich eine Antwort bereitliegen haben und diese Ihnen aufdrängen wollen. Hierbei handelt es sich zumeist um alte Problemanalysen, Antworten, die Sie schon lange kennen. Stellen Sie diese Antworten beiseite und hören Sie, was der Felt Sense antwortet. Fragen Sie den Felt Sense so, wie Sie einem Freund oder einer Freundin eine Frage stellen würden: Sie fragen und warten die Antwort ab.

Besonders in dieser Phase können als Antworten alte Bilder und Erinnerungen auftauchen. Manche Menschen sind hier geneigt, diese als zu „absurd" oder zu „weit hergeholt" wegzuwischen. Nehmen Sie bitte die Antworten ernst, die aus Ihrem inneren Felt Sense kommen. Hierin liegt genau der Zauber des Focusings, nämlich dass Sie auf Wahrheiten stoßen, die Ihr Verstand so nicht hätte herausfinden können und die er vielleicht auch erst einmal gar nicht wahrhaben will. Der Unterschied zwischen Kopfantworten und Felt-Sense-Antworten lässt sich daran erkennen, dass Kopfantworten meistens schnelle Analysen sind, die Ihr Geist hervorbringt. Sie lassen keinen Raum mehr für einen direkten Kontakt mit Ihrem Felt Sense.

Wenn Sie eine Antwort haben, spüren Sie wieder nach, wie sich der Felt Sense nun anfühlt. In der Regel verändert er sich, weil Sie Ihrem Problem einen Schritt näher gekommen sind und Ihr Felt Sense sich verstanden fühlt.

Bei dem oben genannten Klienten lautete die Antwort: „Weil ich mich nicht wehren darf!", und es tauchten eine Reihe alter Kindheitserinnerungen auf. Hiermit veränderte sich sein Felt Sense, von „tief runterziehen" zu „einsam". Er erinnerte sich plötzlich, dass sein Vater ihn bei Widerworten häufig auf sein Zimmer geschickt und ihn von gemeinsamen Mahlzeiten ausgeschlossen hat. Ich bat den Klienten dann, bei diesem einsamen Gefühl etwas zu verweilen. Er spürte dann sehr deutlich, dass er im tiefsten Inneren „sich wehren" mit „Einsamkeit" gleichsetzte.

Falls Sie keine Antwort erhalten beziehungsweise die Antwort sehr unklar bleibt, dann setzen Sie sich nicht unter Druck. Versuchen Sie es mal mit dieser Frage: „Was ist das Schlimmste daran?" oder auch: „Was ist das Traurigste daran?" Wenn Ihr Griff beispielsweise „traurig" lautete. Gendlin schlägt auch noch die folgende Frage vor: „Was bräuchte es, damit ich mich gut fühle?" Falls Sie auch auf diese Fragen keine Antworten erhalten, lassen Sie es dabei bewenden und versuchen Sie es ein anderes Mal. Focusing soll kein Stress sein, sondern eine angenehme Zeit, die Sie mit sich verbringen.

- *Antworten annehmen und aufbewahren*
Was Ihnen auch immer Ihr Felt Sense gesagt hat, akzeptieren Sie es. Sie müssen es nicht glauben oder in die Tat umsetzen, sondern lediglich als Botschaft/Antwort annehmen. Es ist auch nicht das letzte Wort. Sie werden mit weiteren Focusing-Prozessen weitere Antworten bekommen. Ein Shift kann Ihnen auch eine Lösung nahegelegt haben, die Sie für den Moment gar nicht akzeptieren können, so beispielsweise Ihren Job an den Nagel zu hängen. Nehmen Sie solche Botschaften einfach als richtungweisend an, etwa dass es beruflich einer Veränderung bedarf. Wie diese im Einzelnen ausfallen wird, kann sich noch später klären. Beschützen Sie den erlebten Shift vor kritischen, negativen Stimmen, die sich einstellen mögen, wie: Ist das denn realistisch? Oder: Was bringt mir das alles, wenn ich mich doch nicht ändern kann? Möglicherweise haben sie Recht, aber es ist jetzt nicht an der Zeit mit ihnen zu diskutieren. Gendlin sagt: „Lassen Sie nicht zu, dass Sie Zement auf das soeben entsprossene zarte Pflänzchen werfen."

Lassen Sie Ihrem Felt Sense einen Raum, in dem er sein darf. Halten Sie auch hier ein wenig inneren Abstand ein, gehen Sie nicht völlig hinein in dieses Gefühl. Versprechen Sie ihm, wenn Sie jetzt mit Ihrer Focusing-Sitzung aufhören, dass Sie zu einem späteren Zeitpunkt zu ihm zurückkommen werden.

Das Focusing ist eine sehr hilfreiche Methode, um besser mit sich in Verbindung zu kommen. Auch wenn es leichter ist, einen Focusing-Prozess unter Anleitung durchzuführen, so ist er doch auch sehr geeignet zur Selbsthilfe. Dies gilt natürlich nicht nur für Menschen mit Bindungsproblemen, sondern schlichtweg für alle, die sich persönlich weiterentwickeln wollen.

6. Nehmen Sie Ihre Schuldgefühle ernst

Schuldgefühle spielen in bindungsängstlichen Beziehungen häufig eine wichtige, wenn auch unterschwellige Rolle. Schuldgefühle beschäftigen Bindungsängstliche in zweierlei Hinsicht:

1. Weil sie die Liebe des Partners und seine Erwartungen nicht so erfüllen können, wie dieser es sich wünscht.
2. Weil sie so etwas wie eine „existenzielle Grundschuld" verspüren, die eng an ihr geringes Selbstwertgefühl gekoppelt ist.

Zu 1. Auch wenn viele Bindungsängstliche recht skrupellos in der Wahl ihrer Mittel sind, mit denen sie sich den Partner vom Leib halten, verspüren viele ein gewisses Unbehagen, sogar Gewissensbisse, bevor sie zu ihren Abwehrmanövern greifen. Paradoxerweise sind es sogar manchmal gerade diese Schuldgefühle, die sie so grob agieren lassen. Menschen mit Beziehungsängsten spüren durchaus, dass sie dem Partner etwas schuldig bleiben. Denn in ihrem Innern wollen sie ja die Erwartungen und Wünsche des Partners erfüllen. Da sie die Erwartungen jedoch nicht erfüllen können, ohne sich nach ihrer subjektiven Überzeugung „ans Messer zu liefern", stecken sie in einem Dilemma fest. So brauchen sie ihre Unabhängigkeit, gleichzeitig wissen sie aber auch oder ahnen es zumindest, dass die Ansprüche des Partners durchaus ihre Berechtigung haben. Schuldgefühle häufen sich in ihnen an. Diese bewirken wiederum, dass sie die Ansprüche des Partners als umso bedrängender und unangenehmer empfinden. In der Eskalation dieses Teufelskreises können die Schuldgefühle in „Schluss machen" münden, um sich ihrer mitsamt dem Partner zu entledigen. Bevor es jedoch so weit kommt, findet der altbekannte Tanz zwischen Annäherung und Distanzierung statt: einen Schritt vor, zwei zurück, einmal im Kreis und wieder von vorne.

Zu 2. Ein weiteres Problem, das den meisten Bindungsängstlichen zu schaffen macht, ist das Empfinden einer „existenziellen Grundschuld". Kinder, die sich nicht geliebt fühlen, zu viel gegängelt werden, deren Eltern sich ständig streiten oder sich scheiden lassen, neigen fast ausnahmslos dazu, sich die Schuld für das

Geschehen zu geben. „Wenn Mama und Papa mich nicht lieb haben, dann ist das so, weil ich verkehrt bin. Wenn Mama und Papa immer meckern, dann ist das so, weil ich nicht gut genug bin. Wenn Mama und Papa sich immer streiten, dann ist das so, weil ich mein Zimmer nicht aufgeräumt habe" usw. Das niedrige Selbstwertgefühl, das aus den frühen Lebenserfahrungen resultiert, ist eng mit dem Erleben von Schuld verbunden. In besonders ernsten Fällen geht dies bis hin zu dem Erleben eines Gefühls der Schuld, weil man „überhaupt auf der Welt" ist. Ich möchte hier noch einmal an die frühen Lebenserfahrungen von ängstlichen und gleichgültigen Bindungsvermeidern erinnern, nämlich an die Empfindung, auf dieser Welt nicht willkommen zu sein. Wer mit so vielen Schuldgefühlen und mit der tiefen, wenn auch nicht unbedingt bewussten Überzeugung „ich bin nicht gut genug" eine Liebesbeziehung antritt, tut sich sehr schwer zu glauben, dass er geliebt wird, und er tut sich sehr schwer, diese Zuneigung überhaupt auszuhalten. „Ich habe das nicht verdient", lautet die schlichte Überzeugung. Für die Betroffenen ist die Zuneigung des Partners wie ein Geschenk, das enorm großzügig ist und weit über die eigenen finanziellen Verhältnisse hinausgeht. Hierdurch kann ein unangenehmer Druck entstehen, dem anderen etwas schuldig zu bleiben, sich nicht angemessen revanchieren zu können. Noch viel, viel unangenehmer, viel „schuldiger" fühlt es sich jedoch an, wenn dieses Geschenk unverdiente (!) Liebe heißt. Deswegen bleibt manchmal nur eine Wahl: das Geschenk zurückzuweisen. Dies ist auch allemal besser, als wenn der Geber irgendwann selbst dahinter kommt, dass seine Liebe den oder die Falsche/n trifft.

Um einen Ausstieg aus Ihren Schuldgefühlen zu finden, ist es im ersten Schritt wichtig, diese zur Kenntnis zu nehmen und sie zu akzeptieren. Schuldgefühle wenden sich fast immer gegen denjenigen, auf den sie gerichtet sind. Das ist das Tückische an Schuldgefühlen: Man neigt dazu, sie dem anderen zu verübeln, und entwickelt Aggressionen gegen die betreffende Person. Versuchen Sie, mithilfe der anderen Empfehlungen, die ich Ihnen erteilen werde (hier möchte ich ausdrücklich auf den Abschnitt 8 „...Sprache" verweisen), Ihrem Partner einfach weniger schuldig zu bleiben, dann reduzieren sich auch Ihre Schuldgefühle. Ganz verkehrt wäre es, wenn Sie sich aus lauter Schuldgefühlen noch rarer machen oder die Beziehung gar beenden. Wenn Sie sich Ihren Ängsten stellen, dann stellen Sie sich auch automatisch Ihren Schuldgefühlen, denn je mehr Sie an Ihren Verhaltensmustern arbeiten, desto beziehungsfähiger werden Sie, umso weniger nagen an Ihnen Gewissensbisse, dass Sie Ihren Partner zu kurz kommen lassen oder ihn unfair behandeln.

Wenn Sie so etwas wie eine „existenzielle Grundschuld" darüber verspüren, dass Ihr Partner Ihnen überhaupt so viel Zuneigung entgegenbringt, dann sollten Sie wiederum Ihr inneres Kind beruhigen, dass fälschlicherweise annimmt, es habe diese Zuwendung gar nicht verdient. Wie ich in den obigen Abschnitten bereits ausgeführt habe, ist es ganz wichtig, dass Sie lernen, Freundschaft mit sich zu schließen. Je näher Sie an die innere Überzeugung gelangen „Ich bin okay!", desto besser können Sie es annehmen, wenn Ihr Partner das genauso sieht. Menschen, die sich selbst lieben, können es sehr gut aushalten, geliebt zu werden „Ja klar, warum denn nicht?", denken sie. Menschen, die sich hingegen nicht mögen, können es kaum verstehen und auch schwer aushalten, wenn ein anderer sie viel besser einschätzt als sie sich selbst. Das fühlt sich dann irgendwie unverdient und falsch an. Wie bereits weiter oben beschrieben wurde, ist ein geringes Selbstwertgefühl das Epizentrum der Bindungsangst. Deswegen gelten für den Umgang mit Schuldgefühlen dieselben Empfehlungen. Ihr innerer Erwachsener muss hier noch mal „richtig ran."

Eine Antwort auf das Schuldgefühl ist auch die für Bindungsängstliche typische Trotzreaktion. Das Kind in ihnen trotzt und schmollt und zieht sich in sein einsames Versteck zurück: „Bleib mir bloß fort mit deinen blöden Gefühlen, ich will die nicht!" Die bereits erwähnte „Saure-Trauben-Politik" wirkt auch bei den Schuldgefühlen: „Ich will nicht. Ich kann nicht. Bringt sowieso nix. Lass mir meine Ruhe. Geh woanders hin!" Hinter der Fassade der Abwehr will das Kind natürlich genau das Gegenteil: Heimlich wünscht es sich, der andere würde kommen und sich den Weg über die Mauer und das Dornengestrüpp zu ihm freikämpfen. Diese heimliche Hoffnung gepaart mit dem extremen Zweifel daran, dass sich jemals ein Mensch zu ihm durchkämpfen wird, führt zu den brutalsten Abwehrmanövern, die ich im nächsten Abschnitt unter die Lupe nehmen werde.

7. Unterlassen Sie es, den Partner auf die Probe zu stellen

Neben all den psychologischen Motiven, die bei Bindungsängstlichen teils bewusst, teils unbewusst hinter ihren Abwehrmanövern stecken, kommt ein Weiteres hinzu, das ich bislang noch nicht erwähnt habe: Beziehungsphobiker neigen dazu, die Beziehung und den Partner immer wieder auf die Probe zu stellen. Nach dem Motto „Mal sehen, ob du mich dann immer noch willst". Es sei vorweggenommen, dass der Partner die Probe nie bestehen kann. Ganz einfach aus dem Grunde, weil die Bindungsangst im Bindungsängstlichen verankert ist und nicht im Partner. Hat der Partner die eine Probe bestanden, kann der Bindungsängstliche zwar kurz aufatmen, aber wer sagt ihm denn, dass der Partner ihn morgen immer noch will? Da es immer ein Morgen gibt, werden auch immer neue Proben gestellt, die nicht selten an Härtegraden zunehmen. Dieses Spielchen setzt sich so lange fort, bis der Partner tatsächlich irgendwann das Handtuch wirft, womit sich der Bindungsängstliche das bewiesen hat, was er schon vorher wusste: „Jeder verlässt mich." Oder die Achterbahnbeziehung setzt sich als Hass-Liebe so lange fort, bis der Bindungsängstliche sich mit der Gewissheit zur letzten Ruhe legt, dass der Partner ihn nie wirklich geliebt hat.

Sonja zeigte mir eine E-Mail, die sie von Andy erhalten hatte. Sie hatte drei Jahre lang gekämpft, damit Andy sich auf eine feste Beziehung mit ihr einließe. Es waren drei quälende Jahre für Sonja gewesen. Begegnungen von intensivster Leidenschaft und Liebe wurden immer wieder abgelöst von Verkündigungen Andys, er könne nicht treu sein und er könne nicht in einer festen Beziehung leben. Jedes Mal, wenn er sie sehe, würde er sich neu in sie verlieben, „aber wenn ich dich nicht sehe, vergesse ich dich auch irgendwie immer wieder". Zwischen den Treffen gebe es keine gefühlte Verbindung, erklärte er ihr. In den guten Momenten der Nähe sagte er ihr hingegen, dass er noch nie eine Frau so sehr wie sie geliebt habe und sie der wichtigste Mensch in seinem Leben sei. Es war ein dreijähriges Drama von intensivster Nähe und anschließend „mit naturgesetzlicher Sicherheit brutalster Abweisung", wie Sonja es formulierte. Nach drei Jahren des Leidens und der Leidenschaft ging Sonja die Puste aus. Sie beschloss, ihre Hoffnung zu begraben, dass Andy sich je ändern würde und wandte sich von ihm ab. Einige Wochen später erhielt sie die folgende E-Mail von Andy: „Du hast einmal gesagt, dass ich eine Bedeutung in deinem Leben – einen Platz eingenommen habe, und das hat mich berührt. Ich weiß, dass das eigentlich selbstverständlich ist, aber erst jetzt habe ich das wirklich ‚gefressen'. Ich muss nicht nur anfangen, das zu genießen, sondern auch zu akzeptieren. Es ist nämlich so: Ich freue mich darüber sehr, aber ich akzeptiere es nicht. Ich teste es, stelle es auf die Probe, mache es unmöglich, schinde es ... und schaue, ob es dann noch da ist." Sonja rang drei Wochen mit sich, ob sie nach dieser Mail noch einmal auf Andy zugehen sollte. Schließlich siegte die Hoffnung und sie traf sich mit ihm in einem Bistro. „Mit klopfendem Herzen saß ich vor ihm. Wir sprachen zunächst über Belanglosigkeiten, er erwähnte die Mail nicht. Schließlich sprach ich ihn darauf an. Er sagte, er wüsste gar nicht mehr so genau, was er da geschrieben habe. Und dann erzählte er mir, dass er wieder Kontakt zu einer früheren Geliebten aufgenommen habe. Schlagartig hatte ich tausend Messer im Bauch – darauf war ich nicht vorbereitet gewesen. Mit letzter Kraft habe ich es noch geschafft, ohne in Tränen auszubrechen aus dem Bistro zu kommen."

„Locken und blocken", so hätte die Überschrift dieses Buches auch lauten können. Die Motive, die Bindungsphobiker dazu bringen, den Partner immer wieder auf die Probe zu stellen und ihn abzuwehren, sind eng miteinander verwoben. Es ist schwer zu analysieren, welcher Anteil „Probe" und welcher Anteil „Abwehr" ist. Wollte Andy mit seiner Verkündigung, er schlafe wieder mit einer früheren Geliebten, Sonja testen oder wollte er sie „wegschießen", weil er es inzwischen bereute, ihr die E-Mail überhaupt geschrieben zu haben? Oft spielen beide Motive eine Rolle. Jedoch wie so oft kann selbst der Betroffene meist nicht genau sagen, warum er so handelt.

Das Beispiel von Andy und Sonja zeigt, mit welcher Härte verhandelt und getestet wird und dass der Partner oder der Mensch, der gern der Partner wäre, wenig Chancen hat, das Programm mit zu gestalten.

Hinter der Erprobung der Partnerschaft verbergen sich massive trotzgeladene Aggressionen. Das innere Kind ist wütend und verhält sich böse, weil es ja sowieso nicht bekommt, was es will. Das innere Kind denkt: „Ich zeige dir mal, wie böse ich bin, dann wirst du ja sehen, was du von mir hast!" Es ist in Streitlaune, es will provozieren und schikanieren. Es will auch die Macht haben, dem anderen wehzutun. So wie ihm immer wehgetan wurde und wehgetan wird. Der Schmerz in den Augen des Gegenübers führt zu einer gewissen Befriedigung. Das versteckte Machtmotiv, das bei Bindungsängstlichen immer eine wichtige Rolle spielt, ist am Steuer.

Der Schmerz des anderen führt aber auch zu einer gefühlten Empathie mit sich selbst. Das Leid des anderen aktiviert das Mitleid mit sich selbst und hierdurch kann der Betroffene seine eigenen Verletzungen noch einmal besser verstehen. Der Bindungsängstliche, der normalerweise wenig Kontakt zu seinen eigenen Gefühlen hat, kommt sich hierdurch etwas näher. Eine Betroffene erzählte mir: „Ich bin immer wieder so gemein zu Jochen. Irgendetwas in mir geht da mit mir durch, das ich kaum kontrollieren kann. Ich sage ihm dann Dinge, von denen ich genau weiß, wie sehr sie ihn verletzen. Wenn er dann so traurig guckt, dann tut mir das so weh, aber ich muss weitermachen. Ich steche immer wieder zu. Und das Schlimme ist, dass es mir eine gewisse Befriedigung verleiht, ihn so leiden zu sehen. Ich fühle meine Gefühle dann so intensiv, meinen eigenen Schmerz und ja, auch meine Liebe für ihn."

Der erste Schritt: Falls Sie für sich erkennen, dass Sie Ihre Partner immer wieder auf die Probe stellen, versuchen Sie sich Ihrer Motive bewusst zu werden. Nehmen Sie Kontakt mit Ihren tiefer liegenden Gefühlen und Ihrem inneren Kind auf. Hören Sie ihm zu und versuchen Sie zu verstehen, was es immer wieder dazu treibt, den anderen bis auf das Äußerste zu provozieren und zu testen. Will es seine Wut loswerden? Will es den anderen leiden sehen? Will es Bestätigung und Sicherheit, dass der andere, egal wie es sich benimmt, bei ihm bleibt? Will es vom anderen Grenzen und Regeln aufgezeigt bekommen? Will es, dass der andere sich trennt? Will es seine Angst in den Griff bekommen? Wenn Sie auf die Frage, was es mit seinem Verhalten erreichen will, eine Antwort bekommen haben, fragen Sie es, was es benötigen würde, um sich anders zu verhalten. Was kann der gute Erwachsene ihm geben, damit es sich sicherer, weniger wütend, weniger verletzt und weniger ängstlich fühlt?

Nehmen Sie Ihr inneres Kind bei der Hand und erklären Sie ihm, dass es die Sicherheit und das Vertrauen, das es benötigt, auf dem alten Weg nicht erhalten wird. Das Kind muss mithilfe des Erwachsenen lernen, sich zu beherrschen, wenn die Wuthaie wieder in seinem Bauch schwimmen und drohen, das Kommando zu übernehmen. Der gute Erwachsene sollte im Gespräch mit dem inneren Kind reifere, erwachsene Ausdrucksformen finden, um mit den Ängsten und Zweifeln umzugehen. Der gute Erwachsene sollte das Kind verstehen, ihm aber nicht die Kontrolle über sein Verhalten geben. Da intensive Wut für den Betroffenen im Moment des Auftretens schwer zu beherrschen ist, sollte er sich der Auslöser genau bewusst werden und in einem ruhigen Zustand alternative Methoden ersinnen, wie er mit ihr anders als bisher umgehen kann. Oft ist es schon sehr hilfreich, die typischen Auslöser zu identifizieren und dann in jenen Momenten, wo es wieder so weit ist, bewusst in einen inneren Dialog mit dem inneren Kind zu treten. Die meisten Menschen spüren die Wut schneller im Bauch, als der Kopf sie erfassen kann.

Der zweite Schritt: Wenn Sie im ersten Schritt mehr Kontakt zu Ihren Gefühlen gefunden haben, können Sie auch in der Praxis etwas verändern: Sobald Sie im Gespräch mit Ihrem Partner spüren, dass wieder die Wut Ihres inneren Kindes in Ihnen aufsteigt, versuchen Sie inne zu halten und ihre Aufmerksamkeit nach innen zu richten, anstatt es ungebremst an den Partner weiterzugeben. Gehen Sie bewusst einen Schritt zurück, anstatt einen nach vorne und versuchen Sie, einen inneren Abstand zu ihrem verletzten, wütenden Gefühl zu schaffen. Nehmen Sie das innere Kind an die Hand und erklären Sie ihm, dass Sie, der Erwachsene, die Situation regeln wird. Wie gesagt, ist es sehr hilfreich, wenn Sie Zeit haben und allein sind, sich mögliche Auslöser für Ihr Verhalten zu notieren und alternative Möglichkeiten mit der Wut umzugehen. Dieselben Schritte sind zu empfehlen, wenn Angst Ihre vorherrschende Emotion ist, die sie immer wieder dazu treibt, den Partner – oder jenen, der es gern wäre – auf äußerste Belastungsproben zu stellen.

Natürlich gelten auch hier die Ratschläge, die ich Ihnen bereits in vorherigen Abschnitten gegeben habe. So machen Sie sich bitte auch hier bewusst, dass Sie nicht nur Opfer, sondern auch Täter sind. Bemühen Sie sich deshalb, nicht nur Ihre Gefühle und Bedürfnisse wahrzunehmen, sondern auch jene Ihres Gegenübers.

8. Achten Sie auf Ihre Sprache – und hören Sie auf zu lügen

In diesem letzten Abschnitt zu den Auswegen aus der Bindungsangst möchte ich auf die Sprachmuster von Bindungsvermeidern eingehen. So verworren wie ihre Gefühle und ihre Gedanken sind, so unklar ist auch ihre Sprache. Es wird ausgewichen, geheuchelt und, wenn es sein muss, auch gelogen oder zumindest, wie es eine Betroffene formulierte: „Man biegt immer ein bisschen an den Sachen herum." Ein Klient, der dabei war, sich aus seiner Bindungsphobie zu befreien, erklärte mir, eine Folge seiner persönlichen Weiterentwicklung sei, dass er seine Sprache ganz neu ordnen müsste.

Das Problem, das sich in der Beziehung mit Bindungsängstlichen stellt, ist, dass sich ihre Aussagen höchstens am Anfang der Beziehung mit ihren inneren Gefühlen und Gedanken decken. Denn am Anfang meinen es viele noch ernst. Bei manchen liegen allerdings auch schon am Anfang der Beziehung Abweichungen zwischen der inneren Realität und ihren vorgetragenen Verkündigungen vor. Spätestens jedoch, wenn die ersten Beklemmungen und Fluchtgedanken auftreten, werden Bindungsphobiker im Gespräch sehr unklar, wenn nicht gar verlogen. Da sie innerlich im „Jein" feststecken, müssen sie sprachlich den Balanceakt vollführen, sich sowohl gegen den Partner abzuschotten als ihn auch warm zu halten. Entsprechend wird sprachlich herumgeeiert, verschwiegen und getrickst. Der Partner steht vor einem Wirrwarr an Aussagen und gerät zunehmend in Panik. Je unsicherer sich der Partner in der Beziehung fühlt, desto mehr wird er sich anstrengen, dass alles wieder wie am Anfang der Beziehung wird. Oder, wenn die Beziehung noch gar nicht angefangen hat, wird er seinen Einsatz erhöhen, um den Bindungsscheuen von sich zu überzeugen. In jedem Fall bewirkt das verbale Rückzugsverhalten des Bindungsängstlichen, der nach der ersten Verliebtheit lieber wieder sein Revier abschotten und Freiraum erobern will, genau das Gegenteil: Der Partner lässt ihn nicht gewähren und sich zurückziehen, sondern reagiert ängstlich und verunsichert, will mehr statt weniger. Und je mehr der Partner einfordert, desto mehr gerät der Bindungsängstliche unter Druck und seine Abwehrmaßnahmen gewinnen an Schärfe und Rigidität. Somit entsteht ein Teufelskreis, der beim Partner

Angst und Verzweiflung auslöst und den Bindungsvermeider immer mehr in die Klemme bringt.

Diese Situation ist insbesondere für den Partner sehr unfair und verletzend. Sie ließe sich vermeiden, wenn der Bindungsphobiker sich um mehr sprachliche Klarheit und damit einhergehend gegenüber dem Partner um mehr Anstand bemühte. Deswegen werde ich im Folgenden auf ein paar typische Kommunikationsfallen eingehen. Wenn Sie sich darin wiederfinden, fühlen Sie sich bitte ermuntert, in Zukunft klarer Position zu beziehen und die Verantwortung für Ihre Gefühle und Worte zu übernehmen.

Sprachtipps für Menschen mit Beziehungsängsten

Die Weichen werden am Anfang der Beziehung gestellt. Am Anfang wollten Sie nur eins, den Partner von sich überzeugen und ihn einfangen. Oder Sie hatten es so eingerichtet, dass Ihr Partner Sie einfing, weil Sie schon am Anfang keine klare Verantwortung für die Beziehung übernehmen wollten. So oder so, Sie werden höchstwahrscheinlich am Anfang jeder Ihrer Beziehungen Dinge sagen und tun, die dem Partner zu der Hoffnung verhelfen, er könnte mit Ihnen eine verbindliche und lang andauernde Beziehung führen. Oder Sie sagen Ihrem Partner zwar, dass Sie keine feste Beziehung wollen und „noch nicht so weit sind", aber Sie verhalten sich sehr verliebt und leidenschaftlich, sodass Ihr potenzieller Partner Ihren Worten nur schwer glauben kann. In jedem Fall werden Sie zu Beginn einer Partnerschaft Signale aussenden, die den Partner in Ihre Arme treiben und ihn hoffen lassen, dass er dort für längere Zeit verweilen kann.

Versuchen Sie deswegen, wenn Sie am Anfang einer Beziehung stehen, Versprechungen zu vermeiden, die Sie wahrscheinlich nicht einlösen können. Auch wenn es sich so anfühlt, als würde es diesmal wirklich etwas werden, bleiben Sie vorsichtig und lassen Sie sich Zeit. Überlegen Sie sich, was Sie sagen. Stellen Sie keine gemeinsame Zukunft in Aussicht, wenn Sie genau wissen, dass Sie bisher immer davongelaufen sind, wenn es zu verbindlich wurde. Betören Sie Ihren Partner nicht mit Worten, indem Sie ihm suggerieren, wie besonders und einmalig, wie umwerfend und begehrenswert er oder sie ist. Aus solchen Komplimenten leitet Ihr Partner ein ernsthaftes Interesse ab. Er macht sich Hoffnung, dass es sich um eine große Liebe handeln könnte. Ebenso wenig wie Sie ihn durch Komplimente einlullen sollten, sollten Sie auf rätselhafte Andeutungen verzichten. Manche Bindungsphobiker haben es unheimlich gut drauf, Betörungsformeln zu verströmen, ohne sich jedoch sprachlich festzulegen. Wenn Sie zu diesen gehören, dann sagen Sie Ihrer „Zielperson" vielleicht mit einem tiefen Blick, dass sie immer so „berührt" seien, wenn Sie mit ihr reden. Sie machen romantische Andeutungen, kleine Geschenke und aufmerksame Gesten, die Ihrer Zielperson ein deutliches Interesse signalisieren, ohne dass Sie jedoch je etwas von sich geben, worauf man Sie festnageln könnte. Oder Sie stellen durch psychologische Gespräche eine exklusive Nähe und Intimität her, die Ihre Zielperson zu der Einschätzung verleitet, sie hätten wirklich ein ganz besonders tiefgehendes Interesse an ihr. Sie lenken das Gespräch auf sehr Vertrauliches, auf sehr persönliche Themen und weben einen romantischen Kokon der Zweisamkeit um sich und Ihr Gegenüber. Sogenannte „Frauenversteher" haben diese Psycho-Masche besonders gut drauf. Sie verstehen es, im Gespräch eine Atmosphäre der Intimität und Privatheit herzustellen, die der Frau das Gefühl gibt, ganz besonders interessant und wichtig zu sein. Frauen umgekehrt sind sowieso sehr talentiert, ihren Schwarm mit einfühlsamen Gesprächen zu umgarnen. Gern wird auch die eigene Biografie geglättet. So stellt sich der Bindungsängstliche in der Regel als das Opfer seiner gescheiterten Beziehungen dar. Er wäre ja gern mit dem einen oder anderen Partner alt geworden, wenn dieser nicht so unerträgliche Fehler gehabt oder ihn – ohne einen echten Grund zu haben – verlassen hätte.

Versuchen Sie von Anfang an, so klar und ehrlich wie möglich zu bleiben und Ihren Partner nicht so zu umgarnen, dass er Ihnen hoffnungslos verfällt, wenn Sie ohnehin schon ahnen oder es aus Ihrer Vergangenheit wissen müssten, dass Sie ihn früher oder später enttäuschen werden. Schüren Sie keine Erwartungen, die Sie nicht erfüllen können. Drücken Sie sich präzise aus. Wenn Sie Angst haben, Ihr Partner oder Ihr potenzieller Partner könnte Sie zu sehr in die Pflicht nehmen wollen, wenn Sie regelmäßig miteinander ins Bett gehen, dann sagen Sie das und nicht: „Ich weiß nicht, wie ich mit meinen großen Gefühlen für dich umgehen soll." Durch solche Verdrehungen legen Sie falsche Fährten. Ihr

Partner zieht daraus die falschen Schlüsse. Wenn Sie sagen: „Du bist so anders als alle anderen. Mit dir könnte ich glücklich werden", dann ist das ebenfalls eine kleine Täuschung, denn eigentlich müsste der Text lauten: „Ich finde dich wirklich besonders toll, aber ich weiß nicht, ob das ausreicht, um meine Ängste diesmal in den Griff zu bekommen." Denken Sie daran, dass Ihr Partner nur allzu gern bereit ist, sich Hoffnung zu machen und das Positive zu hören.

Wenn Sie am Anfang die Karten offen auf den Tisch legen möchten und Ihrem Partner Ihre Probleme mit festen Beziehungen gestehen wollen, dann überlegen Sie vorher, ob Sie denn auch ernsthaft vorhaben, etwas daran zu ändern. Denn nur zu sagen, ich habe da ein Problem mit Bindungsangst, verlagert die Verantwortung auf Ihren Partner, nach dem Motto: „Ich habe dich ja gewarnt. Wenn du dich dennoch einlässt, bist du ja selber schuld." Wenn Sie viel mit Ihrem Partner über Ihre Probleme reden, dann signalisiert ihm dies, dass Sie etwas ändern wollen. Der Partner fühlt sich als der Verbündete, der hilft, versteht, möglicherweise sogar heilt. Wenn Sie selbst jedoch noch total unsicher sind, ob Sie diesen Partner und die Partnerschaft wirklich wollen und dafür ernsthaft bereit wären, etwas an sich zu verändern, dann täuschen Sie Ihren Partner durch solche Problemgespräche. Dies gilt auch besonders für eine spätere Phase der Beziehung, wenn Sie innerlich schwanken und mit der Beziehung hadern. Wenn Sie Ihrem Partner dann Ihre Bindungsprobleme offenbaren und sich bei ihm ausweinen, dann schürt das die Hoffnung in Ihrem Partner. Er wird denken: „Wir werden das gemeinsam schon hinkriegen." Solche Geständnisse halten Ihren Partner bei der Stange, während Sie möglicherweise nur nach der nächsten Hintertür suchen.

Wenn Sie in der Phase der inneren Zweifel und Ambivalenz angelangt sind, werden Sie ein starkes Bedürfnis verspüren, sich aus der Affäre zu ziehen. All die Versprechungen, die Sie am Anfang der Beziehung in den Raum gestellt haben, verlangen nun nach Einlösung. Ihr Partner stellt Erwartungen an Sie. Sie haben den Partner ins Netz gekriegt, er gehört Ihnen. Nun kippt Ihre innere Stimmung: Während Ihre Ängste vorher entweder geschwiegen haben oder gut in Schach zu halten waren, brechen sie in der Realitätsphase der Beziehung durch. Jetzt müssen Sie Verantwortung übernehmen, zu Ihrem Partner stehen, sich an gewisse Regeln halten und Erwartungen erfüllen. Nun erfasst Sie das starke Bedürfnis, diesen ganzen Anforderungen zu entkommen. Sie wollen Ihren Freiraum neu abstecken. Sie bereuen schon einiges, was Sie im Schwung der ersten Leidenschaft angezettelt und gesagt haben. Jetzt ist die Zeit der Manöver gekommen. Alle Manöver, die Sie jetzt einschlagen, sind kontraproduktiv, seien es die zahlreichen Fluchtwege, die ich im ersten Teil des Buches beschrieben habe, oder Ihr Wischiwaschi-Gerede. Ihr Partner wird durch Ihr verändertes Verhalten empfindlich getroffen und er wird versuchen, den Abstand zu Ihnen zu verringern. Ihre Distanzwünsche lösen bei ihm zwangsläufig den Impuls aus, mehr Nähe herzustellen – Ihre Distanzmanöver gehen nach hinten los.

Ihr Sprachverhalten steuert in dieser Phase auf den Höhepunkt der Mehrdeutigkeit und Unehrlichkeit zu. „Ja, aber ..."-Sätze werden aufeinandergestapelt, Ausreden genuschelt, Tatsachen verdreht oder verschwiegen, Ereignisse frei erfunden. Sie werden vielleicht auch versuchen, den Spieß umzudrehen, und Ihren Partner so kritisch unter die Lupe nehmen, dass Sie zu der Überzeugung gelangen, dass seine Fehler und Schwächen die Beziehung kaputt machen. Sie werden wütend auf Ihren Partner, der Sie in diese Klemme gebracht hat. Sie werden lauter Probleme in der Beziehung entdecken, die Sie daran zweifeln lassen, ob es sinnvoll ist, die Beziehung fortzusetzen. Ihre zunehmenden Aggressionen werden sich immer häufiger an Ihrem Partner entladen. Oder Sie gehören zu jenen, die die Strategien der passiven Aggression bevorzugen, und Sie mauern und lassen Ihren Partner auflaufen. Er bekommt bei Ihnen kaum noch einen Fuß in die Tür und holt sich eine blutige Nase nach der anderen. Das ist alles nicht fair. Und Sie können sich sicher sein, dass Ihr Partner schrecklich unter Ihrem Verhalten leidet. Wenn Sie einen Rückzieher machen wollen, dann benutzen Sie bitte die Vordertür. Sagen Sie Ihrem Partner ehrlich, was in Ihnen vorgeht. Schieben Sie die Schuld nicht auf ihn und benutzen Sie keine Ausreden und Beschönigungen. Hüten Sie sich vor Zweideutigkeiten. Sätze wie „Du bist mir unheimlich nahe, aber ich brauche noch ein bisschen Zeit", sind Gummisätze. Was ist ein bisschen Zeit? Innerlich wissen Sie vielleicht sogar, dass die Zeit nie kommen wird, aber Sie wollen Ihren Partner bei der Stange halten. Sehr hübsch ist auch der Satz: „Ich liebe dich, aber ich bin nicht mehr verliebt in dich." Was soll der

Partner damit anfangen? Klar, denkt er sich, dass das verliebte Gefühl nachlässt und in Liebe übergeht. Wo ist das Problem? Das Problem ist, dass Sie eigentlich hätten sagen sollen: „Meine Gefühle für dich haben sich geändert, ich bin mir nicht sicher, ob ich dich noch genügend (oder überhaupt noch) liebe." Sagen Sie auch nicht: „Es hat nichts mit dir zu tun", wenn Sie innerlich eine sorgfältige Mängelliste Ihres Partners führen.

Bemühen Sie sich, Ihrem Partner ehrliche Auskünfte über Ihr Innenleben zu geben. Das bedeutet, dass Sie sich dem Risiko stellen müssen, ihn möglicherweise zu verlieren. Ihre ganzen Manöver resultieren schließlich aus Ihrer Unentschlossenheit. Sie könnten deutlicher und offener reden. Es liegt nicht an Ihren sprachlichen Fähigkeiten, sondern an Ihrer inneren Zerrissenheit. Diese werden Sie vielleicht nicht so schnell in den Griff bekommen. Aber es wäre sehr fair, wenn Sie dem Partner eine echte Chance geben würden, mit darüber zu entscheiden, ob er die Beziehung so wie sie ist fortsetzen will. Sie können davon ausgehen, dass Ihr Partner in der permanenten Hoffnung lebt, es würde eines Tages besser. Diese Hoffnung füttern Sie durch Ihre unklaren Worte. Aber nur, wenn Ihr Partner eine ehrliche Informationsgrundlage von Ihnen erhält, hat er die Möglichkeit, das Potenzial in der Beziehung realistisch einzuschätzen.

Das Entscheidende ist also, dass Sie immer nur die halbe Wahrheit sagen, dass Sie nicht ehrlich sind. Ihr Partner ist völlig verwirrt und klammert sich an jeden Strohhalm. Aus Angst, Sie zu verlieren, ist er geneigt, sich immer das Beste aus Ihren Aussagen herauszupicken. Dies werfen Sie ihm dann vielleicht auch noch vor, wenn er Sie festnageln will: „Du hörst immer nur, was du hören willst! So habe ich das nie gesagt, ich habe auch gesagt ..." Und schon wieder ist Ihr Partner der Gelackmeierte. Deswegen übernehmen Sie bitte Verantwortung für Ihre Gefühle und für Ihre Worte. Und bitte seien Sie zuverlässig. Halten Sie Verabredungen ein, die Sie getroffen haben, und tauchen Sie nicht einfach unter oder sagen fünf Minuten vor einer Verabredung ab. Unzuverlässigkeit ist für Ihren Partner extrem enttäuschend und sehr ärgerlich. Diese kurzfristigen Fluchtmanöver verschaffen Ihnen auch keine Erleichterung, sondern erhöhen nur den Stress in Ihrer Beziehung.

Auch wenn es Ihnen zunächst schwerfällt, offen zu kommunizieren, so werden Sie bald merken, dass Sie sich und Ihrem Partner das Leben leichter und nicht schwerer machen. Wie bereits ausgeführt, führt Ihre Strategie, sich möglichst viele Optionen offenzuhalten, dazu, dass Ihr Partner eher mehr und nicht weniger Druck auf Sie ausübt. Es tritt also genau das Gegenteil von dem ein, was Sie mit Ihrer Taktik verfolgen. Bei vielen Bindungsängstlichen beschränkt sich die Angst vor einem offenen Wort ja auch nicht nur auf die Partnerschaft, sondern durchdringt ebenso das berufliche und freundschaftliche Miteinander. Auch hier werden Sie feststellen, dass Ihre Beziehungen sich viel stressfreier gestalten, wenn Sie sich klarer ausdrücken und zuverlässiger werden. Denken Sie immer daran, dass eine kurzfristige Enttäuschung beim Gegenüber in dem Moment, wo Sie ehrlich zu ihm sind, viel weniger Verbitterung auslöst, als wenn sich später herausstellt, dass Ihren Worten keine Taten folgen. Wenn Sie direkt ehrlich sind, dann wird Ihr Gesprächspartner vielleicht – nicht unbedingt – etwas enttäuscht und ärgerlich sein. Wenn er Ihnen aber erst im Nachhinein auf die Schliche kommt oder von Ihnen versetzt wird, dann wird er sich „verarscht" fühlen und richtig sauer werden.

Natürlich ist es nicht leicht, aus Mustern und Verhaltensweisen auszusteigen, die man seit Kindesbeinen in sich trägt. Wer sich jedoch traut, den ersten Schritt zu machen und überhaupt zu sehen, wie er sich in Beziehungen verhält, wie er Bindung vermeidet, Partner auf Abstand hält, Erwartungen mit Distanzierung abschmettert, seine Opferrolle ausspielt und sich sogar sprachlich wie ein Aal aus jeder Verbindlichkeit windet, der hat schon einen großen Schritt getan. Vielleicht brauchen die praktischen Schritte, die folgen können und zu denen ich an verschiedenen Stellen angeregt habe, noch ein wenig mehr Zeit und Arbeit mit sich selbst. Aber der Weg lohnt sich. Das berichten die Menschen, die sich ihren Beziehungsängsten gestellt haben und sie ansatzweise oder ganz überwunden haben. Denn spätestens dann, wenn man seine Ängste durchschaut und vielleicht sogar ein Stück weit abgelegt hat, kann man sehen, wie viel Energie die Verdrängung und die Flucht kosten. Energie, die einem im Leben immer gefehlt hat. Auch öffnet sich plötzlich der Blick für andere Menschen und man kann etwas erleben, was man als beziehungsängstlicher Mensch nie erlebt: wirkliche Verbundenheit mit anderen Menschen.

Natürlich hat die Selbsthilfe gerade in dem Bereich der tief sitzenden psychischen Probleme, wie es Beziehungsängste nun einmal sind, ihre Grenzen. Ich kann Sie deshalb nur ermuntern, sich durch die Hilfe von einem guten Psychotherapeuten in Ihrem Weg unterstützen zu lassen, wenn Sie das Gefühl haben, dass Sie alleine nicht wirklich vorankommen.

Die Partner von Bindungsängstlichen. Auswege aus der Abhängigkeit

Ohnmächtige Copiloten – die Partner der Bindungsphobiker

Ich möchte mich nun den Betroffenen auf der anderen Seite zuwenden, also den Menschen, die mit einem Beziehungsängstlichen in einer – zumindest von außen betrachtet – „festen Beziehung" leben oder sich abrackern, um einen Bindungsängstlichen in eine feste Beziehung zu manövrieren. Allen Partnern und potenziellen Partnern von Bindungsphobikern ist gemeinsam, dass sie sich in einem Auf und Ab der Gefühle gefangen fühlen und die emotionale Achterbahnfahrt ihrer Beziehung nicht unter Kontrolle bekommen, ganz gleich, was sie versuchen. Sie erlangen weder die Kontrolle über ihre eigenen Gefühle, die in der Regel zwischen stürmischer Verliebtheit, Verzweiflung und Wut pendeln, und schon gar nicht über die Gefühle ihres Liebesobjektes, das sich ihnen immer wieder entzieht. Sie fühlen sich ausgeliefert, hilflos, abhängig und ohnmächtig.

Dieses Kapitel soll zeigen, was eine Beziehung mit einem beziehungsängstlichen Menschen für den Partner bedeutet. Ich werde erklären, warum gerade der emotionale Kontrollverlust der Partner eine zentrale Rolle in der Beziehungsdynamik spielt und welche Auswirkungen im Verhalten und Fühlen die typische Folge dieses Kontrollverlusts sind. Ich bin mir fast sicher, dass viele Leser sich in der einen oder anderen Verhaltensweise wiedererkennen werden und vermutlich bisher nicht wussten, dass ihre Reaktion sehr typisch ist für das Wechselspiel zwischen einem Menschen, der Angst vor Beziehungen hat, und einem Menschen, der genau zu dieser Person eine Beziehung haben möchte. In diesem Kapitel wird es auch darum gehen, welchen Anteil die Partner an dem ständigen und endlosen und oft dramatischen Auf und Ab solcher Beziehungen haben – und wie man sich aus diesen Beziehungsdynamiken befreit – mit oder auch ohne den beziehungsängstlichen Partner.

Auch für die Partner habe ich neun Schritte herausgearbeitet, die dabei helfen, die eigenen Muster und Verhaltensweisen, die immer wieder dazu beitragen, dass man sich in unglückliche Beziehungsgeschichten mit traurigem Ausgang verstrickt, zu erkennen und zu verändern (s. S. 235).

Zu Beginn möchte ich die Geschichte von Petra erzählen, die den typischen Verlauf einer Beziehung zu einem Bindungsphobiker aus der Sicht der Partnerin und ihrer Gefühle und Reaktionen nachzeichnet:

> Ich glaube, ich war noch nie in einen Menschen so verliebt wie in Markus. Wir lernten uns auf einem Seminar kennen. Ich fand ihn auf Anhieb sehr anziehend. Er sah gut aus und mir gefiel, was er sagte und wie er es sagte. Er schien auch an mir interessiert, sodass wir geradezu magnetisch aufeinander zusteuerten. Wir verliebten uns ineinander.
>
> Da ich in Köln und Markus in München lebte, konnten wir uns nur am Wochenende sehen. In der Woche telefonierten wir täglich und schrieben uns E-Mails. Ich war mir sicher, den Mann fürs Leben gefunden zu haben, und auch er versicherte mir immer wieder, dass er eine Frau wie mich immer gesucht habe. Ich hatte das Gefühl, endlich angekommen zu sein.
>
> Wir waren beide in der Computerbranche als Softwareentwickler tätig. Nach einem halben Jahr planten wir, dass ich mir einen Job in München suche und wir zusammenziehen. Es dauerte nicht lange, da hatte ich ein attraktives Angebot in München. Als ich Markus meine guten Neuigkeiten eröffnete, reagierte er zu meiner großen Überraschung nicht so erfreut, wie ich erwartet hatte. Er verhielt sich geradezu reserviert, als ich über die Umzugsplanung sprach. Er stimmte meinen Überlegungen und Plänen zwar zu, aber er machte irgendwie nicht mit, alle Initiative schien plötzlich von mir auszugehen. Ich war gekränkt und sehr verwirrt. Als ich ihn hierauf ansprach, schob er seine verhaltene Reaktion auf akuten Stress und Erschöpfung bei der Arbeit. Diese Erklärung beschwichtigte mich zwar etwas, aber es blieb so ein komisches Bauchgefühl zurück.

Je näher der Umzug rückte – wir hatten vor, dass ich zunächst bei ihm einziehe –, desto merkwürdiger wurde sein Verhalten. So sagte er auch einen Wochenendbesuch mit der Begründung ab, er brauche mal wieder etwas Zeit für sich. Es entstand auch ein Ungleichgewicht dahingehend, dass ich ihn öfter anrief und schrieb als umgekehrt. Ich hatte irgendwie das Gefühl, die Kontrolle zu verlieren. Es war sehr diffus: Einerseits entzog er sich mir, andererseits hatten wir immer wieder Telefonate und Treffen voller Leidenschaft und Nähe. Dann sagte ich mir wieder, „du siehst Gespenster, vertraue ihm!" Aber dann „vergaß" er wieder einen Rückruf, um den ich ihn gebeten hatte, und meldete sich den ganzen Tag nicht. Das war früher nie vorgekommen, passierte nun aber öfter. Ich fing an, auf seine Anrufe zu warten und misstrauisch zu kontrollieren, wie oft er sich von sich aus meldete. In dieser Zeit fühlte ich mich noch verliebter und meine Leidenschaft für ihn wurde geradezu zur Obsession. Meine Gedanken kreisten zwanghaft um sein verändertes Verhalten. Wenn ich ihn darauf ansprach, versicherte er mir jedoch immer wieder, dass alles in Ordnung sei. Drei Wochen vor dem Umzugstermin erhielt ich eine E-Mail von ihm, in der er mir unter anderem erklärte: „Ich liebe dich, Petra, aber bei dem Gedanken zusammenzuziehen wird mir irgendwie so flau im Magen. Ich merke, dass ich noch nicht so weit bin. Es tut mir super leid, dir das so kurzfristig zu sagen, aber ich fühle, es wäre ein Fehler, über dieses ungute Gefühl hinwegzugehen. Bitte versteh mich, lass uns so zusammenbleiben, ich will dich nicht verlieren ..." Ich war total geschockt. Das komische Gefühl, das ich die ganze Zeit gehabt hatte, bestätigte sich auf einmal voll und ganz. Ich geriet in Panik, wobei mich weniger die logistischen Probleme umhauten, die sich ergaben, als vielmehr das Gefühl, dass er sich von mir entfernte. Ich nahm mir den Nachmittag frei und raste nach München, um mit ihm zu sprechen. Er weinte und ich weinte, er erklärte, dass er mich sehr liebe, aber er sich wie erstickt fühle bei dem Gedanken in einer Wohnung zu leben. Ich hatte solche Angst, ihn zu verlieren, und war so froh, dass er mich noch liebte und es „nur" am Zusammenziehen lag, dass ich ihm versicherte, ihn nicht zu bedrängen, und ich mir erst einmal eine eigene Wohnung in München suchen würde. Ich war ein wenig überrascht über mein Verhalten. Früher hätte ich vermutlich einem Mann, der mich so kurzfristig hängen lässt, erklärt, er könne mich mal.

Ich zog dann in eine kleine, extrem überteuerte Wohnung in der Münchner Innenstadt. Etwas Günstigeres konnte ich in der Kürze nicht auftreiben. Ich wollte mich auch nicht bei Markus aufdrängen, geschweige denn für den Anfang in ein Hotel ziehen. Da hätte ich mich ja schrecklich gefühlt, mit dem eigenen Freund in der Stadt. Als ich in München wohnte, sahen wir uns im Schnitt vier- bis fünfmal pro Woche, wobei wir auch häufig beieinander übernachteten. Manchmal wollte Markus aber auch getrennt schlafen – ich eigentlich nie. Ich konnte mit seinem Distanzbedürfnis nicht gut umgehen, weinte öfter und wollte immer wieder wissen, was mit ihm los sei. Wir stritten uns häufiger. Er warf mir vor, zu viel an ihm zu klammern, und ich warf ihm vor, seinetwegen nach München umgezogen zu sein und dafür jetzt in einer überteuerten Wohnung allein zu hocken. Zwischendurch hatten wir jedoch auch immer wieder schöne Zeiten voller Nähe und Zärtlichkeit. Ich wusste nicht, woran ich mit ihm war. Ich konnte mich emotional nicht von ihm lösen und mein Verstand sagte mir gleichzeitig, dass es auf die Dauer nicht gut gehen könne. Ich wollte irgendwann Kinder und Familie haben und nicht einen Mann, dem es schon zu viel ist, mit mir zusammenzuleben. Ständig kreisten meine Gedanken um ihn und darum, wie ich ihn verliebter in mich machen könnte. Ich investierte viel in Kleidung und Kosmetik und war unheimlich bemüht, toll auszusehen, wenn wir uns trafen. Ich versuchte lieb und verständnisvoll zu sein, ihm Raum zu geben und nicht zu klammern. Aber immer wieder schaffte er es, mich so unvermittelt zu verletzen, dass ich spontan wütend wurde. Sowohl in dem, was er sagte, als auch in dem, was er tat, wurde immer wieder deutlich, wie unabhängig er sich im Vergleich zu mir fühlte. Beispielsweise, wenn ich mich den ganzen Tag auf einen Abend mit ihm allein gefreut hatte und er dann kurz vorher anrief und mich bat, in eine Kneipe zu kommen, in der er mit ein paar Arbeitskollegen nach der Arbeit „versackt" sei. Oder: Wir saßen bei einem romantischen Essen und er stellte plötzlich Überlegungen an, ob er sich wegen besserer Aufstiegschancen ins Ausland versetzen lassen sollte. Oder: Wenn ich mich sonntagsmorgens auf einen gemeinsamen Tag mit ihm freute, er mir plötzlich eröffnete, dass er einem Freund versprochen habe, ihm bei der Installation einer neuen Software zu helfen. Ich könnte noch viele solcher Beispiele aufzählen. Unterm Strich lief es stets darauf hinaus, dass ich chronisch das Gefühl hatte, viel öfter Zeit und Nähe mit ihm verbringen zu wollen als umgekehrt. Auch beim Sex entstand dieses Ungleichgewicht zwischen uns. Ich machte immer mehr Anstrengungen, ihn zu verführen. Er ergriff hingegen viel seltener die Initiative. Ich hatte immer mehr das Gefühl, dass er mir entglitt, und fühlte mich hilflos, etwas dagegen zu tun. Egal, was ich tat, nichts führte dazu, dass er von sich aus wieder mehr auf mich zuging. Wenn ich mich weniger meldete und ganz bewusst vieles selbstständig unternahm, wurde er nicht aktiver. Wenn ich mich hingegen einfach so oft bei ihm meldete, wie es meinen Bedürfnissen entsprach, dann sahen wir uns auch nicht häufiger. Und wenn wir uns sahen, wurde es immer schwieriger, die frühere, vertraute Nähe zwischen uns herzustellen. Er machte irgendwie zu und ich kam immer seltener an ihn heran. Ich liebte ihn immer mehr und er mich immer weniger, so schien es mir. Ich wurde eifersüchtig, misstrauisch und zänkisch. Ich geriet aus dem Lot. Irgendetwas stimmte überhaupt nicht mehr zwischen uns und ich wusste nicht, was ich tun sollte. Gespräche drehten sich im Kreis und führten ins Leere. Er erklärte in verschiedenen Variationen, dass er mich liebe, aber seinen Freiraum brauche. Dass sich die Nähe und Vertrautheit zwischen uns stark verändert hatte, wollte er nicht einräumen. Er meinte, ich steigere mich zu sehr in meine Sorgen hinein.

Dann weckte mich eines Nachts sein Handy, weil eine SMS eingetroffen war. Ich war hellwach und mein Herz raste. Markus schlief tief. Ich hatte ein brennendes Gefühl im Magen – wer schrieb ihm mitten in der Nacht eine SMS? Ich konnte mich nicht beherrschen, schnappte mir sein Handy und schloss mich im Badezimmer ein. Ich las die SMS: „bin gerade von Party zurück, vermisse dich, Sandra". Mein Herz schien stillzustehen, wie in Trance durchsuchte ich seine alten SMS und las auch, was ich in seinen Ausgängen finden konnte. Die SMS, die gespeichert waren, reichten etwa drei Wochen zurück. In diesen drei Wochen war ein reger SMS-Austausch zwischen ihm und dieser Sandra gelaufen, aus dem eindeutig hervorging, dass die beiden etwas miteinander hatten. Er hatte sich mehrmals mit ihr getroffen und ich konnte an den Daten nachvollziehen, welche Lügen er mir jeweils aufgetischt hatte. Es tat so wahnsinnig weh. Ich wusste nicht, ob ich weinen oder schreien sollte. Ich weckte ihn und stellte ihn zur Rede, es war mir dabei völlig egal, dass ich in seinem Handy geschnüffelt hatte. Es entbrannte ein furchtbarer Streit, er warf mir vor, alle seine Warnzeichen überrannt zu haben, zu klammern und ihn zu gängeln. Dafür sei ja die Schnüffelei in seinem Handy der beste Beweis. Er hätte mir schon längst von Sandra erzählt, wenn ich nicht so depressiv gewesen wäre. Er fühlte sich offensichtlich auch noch im Recht! In mir brach alles zusammen, ich war verzweifelt. Heulend fuhr ich in meine Wohnung. Am nächsten Tag, ein Freitag, meldete ich mich bei der Arbeit krank. Das Wochenende ging es mir richtig schlecht, aber für mich war klar, dass er nie wieder einen Fuß in die Tür bei mir bekommt und es vorbei ist. Ich malte mir aus, wie ich ihm das ganz kühl und sachlich sagen würde, wenn er sich meldete. Aber er meldete sich nicht. Und je länger er sich nicht meldete, desto wankelmütiger wurde ich in meinem Entschluss. Ich zerbrach mir den Kopf, was in ihm vorging, ob er mich noch liebte und was das mit dieser Sandra zu bedeuten hatte. Markus rief nicht an. Sonntagabend hielt ich es nicht mehr aus und fuhr bei ihm vorbei. Ich wollte mit ihm über alles reden, verstehen, warum er das getan hatte, was geschehen war? Markus war nicht zu Hause, ich versuchte ihn übers Handy zu erreichen, aber das war ausgeschaltet. Ich wurde fast wahnsinnig, malte mir aus, dass er gerade mit dieser Sandra im Bett lag. Ich wartete in meinem Auto vor seiner Haustür. Zwischendurch versuchte ich immer wieder, ihn auf dem Handy zu erreichen. Ich wusste, dass das alles ein Fehler war, ihm so hinterherzulaufen, aber ich konnte nicht anders. Ich musste wissen, was los war! Er kam gegen ein Uhr nachts – ich war so erleichtert ihn zu sehen, erleichtert, dass er allein war und nicht bei dieser Sandra übernachtete. Ich fing ihn an der Haustür ab, er war überrascht und offensichtlich nicht begeistert, mich zu sehen. Er willigte aber ein, mit mir zu sprechen. In seiner Wohnung fühlte ich mich noch schrecklicher. Diese Wohnung, auf die ich mich vor einigen Monaten noch so gefreut hatte. Hier hatte unser Zusammenleben anfangen sollen – was war daraus nun geworden? All meine Wut war verraucht, ich war nur noch traurig. Anstatt von ihm Erklärungen zu verlangen, flehte ich ihn an, sich nicht zu trennen und noch mal von vorne anzufangen. Aber er war kalt und distanziert. Er erklärte, dass er Abstand brauche und die Szenen leid sei. Beziehung, so erklärte er, sei zwar eine schöne Sache, aber es gebe für ihn Wichtigeres im Leben, er wolle sich um seinen Job und seine Karriere kümmern. Er habe bereits mit seinem Chef gesprochen und wie es aussehe, werde er in etwa zwei Monaten für längere Zeit in die USA gehen. Ich war fassungslos, er warf unsere Liebe wie einen alten Schuh weg. Ich konnte es einfach nicht glauben und fragte ihn, ob er mich denn nicht mehr liebe? Er sagte, das Gefühl für mich habe sich verändert, es sei nicht mehr so leidenschaftlich und er wäre nicht bereit, sein Leben danach zu richten. Der Stress der letzten Monate sei ihm die Beziehung nicht wert. Was mit dieser Sandra sei? Sie würden sich ab und zu treffen und „in die Kiste gehen", erklärte er unumwunden. Ob er sie liebe? Liebe, antwortete er, sei ein großes Wort, was sei schon Liebe? Er könne sie gut leiden und sie mache keinen Stress. Im Übrigen ginge mich das auch nichts an, das sei seine Sache. Ich dachte die ganze Zeit, ich sitze im falschen Film, was war aus meinem verliebten und zärtlichen Markus geworden? Hatte er sich innerhalb weniger Monate in ein eiskaltes Monster verwandelt? Ich weinte und weinte und er sagte einige Zeit nichts mehr. Dann sah er auf die Uhr und bat mich, seine Wohnung zu verlassen, er habe morgen einen langen Tag vor sich. Ich sagte, ich wolle bei ihm schlafen, in seinem Bett, in seinen Armen – ich wollte es immer noch nicht wahrhaben. Ob ich es denn nicht kapieren würde? Es sei Schluss, „Ende, Aus!", knallte er mir entgegen. Da wusste ich: Ich hatte verloren. Ich raffte mein letztes bisschen Stolz zusammen und verließ wortlos seine Wohnung.

Emotionaler Kontrollverlust – der Verstand sagt „Mach Schluss!", aber das Herz sagt „Bleib!"

In der Geschichte von Petra wird noch einmal sehr deutlich, dass so eine Beziehung für die Partner eigentlich immer einen langen Leidensweg mit sehr verletzendem und bitter enttäuschendem Ende darstellt. Fast immer finden sich in einer bindungsphobischen Beziehung auch die drei Phasen, die bereits im ersten Kapitel des Buches (siehe S. 59) dargestellt wurden: Nach einer anfänglichen Phase der Ausgeglichenheit kippt das Kräfteverhältnis dahingehend, dass der Bindungsvermeider immer unabhängiger und der Partner immer abhängiger wird. Am Ende verlässt der Beziehungsängstliche den emotional völlig verunsicherten Partner, weil er ihn verachtet oder sich anderweitig verliebt. Hinter dieser Dynamik steckt ein simpler psychologischer Mechanismus: Der Partner hat die emotionale Kontrolle verloren – in manchen Fällen besitzt er sie auch von Anfang an nicht. Das Gefühl der Verliebtheit mit den Symptomen „Herzklopfen" und „Schmetterlinge im Bauch" ist eng verbunden mit dem Erleben, keine beziehungsweise wenig Kontrolle über das Geschehen zu haben. Wie ich bereits am Anfang dieses Buches geschrieben habe (S. 9), ist das Gefühl des Verliebtseins durchaus vergleichbar mit Prüfungsangst oder auch mit einer Karussellfahrt. In einer ausgeglichenen Beziehung lernen die Partner mit der Zeit, dem anderen zu vertrauen, und es stellt sich ein Gefühl der Sicherheit ein. Man ist sich gewiss, dass der andere einen liebt und man sich prinzipiell auf ihn verlassen kann. Hierdurch verschwinden die Symptome der Verliebtheit und ein ruhigeres Gefühl der Wärme und Vertrautheit stellt sich ein. Durch den „Jein-Modus", auf dem Bindungsängstliche ihre Beziehung halten, stellt sich dieses Sicherheitsgefühl für den Partner nie wirklich ein. Er verbleibt also im Stadium des Kontrollverlusts oder er rutscht, wie Petra, in den Kontrollverlust ab, nachdem er sich anfänglich sicher gefühlt hat. Das Bedürfnis, Kontrolle über sein Leben zu haben und eine gewisse Sicherheit zu empfinden, ist ein existenzielles, psychologisches Grundbedürfnis. Dieses existenzielle Bedürfnis koppelt sich an das Bedürfnis nach Bindung, das ebenso existenziell ist. Jeder Mensch, der eine Liebesbeziehung eingeht und damit sein Bindungsbedürfnis erfüllt, wünscht sich ein gewisses Maß an Sicherheit und das Gefühl, sich auf den Partner verlassen zu können. Im Umkehrschluss ist es enorm beängstigend, keine Sicherheit zu haben. Fatalerweise befeuert der Kontrollverlust, also die Angst den anderen zu verlieren, jedoch enorm die Leidenschaft. Anstatt sich also zu entspannen, nach dem Motto „Wenn er/sie nicht will, dann eben nicht!", löst die Unsicherheit bei den meisten Partnern genau den entgegengesetzten Impuls aus, nämlich ihn jetzt erst recht zu wollen. Dahinter steckt das zutiefst menschliche Bedürfnis, die Kontrolle (wieder) zu erlangen. Und das Ziel, den anderen fest an sich zu binden, verkörpert letztlich das Ziel, doch noch die Kontrolle wiederherzustellen. Besondere Schubkraft erhält das Kontrollbedürfnis, weil es um so viel geht. Wer will schon einen geliebten Menschen verlieren und verlassen werden? Dieser Gedanke löst Angst und Schmerz aus. Angst und Schmerz sind jedoch die Zutaten, die große Leidenschaft am stärksten befeuern – sie rufen Sehnsucht, man könnte auch sagen „süchtiges Sehnen" hervor. Der Kontrollverlust, den Partner von Bindungsängstlichen erleiden, führt also häufig dazu, dass sich ihr Liebesgefühl enorm steigert. Diesen so simplen wie hochwirksamen Mechanismus haben die meisten Menschen bereits schon häufiger im Leben selbst gespürt. Einen Partner, der einem zu Füßen liegt, findet man nicht besonders aufregend. Das Gefühl, den anderen möglicherweise zu verlieren, kann jedoch sogar einer relativ eingeschlafenen Partnerschaft plötzlich neuen Schwung verleihen. So sagt man nicht zu Unrecht, dass ein bisschen Eifersucht nichts schadet. Der gefühlte Kontrollverlust steigert das Begehren.

Die Themen Nähe und Distanz, Abhängigkeit und Unabhängigkeit, Sicherheit und Kontrollverlust spielen in allen Partnerschaften eine Rolle. Auch in intakten Beziehungen möchte der eine mal mehr Nähe oder Distanz als der andere oder der eine oder andere fühlt sich mal etwas unabhängiger beziehungsweise abhängiger – je nach persönlicher Veranlagung und Lebenssituation. Der Unterschied ist nur, dass in intakten Beziehungen die Amplitude nicht so hoch ist und die Rollen nicht so krass einseitig verteilt sind. (Leser, die sich für das Phänomen des emotionalen Kontrollverlusts in nicht-bindungsgestörten Beziehungen interessieren, empfehle ich das Buch „Ich lieb' Dich nicht, wenn Du mich liebst" von Dean C. Delis und Cassandra Phillips.) In bindungsgestörten Beziehungen hingegen ist das Verhältnis klar aufgeteilt: Der Bindungsängstliche hat die Kontrolle und damit die Macht (auch wenn er sich innerlich ganz anders fühlt), und der Partner erleidet den Kontrollverlust und die Ohnmacht.

Jeden kann der Wahnsinn treffen

Es wird immer wieder sowohl in Fach- als auch in Laienkreisen behauptet, dass die Partner, die sich aus so einer bindungsgestörten Beziehung schwer lösen können und sich über eine langen Zeitraum von ihrem Partner schlecht behandeln und frustrieren lassen, ein entsprechendes Muster aus ihrer eigenen Kindheit mitbringen, das auf diese Art der Beziehung besonders anspricht. Sie wiederholen in ihren Beziehungen in gewisser Weise ihre alten Kindheitserfahrungen immer wieder. Das Phänomen ist in der Psychologie als „Wiederholungszwang" bekannt und dient häufig als einziges Erklärungsmodell für das Verhalten der Partner von Beziehungsphobikern. So sagt man beispielsweise, dass eine Frau, die sich nie von ihrem Vater angenommen und bestätigt gefühlt hat, sich später immer wieder Männer aussucht, die sie ähnlich wie ihr Vater behandeln. Aus psychologischer Sicht steckt nach Ansicht vieler Experten hinter diesem Verhalten der unbewusste Wunsch der Frau, ihre unglückliche Beziehung zu ihrem Vater zu wiederholen, diesmal aber Kontrolle über den „Vater" (also den Partner) zu erlangen und ein Happy End herbeizuführen. Das Happy End wäre, dass der „Vater" in Gestalt des Partners sich dem kleinen Mädchen, das die Frau als inneres Kind in sich trägt, letztlich doch zuwendet und ihr all die entbehrte Liebe und Anerkennung zukommen lässt. Entsprechendes gilt natürlich für Männer mit gestörten Mutterbeziehungen.

Die Übertragung der eigenen Kindheitserfahrungen auf erwachsene Liebesbeziehungen ist ein nicht zu bestreitender psychologischer Mechanismus, der häufig zu beobachten ist und auf den ich später auch noch näher eingehen werde. Allerdings muss es nicht zwangsläufig so sein. Ich habe genügend Männer und Frauen kennengelernt, die vergeblich in ihrer Kindheit wühlten, um sich ihr Verhalten zu erklären. Menschen, die von einem bindungsunwilligen Partner nicht lassen können, empfinden ihr Verhalten oft als gestört. Sie sind sich selbst die strengsten Kritiker. Ihr Verstand sagt ihnen meistens sehr deutlich, dass die Beziehung hochgradig ungesund und schädlich für sie ist und noch schlimmer, dass sie sich zum „Idioten machen" und ihre Manöver, die sie auffahren, um den anderen einzufangen, meistens kontraproduktiv sind. So wie die Softwareentwicklerin Petra, die von sich selbst nicht gedacht hätte, dass sie einem Mann wie Markus, der sie so kurzfristig vor dem Umzug in die gemeinsame Wohnung hängen lässt, nicht sagt: „Du kannst mich mal!" Petra war sich auch im Klaren darüber, dass es nicht klug ist, Markus hinterherzulaufen. Menschen, die in einer bindungsphobischen Partnerschaft verstrickt sind, verbringen in der Regel viel Zeit damit, ihr eigenes Verhalten zu pathologisieren und mit sich zu schimpfen, weil sie so „schwach" sind. Aussagen wie: „Ich erkenne mich selbst nicht wieder!" oder „Das hätte ich nicht von mir gedacht!" fallen häufig. Durch das ambivalente Verhalten des Bindungsängstlichen entwickeln sie selbst eine starke Ambivalenz: Ihr Verstand sagt ihnen „Mach Schluss", aber ihr Herz sagt ihnen „Bleib!". Ihr Verstand bringt sie dazu, sich verstärkt mit den eigenen „krankhaften" Anteilen zu beschäftigen, die sie in der Beziehung verharren lassen. Sie hoffen, sich durch Selbsterkenntnis „heilen" zu können, um endlich den Ausweg aus der Partnerschaft zu finden. Sie suchen nach psychologischen Erklärungen für ihre Abhängigkeit. Sie durchleuchten fieberhaft ihre Elternbeziehungen in der Hoffnung, dass sie sich von ihrem zwanghaften Verhalten befreien könnten, wenn sie nur den dunklen Punkt in ihrer Biografie finden und verstehen. Bei einigen führt diese Reise in die Kindheit ins Leere. Vater und Mutter waren fürsorglich, zugewandt und liebevoll. Sie können keine richtig schlechten Erinnerungen an ihre Kindheit auftreiben, außer dass der Goldhamster gestorben ist – als sie 18 Jahre alt waren. Aber irgendetwas muss ja schiefgelaufen sein, ansonsten würden sie sich ja jetzt nicht so verhalten. Viele finden aber auch irgendeine Erklärung. Es gibt schließlich keine perfekten Kindheiten und alle Eltern haben auch ihre Schwächen. Diese Menschen arbeiten dann vergeblich mit ihrer neu gewonnen Erkenntnis über ihre Kindheitserfahrungen, sie können trotzdem nicht von ihrer quälenden Beziehung lassen und fühlen sich noch schlechter und noch kränker. Deswegen ist es mir sehr wichtig zu betonen, dass die eigenen Elternbeziehungen zwar zu einer verstrickten Beziehung mit einem Bindungsphobiker beitragen können, aber nicht müssen. Ein Mensch mit gutem Selbstbewusstsein und erfreulicher Kindheit kann ebenso in die Beziehungsfalle geraten wie jemand, dessen Kindheitserfahrungen mit Beziehungen traumatisch waren. Der oben beschriebene Mechanismus des Kontrollverlusts kann völlig ausreichend sein, um einen an sich völlig vernünftigen Menschen bis an den Rand des „Wahnsinns" zu treiben. Diese Feststellung soll die Tatsache nicht schmälern, dass bei einigen Partnern von Beziehungsphobikern tatsächlich der eigene biografische Hintergrund die Ursache für ihr Verhalten darstellt. Ich wiederhole: Beides ist möglich. Der Kontrollverlust spielt aber in beiden Fällen eine erhebliche Rolle, unabhängig davon, ob der Betroffene zusätzlich noch ein ungünstiges Kindheitsmuster mitbringt oder nicht. Deswegen soll es auf den nächsten Seiten um die Mechanismen des emotionalen Kontrollverlusts gehen – und die symptomatischen Folgen, die dieser Kontrollverlust für die betroffenen Partner hat.

Emotionaler Kontrollverlust und seine Folgen für den Partner

Man kann sagen, dass der emotionale Kontrollverlust ein „Leitsymptom" bindungsphobischer Beziehungen ist. Er geht immer einher mit einer ungleichen Verteilung von Macht und Ohnmacht. Der Partner ohne Beziehungsängste ist in der Regel erheblich abhängiger als der andere. In geringerem Ausmaß kommen ungleiche Kräfteverhältnisse auch in nicht-bindungsgestörten Beziehungen vor. Vor allem in Beziehungen, in denen der eine Partner den anderen weniger liebt. Insofern gelten die folgenden Ausführungen letztlich in gewisser Weise für alle Beziehungen, die aus dem Gleichgewicht geraten sind.

In bindungsgestörten Beziehungen ist die ungleiche Verteilung der Macht und Kontrolle jedoch besonders krass und typisch. Sogar wenn beide Partner Bindungsängste aufweisen, ist in der Regel ein Partner noch etwas bindungsängstlicher als der andere – und bekommt den Part der abhängigen, ohnmächtigen Person, während der andere die Beziehung kontrolliert. Der Fall, dass sich zwei bindungsängstliche Menschen sozusagen auf Augenhöhe begegnen und beide in gleichem Ausmaß Nähe und Distanzbedürfnisse wünschen, ist sicherlich denkbar, mir aber in der Praxis noch nicht begegnet. Dies mag auch damit zusammenhängen, dass für viele Bindungsängstliche Partner mit derselben Problematik nicht so attraktiv sind.

So erkennen Sie emotionalen Kontrollverlust

Partner, die keine emotionale Kontrolle haben und sich damit in der Beziehung in der unterlegenen Position befinden, fangen fast automatisch an, immer stärker um ihre Beziehung zu kämpfen, wie ich auf den vorherigen Seiten erklärt habe. Dieser Mechanismus führt zu typischen „Symptomen", die jeder kennt, der mit einem bindungsängstlichen Menschen liiert ist oder sich schon einmal in einen verliebt hat:

- zwanghafte Beschäftigung mit Gedanken rund um die Beziehung und den Partner – „Alle meine Gedanken kreisen nur um dich."
- emotionale Instabilität – „Unsere Beziehung ist eine Achterbahnfahrt!"

- Empfinden von großer Liebe und Leidenschaft – „Ich war noch nie so verliebt!"
- starkes Bemühen, die eigene Anziehungskraft zu steigern – „Ich will alles für dich tun."
- Eifersucht – „Bist du mir treu?"
- fragen, anklagen, jammern – „Sprich mit mir und leg dich fest, verdammt!"
- Selbstentwertung – „Was mache ich bloß falsch?"
- Vernachlässigen anderer Interessen und selbstschädigendes Verhalten – „Das macht mich fertig".

Acht Symptome und Wirkungsmechanismen der Partner von Bindungsängstlichen

Im Folgenden möchte ich die Symptome der Partner ausführlich darstellen und die Wirkmechanismen dahinter erklären.

1. „Alle meine Gedanken kreisen nur um dich." –
Zwanghafte Beschäftigung mit Gedanken rund um die
Beziehung und den Partner

Partner von Bindungsängstlichen spüren in der Beziehung keinen festen Boden unter den Füßen. Sie hängen emotional in der Luft. Das Verhalten ihres bindungsängstlichen Partners ist nicht vorhersehbar und enorm widersprüchlich. Sie stehen unter Dauerbeschuss zweier sich ausschließender Botschaften: „Komm mir nah!" und „Bleib mir fern!" Somit können sie sich nie entspannt zurücklehnen. Sie leben entweder in ständiger Angst verlassen oder betrogen zu werden, oder sie existieren in einer Partnerschaft, die ihnen zwar äußerlich Sicherheit bietet, aber in der sie sich innerlich ziemlich einsam fühlen. Sie können sich keinen richtigen Reim auf das Verhalten ihres Partners machen. Diese Unsicherheit und Unklarheit führt zu einer übermäßigen gedanklichen Beschäftigung mit den Verhaltensweisen des Partners. Sie versuchen für sich die Klarheit zu finden, die ihnen ihr Partner vorenthält. Sie versuchen ein System, eine Ordnung, eine klare Botschaft in dem Wust der Widersprüchlichkeiten zu identifizieren. Die Gedanken kreisen immer um dieselben Fragen: Wie steht er beziehungsweise sie zu mir? Liebt er/sie mich? Wie sehr liebt er/sie mich? Warum verhält er/sie sich immer wieder so? Was trage ich dazu bei? Würde er/sie sich mit einem anderen Partner anders verhalten? Wie hat er/sie dieses gemeint, wie hat sie/er jenes gemeint? Ist er/sie aufrichtig? Kann ich ihr/ihm vertrauen? Zur Beantwortung dieser Fragen werden immer wieder einzelne Erlebnisse zeitlupenartig im Kopf durchgespielt und detailliert analysiert. Vor allem Frauen diskutieren hierüber auch gern stundenlang mit ihren Freundinnen. Eine häufige Nebenwirkung bindungsphobischer Beziehungen ist deshalb, dass die Partner kaum noch ein anderes Thema haben und der Freundeskreis auf die Dauer genervt reagiert.

Ziel dieser ganzen Grübeleien ist, sich Sicherheit und Vorhersehbarkeit zu verschaffen. Um dieses Ziel zu erreichen, muss man den bindungsscheuen Partner verstehen. Die Partner zerbrechen sich den Kopf, um das Verhaltensmuster, den geheimen Code des Bindungsängstlichen zu identifizieren. Dies ist ein geradezu unmögliches Unterfangen, weil man die völlig widersprüchlichen Verhaltensweisen und Aussagen eines Bindungsphobikers einfach nicht auf einen Nenner bringen kann.

Die zwanghafte Beschäftigung mit der Beziehung wird dabei zusätzlich durch die starken Emotionen angetrieben, die Bindungsängstliche in ihrem Partner auslösen. Weil die Partner immer nur mit Liebe angefüttert, aber nie satt werden, befinden sie sich quasi in einem Dauerzustand des Zuneigungshungers. Ihre Sehnsucht wird nie gestillt, aber durch sporadische Zuwendung (Stichwort: „Inseln der Nähe") am Leben gehalten. „Zu viel zum Sterben, zu wenig zum Leben", so charakterisierte eine Betroffene ihre Beziehung. Der emotionale Kontrollverlust sorgt für Dauerverliebtheit – und für Dauerschmerz. Der innere Sog, an den bindungsscheuen Partner zu denken, ist mithin enorm stark. Die Betroffenen sind meistens total genervt, weil sie nicht mehr abschalten können. Sie fühlen sich wie „besessen" von der Beziehung und wünschten sich, auf einen „Ausknopf" drücken zu können, um ihre Gedanken abzustellen.

Neben diesem Irrweg der Grübelei über das Liebesobjekt gibt es auch noch einen anderen Gedankenweg, auf dem viele betroffene Partner herumstolpern. Das Verhalten des Bindungsängstlichen kratzt stark am Selbstbewusstsein und ist für den Partner unerklärlich. Dies führt bei den meisten Partnern zu der Frage: „Was mache ich falsch?" Sie geben sich die Schuld, suchen mit viel

Energie nach ihren Fehlern – finden natürlich welche – und fühlen sich daraufhin noch schlechter. Wie in einem Teufelskreis führen Unsicherheit und die große Anspannung bei den Partnern zu emotionalen Ausbrüchen, die der Partnerschaft auch nicht guttun. Das wankelmütige Verhalten des Bindungsängstlichen ist wie Dünger für die Schwächen der Partner. Wenn sie ohnehin zur Eifersucht neigen, werden sie in so einer Partnerschaft extrem misstrauisch. Wenn sie zur Impulsivität neigen, werden sie ständig „ausflippen". Wenn sie zur Melancholie neigen, werden sie depressiv und so weiter. Vor allem jene Menschen, die mit einem geringen Selbstbewusstsein eine Partnerschaft mit einem Beziehungsphobiker anfangen, sind stark gefährdet, in Selbstzweifel und eigenen Schuldzuweisungen zu versinken.

2. „Unsere Beziehung ist eine Achterbahnfahrt!" – Emotionale Instabilität

Als ohnmächtige Copiloten hängen die Partner von den Nähe- und Distanzmanövern des Bindungsängstlichen ab. Sie können nicht ins Steuer greifen. Sie erleben eine Achterbahnfahrt der Gefühle. Befindet sich der Bindungsängstliche auf Annäherungskurs sind sie glücklich, segelt er wieder davon, sind sie traurig. Die häufigen Frustrationen ihrer Nähebedürfnisse machen sie wütend. Glückselige Verliebtheit wechselt sich ab mit Zuständen der Verzweiflung und der Wut. Ihre Hilflosigkeit bringt sie aus dem Gleichgewicht. Sie sind massiv verunsichert. Die nagenden Zweifel an der geliebten Person machen sie misstrauisch, eifersüchtig, aufbrausend und depressiv. Sie sind irgendwie nicht mehr sie selbst. Hierdurch verstärken sie jedoch den Teufelskreis, was den meisten von ihnen auch bewusst ist. Frank, ein 37-jähriger Anwalt, schilderte: „Jedes Mal, wenn ich mich mit Jana traf, nahm ich mir vor, ganz gelassen und souverän zu bleiben. Ich wusste, dass ich sie nur so ‚kriegen' kann. Ich wollte unbedingt mal den Spieß umdrehen, so, dass sie mal auf mich zukommt. Aber länger als eine Stunde habe ich es meistens nicht durchgehalten, dann war ich durch ihr gleichgültiges Verhalten schon wieder so gekränkt, dass ich wütend wurde. Ich war nicht mehr der Frank, in den sie sich mal verliebt hatte, aber ich konnte einfach nicht mit ihrer Distanziertheit umgehen."

Brigitte, eine 42-jährige Büroangestellte, beschrieb: „Ich bin noch nie durch so eine Hölle von Gefühlen gegangen, wie seitdem ich mit Martin zusammen bin. Wenn er sich zwei Tage nicht meldet, bin ich richtig verzweifelt und depressiv. Ich kann an nichts anderes mehr denken und keine andere Beschäftigung kann mich in den Bann ziehen. Ruft er dann endlich an, schieße ich wie ein abgeschossener Pfeil in den siebten Himmel. Mein ganzes Befinden scheint von seinem Verhalten abzuhängen. Ich kenne das nicht von mir – ich will da raus."

3. „Ich war noch nie so verliebt!" –
Empfinden von großer Liebe und Leidenschaft

Emotionaler Kontrollverlust ist wie ein sexuelles Aphrodisiakum: Bindungsängstliche haben etwas Unwiderstehliches. Wie der Esel, dem die Mohrrübe stets vor die Nase gehalten wird, rennt der Partner immer dem nächsten „Leckerhappen" hinterher. Die Angst, den anderen zu verlieren, lässt die verliebten Gefühle gewaltig erscheinen. Die gefühlt großen Lieben sind ja häufig die Unglücklichen. Ich liebe die, die ich nicht kriegen kann, so klagt schon Don José in der Oper Carmen. In der darstellenden Kunst und Literatur finden wir zahlreiche Vorlagen dieser dramatischen Konstellation. Ebenso fühlen sich die Partner von Bindungsängstlichen in einem Drama von Liebe, Schmerz und Leidenschaft gefangen. Dabei führt der hohe Adrenalinpegel zu biochemischen Trugschlüssen. Es ist einfach der Mangel an Sicherheit und Vorhersehbarkeit, also die schiere Angst, die mit dem Gefühl der „großen Liebe" verwechselt wird. Hierdurch wird der Partner und damit die Beziehung in ihrer Bedeutung enorm überschätzt. Da sich das Verliebtheitsgefühl aufgrund des hohen Adrenalinpegels so lange konserviert, nehmen die betroffenen Partner fälschlicherweise an, dass es sich um eine ganz besondere, einmalige, wenn auch geradezu literarisch tragische, große Liebe handeln müsste. Diese Fehleinschätzung ist eng verknüpft mit der nahezu unerschütterlichen Hoffnung, dass am Ende doch noch alles gut wird. Die Illusion der großen Liebe in Verbund mit der unkrautartigen Hoffnung lässt viele Partner den Kampf nicht aufgeben. Dadurch kann ein weiterer Teufelskreislauf entstehen: Wie bei einer schlechten Aktie, von der man sich nicht im richtigen

Moment verabschiedet hat, investiert man immer länger, anstatt mit Verlust auszusteigen. Je länger man in eine unglückliche Liebe investiert, desto schwerer wird es jedoch, sich den Irrtum einzugestehen. Ein Drama im Drama. Denn Lebenszeit ist kostbar. Und es tut mehr weh, sich nach zehn Jahren eingestehen zu müssen, dass man all die Jahre vergeblich gelitten hat, als wenn man den Verlust nach einem Jahr realisieren würde.

Die Partner von Bindungsängstlichen empfinden gerade diese Liebe oft als etwas ganz Einmaliges und Besonderes. Sie ist so dramatisch, komplex und romantisch – nicht zu vergleichen mit diesen undramatischen, etwas langweiligen Beziehungen, die einfach so im Alltag funktionieren. Die rauschhafte Leidenschaft und die verzweifelten Abstürze werden von vielen Partnern geradezu als das „Mysterium ihrer Liebe" verklärt. Diese Idealisierung wird durch das schlechte Gedächtnis, unter dem die Partner von Bindungsängstlichen in der Regel leiden, unterstützt. Die Phasen des Leidens, die zahlreichen Frustrationen, das geradezu unverschämt respektlose Verhalten ihrer Zielperson hinterlassen weitaus weniger Erinnerungsspuren als die vergleichsweise wenigen Höhepunkte der Leidenschaft.

4. „Ich will alles für dich tun!" –
Starkes Bemühen, die eigene Attraktivität zu steigern

Wenn ein Partner das Gefühl hat, der andere entgleitet ihm zunehmend oder immer wieder, dann ist die häufigste Reaktion, die Rituale der Werbung zu verstärken. Um die emotionale Kontrolle in der Beziehung wiederzuerlangen, wird an der eigenen Anziehungskraft gearbeitet. Sowohl äußerlich als auch innerlich will man sich von der besten Seite zeigen und versucht den Partner auf diesem Wege doch noch fest und sicher an sich zu binden.

Spieglein, Spieglein …: Frauen wie Männer betreiben in bindungsphobischen Beziehungen häufig einen enormen Aufwand um ihre äußere Erscheinung. Eine Klientin erzählte: „Ich glaube, ich habe selten in meinem Leben so gut ausgesehen wie in jener Zeit, als ich um Julian kämpfte, obwohl ich so unglücklich war. Ich war zwar schon immer eitel, aber meine Eitelkeit steigerte sich ins Extrem. Ich rannte alle zwei Tage ins Fitnesscenter und aß wie ein Spatz, um kein Gramm Fett zu viel an meinem Körper zu haben, weil ich wusste, dass Julian auf extrem schlanke Frauen steht. Außerdem legte ich mir eine Modeberaterin zu, die mit mir einkaufen ging. Haare tipptopp, Maniküre, Pediküre – das ganze Programm. Wenn ich Julian traf, war ich äußerlich perfekt – zumindest habe ich das Letzte aus mir rausgeholt. Ich war ein richtiger Hingucker, Männer wie Frauen drehten sich auf der Straße nach mir um. Ich dachte immer, ich muss einfach noch anziehender, noch attraktiver sein – die Schönste von allen, dann wird er mir endlich für immer verfallen."

Ich verstehe dich: Ein weiteres Mittel, um den anderen enger an sich zu binden, ist ihm viel Verständnis entgegenzubringen. Die Partner haben häufig eine endlose Geduld, an den Problemen des Bindungsängstlichen teilzunehmen. Spricht ihr Partner über Probleme bei der Arbeit, mit der eigenen Familie oder mit Freunden, hören sie ihm stundenlang zu und versuchen zu helfen. Verständnis bindet und sie wollen dem anderen zeigen, wie wichtig er für sie ist – und sie für ihn. Sie genießen solche Gespräche, denn durch die Problemgespräche kommen sie ihrem Partner nahe.

Sie verstehen und entschuldigen auch immer wieder, wenn der Partner zu spät kommt, sich nicht meldet, lieblos ist oder einen Seitensprung macht. Da das Beziehungsband so brüchig ist, trauen sich viele Partner nicht, einmal richtig auf den Putz zu hauen. Oder sie tun es immer mal wieder, aber am Ende verzeihen sie – wieder und wieder.

Nicht selten reden Bindungsängstliche auch über ihre Probleme in der aktuellen Beziehung oder in Beziehungen im Allgemeinen. Sie thematisieren ihren Freiheitsdrang, ihre Ambivalenz, ihre destruktiven Neigungen und so weiter. Die Partner bemühen sich, zu verstehen, zu helfen, zu therapieren. Manche Partner entwickeln sich geradezu zu Experten für die Probleme des Bindungsängstlichen. Dies trifft besonders dann zu, wenn das eigentliche Problem, also die Bindungsangst, vom Bindungsängstlichen selbst oder vom Partner erkannt wird. Häufig sind es dann die Partner, die entsprechende Ratgeber-Literatur lesen und im Internet recherchieren. Begeistert teilen sie ihre Erkenntnisse mit und wollen, dass der Bindungsängstliche an ihrem Wissen teilnimmt und dieses oder jenes Buch liest. Der Partner verbindet damit die Hoffnung, dass der Bindungsängstliche an seinem Problem arbeitet und dann doch noch alles gut wird. Die meisten Bindungsängstlichen erweisen sich jedoch als widerspenstig. Sie möchten nicht der „Patient" in der Beziehung sein. Außerdem empfinden sie ihr Freiheitsbedürfnis als berechtigt und ihre Ansichten über Beziehungen als richtig. Hinzu kommt, dass sich hier oft die Katze in den Schwanz beißt: Der Wunsch des Partners, dass der Bindungsphobiker an sich arbeiten soll, damit er sich letztlich enger binden kann, verstärkt die Phobie. Der Bindungsängstliche strebt ja genau das Gegenteil an: mehr Freiheit und nicht mehr Bindung. Er empfindet den Wunsch des Partners nicht als hilfreich, sondern im Gegenteil eher wie die Aufforderung, die Ketten herbeizuschleppen, an die man ihn legen will.

Interessen teilen: Viele Partner von Bindungsängstlichen entwickeln neue Hobbys und Interessen. Dinge, für die sie früher ein müdes Gähnen erübrigt hätten, interessieren sie auf einmal brennend. Sybille, eine 32-jährige Kellnerin, bediente in einem Café, das Manfred, ein 48-jähriger Literaturkritiker, gern aufsuchte. Sybille bezauberte Manfred mit ihrem Charme und ihrer Schönheit und Sybille war sehr geschmeichelt, dass der gebildete und gut aussehende Manfred sich für sie interessierte. Obwohl Manfred von Anfang an Bedenken hatte, dass das Bildungsgefälle zwischen ihnen auf die Dauer zu Problemen führen würde, konnte er sich Sybilles Reizen nicht entziehen und sie fingen eine Affäre an, die sich zu einer festen Beziehung entwickelte. Nach einer stürmischen Phase der rosabebrillten Verliebtheit wurden bei Manfred jedoch seine Zweifel, die schon zu Beginn der Beziehung an ihm nagten, wieder lauter. Er langweilte sich zunehmend in den Gesprächen mit Sybille, die sich „in seiner Welt" nicht auskannte. Sybille spürte, dass ihr Manfred entglitt. Daraufhin strengte sie sich mächtig an, um noch verführerischer auf Manfred zu wirken: Sie investierte viel Geld in Dessous und verbrachte ihre Freizeit vor dem Internet, um sich weiterzubilden. Da es ihr realistischerweise aussichtslos erschien, in kurzer Zeit alles selbst zu lesen, was sie bisher an Weltliteratur versäumt hatte, beschränkte sie sich auf Buchkritiken, die immer auch eine Zusammenfassung des Inhalts bereitstellen. In Gesprächen mit Manfred ließ sie ihr neu erworbenes Wissen einfließen. Das fand Manfred zwar irgendwie rührend, aber es zeigte ihm auch, wie abhängig Sybille sich von ihm machte, und sein Interesse sank weiter. Die Beziehung zog sich quälend hin. Sybille litt unter Liebeskummer und unter den Symptomen des emotionalen Kontrollverlusts und an Manfred nagten Schuldgefühle, da er sich darüber bewusst war, dass er Sybille hinhielt, ohne ihr eine langfristige Perspektive bieten zu wollen.

Da Bindungsängstliche zumeist sehr eigensinnig ihre Interessen verfolgen, hängen sich viele Partner genau an diese Interessen, um dem Näheflüchter auf den Fersen zu bleiben. Das „gemeinsame" Hobby bringt näher. Besonders Frauen sind dafür anfällig, ihre eigenen Interessen zugunsten ihres Partners hintanzustellen. Der Fußballplatz oder die Autorennbahn gewinnen enorm an Attraktivität, solange man dort Händchen halten kann. Der eigene Freundeskreis wird gegen den des Partners ausgetauscht – Hauptsache man ist zusammen.

Der Motor für dieses Verhalten, das von außen betrachtet fast schon absurd erscheint, ist der emotionale Kontrollverlust, der bei den Betroffenen eine hohe Anstrengungsbereitschaft erzeugt. Sie versuchen, das Beste aus sich herauszuholen, um den bindungsscheuen Partner in den Bann zu ziehen. Es wird fleißig an der Selbstdarstellung gefeilt. Die schickste Kleidung wird angelegt, das aufwendigste Menü zubereitet, witzige und geistreiche Bemerkungen schon im Vorfeld überlegt. Es werden regelrechte Drehbücher für den Ablauf einer Begegnung entworfen.

Selbstaufgabe: Aus lauter Angst, den anderen verlieren zu können, geben manche Partner immer mehr von sich auf. Sie verleugnen ihre eigenen Wünsche, Bedürfnisse, Gedanken und Interessen zunehmend und passen sich übermäßig an jene ihres Partners an. Sie strengen sich mächtig an, es dem bindungsängstlichen Partner recht zu machen, um die fragile Harmonie zu wahren. Ich erinnere, dass Bindungsängstliche in der Regel wenig kompromissbereit sind und wenig Einsatz bringen, auf den Partner einzugehen. Die Unbeugsamkeit des Bindungsängstlichen verleitet einige Partner, sich selbst so weit zu verbiegen, dass es trotzdem irgendwie passt. Sie wollen keinen Streit riskieren und schlucken ihren Ärger runter. Sie fürchten, den Bindungsängstlichen noch weiter zu verscheuchen, wenn sie ihre berechtigten Ansprüche laut und deutlich vertreten. Sie fühlen sich sehr unterlegen und verwundbar und haben nur ein Verlangen: die Liebe ihres Partners zu sichern. Die unterdrückte Wut sammelt sich jedoch im Unterlegenen an und määndert sich auf Schleichwegen nach draußen. Da Wut und Aggression als reine Gefühle zu bedrohlich erscheinen und das zarte Beziehungsband überlasten könnten, werden sie unterdrückt und durchlaufen einen unbewussten Veränderungsprozess. Die unterdrückte Wut transformiert sich häufig in Trauer, Depression und Jammern. Sie streiten nicht, sie beklagen ihr Elend. Das Gejammer der Unterlegenen drückt beim Bindungsängstlichen genau die „richtigen Knöpfchen," verabscheut er es doch, sich für das Glück seines Partners verantwortlich fühlen zu müssen. Das engt ihn ein und treibt ihn umso stärker in den Rückzug. Nun kann es passieren, dass der verzweifelte Unterlegene anfängt zu klammern. Er ist bereit, fast alles von sich zu opfern, um den Bindungsängstlichen zu halten. Die Angst, verlassen zu werden, kann sich zur Panik steigern, was den Anpassungsdruck verstärkt. Angela, eine 42-jährige Bankangestellte, schilderte diesen Zustand sehr anschaulich: „Ich bin jetzt seit drei Jahren mit Sebastian zusammen. So blöd es klingt, aber es ist seit drei Jahren ein Leben in Angst. Sebastian braucht mich einfach nicht. Sebastian braucht eigentlich nur seine Arbeit, um glücklich zu sein. Wenn wir uns sehen, versuche ich perfekt zu sein, damit er mich mehr liebt. Er ist so leicht zu irritieren. Wenn ich mich beschwere, dass er so wenig Zeit für mich hat, reagiert er gereizt und macht zu. Das Thema schneide ich schon gar nicht mehr an. Wenn er mal wieder kurzfristig eine Verabredung absagt wegen seiner Arbeit, beiße ich mir eher auf die Zunge, als mich zu beschweren. Sebastian hasst es, wenn man ihn einengt, deswegen gebe ich ihm allen Freiraum, den er braucht. Eigentlich mache ich, was er will, damit er glücklich und zufrieden mit mir ist. Ich habe mich derartig auf ihn eingestellt, dass ich mich irgendwie selbst verloren habe." Auf meine Frage, warum sie das tut, erklärt Angela: „Bei dem Gedanken, ihn zu verlieren, gehe ich innerlich in Flammen auf – so weh tut das. Ich habe das Gefühl, ohne ihn nicht leben zu können. Ich kann mir auch nicht vorstellen, dass ich mich jemals für einen anderen Mann als ihn interessieren könnte. Die Vorstellung, er könnte gehen, ist wie sterben."

5. „Bist Du mir treu?" – Eifersucht

Der emotionale Kontrollverlust, den die Partner von Bindungsängstlichen in der Beziehung verspüren, ruft bei vielen eine besonders quälende Nebenwirkung der Liebe auf den Plan: Eifersucht. Ausgenommen sind die Partner von jenen Bindungsängstlichen, die zwar wenig Emotion in die Beziehung investieren, aber auch von anderen Männern oder Frauen nicht aus der Reserve zu locken sind. Ihre emotionale Temperatur bleibt konstant niedrig, das beruhigt den Partner. Er ist nur einsam, aber nicht eifersüchtig. Hinzu kommt, dass nicht jeder Bindungsängstliche ein/e Fremdgänger/in ist. Es gibt durchaus eine gewisse Anzahl, die es mit der Treue ernst nehmen, und ihre Partner vertrauen ihnen. Von diesen Konstellationen abgesehen, ist jedoch ein bindungsängstlicher Partner die beste Adresse für alle, die ihr eifersüchtiges Potenzial entdecken wollen. Der morastige Grund, auf dem eine bindungsphobische Beziehung gebaut ist, lässt Eifersucht in allen Farben und Formen gedeihen. Katrin schilderte selbstironisch: „Als ich mit Fabian zusammen war, wurde ich zur Freizeitspionin. Ich habe mir den Decknamen ‚Mossad' (israelischer Geheimdienst) gegeben, unter dem ich meine Aktionen durchführte. Hierzu zählten unter anderem: Taschendurchsuchung, Handyspionage, Auto- und Telefonkontrollen. Als ich mich eines Tages auch noch dabei ertappte, seine Unterwäsche zu inspizieren, dachte ich zwar, jetzt bin ich bald reif für die Klapse, aber ich hatte komischerweise kein Unrechtsbewusstsein. Ich rechtfertigte mein Tun durch seine mangelnde Durchschaubarkeit und mein komisches Bauchgefühl."

Per erzählt: „Ich bin irgendwie ständig nervös. Amelie ist so hübsch und flirtet gern. Wenn wir auf einer Party sind, amüsiere ich mich gar nicht, sondern bin damit beschäftigt, möglichst unauffällig zu kontrollieren, mit wem sie spricht und wie sie sich verhält. Ständig bin ich auf der Suche nach Anzeichen, ob sie sich für einen anderen interessiert. Wenn ihr Telefon klingelt, bin ich jedes Mal sehr wachsam, wer anruft. Geht sie in einen Nebenraum zum Telefonieren, schleiche ich hinterher und versuche, das Gespräch mitzuhören. Wenn sie ohne mich unterwegs ist, male ich mir ängstlich aus, dass sie einen anderen kennenlernt. Ich habe chronisch das Gefühl, dass sie auf dem Absprung ist und ich sie jederzeit verlieren kann."

Eifersucht liegt in bindungsängstlichen Beziehungen auf der Hand, weil der Bindungsängstliche sich immer ein Hintertürchen offenhält und sich nie ganz zum Partner bekennt. Somit verbleibt Raum für Eindringlinge. Dies ahnen und fühlen die meisten Partner sehr schmerzlich. Tatsächlich sind Bindungsängstliche besonders anfällig für Seitensprünge und Zweitbeziehungen, wie ich bereits unter dem Abschnitt „Flucht als Abwehrstrategie" beschrieben habe. In vielen Fällen ist die Eifersucht des Partners also kein leerer Wahn, sondern durchaus berechtigt.

Es gibt aber auch Partner, die das Problem „lösen", indem sie es gründlich verdrängen. Mir sind immer wieder Frauen und Männer begegnet, wo es die Spatzen von den Dächern gepfiffen haben, dass ihr Partner sie ständig betrügt, die sich aber in einen realitätsdichten Schleier des Verdrängens eingehüllt haben und im wahrsten Sinne des Wortes blind vertrauten. Was nicht sein darf, ist nicht. Umso heftiger bricht dann die Welt zusammen, wenn der ganze Schwindel irgendwann doch auffliegt.

6. „Sprich mit mir und leg dich fest, verdammt!" – Fragen, anklagen, jammern

Dass Bindungsängstliche sich zumeist sehr verworren und widersprüchlich ausdrücken, habe ich bereits ausführlich dargestellt. Aber auch die Kommunikation auf Seiten der Partner ist häufig gestört. Die Partner von Bindungsängstlichen wollen die Beziehung irgendwie in den Griff kriegen, ihr ganzes Streben richtet sich aufgrund des Kontrollverlusts auf ein Mehr an Sicherheit aus. Deswegen ist es naheliegend, mit dem Partner über die Beziehung zu reden. Der Partner soll alle Fragen beantworten, die den Verunsicherten quälen. Da die unglückliche Beziehung das Denken des verunsicherten Partners vereinnahmt, fällt es diesem auch zunehmend schwerer, sich über beziehungsferne, neutrale Themen zu unterhalten. Diese sind von zweitrangigem Interesse, erst einmal muss die Beziehung geklärt werden. An Klärung ist dem Bindungsängstlichen jedoch naturgemäß weitaus weniger gelegen. Er empfindet diese Gespräche eher als bedrängend und lästig. Der Partner will aber Klarheit. Also lässt er nicht locker. Der Fragenkatalog ist groß und beinhaltet sowohl universelle Fragen über die Beziehung, als auch Fragen, die ganz spezielle Situationen betreffen. Universelle Fragen wären beispielsweise: „Wie stellst du dir die Zukunft vor; wie wichtig bin ich dir?", „Bist du mir treu?" „Willst du eine Familie gründen?" Und natürlich: „Liebst du mich?" Die speziellen Fragen leiten sich letztlich aus den universellen ab und werden an konkreten Situationen festgemacht, also: „Warum ist es dir ständig wichtiger, dich mit deinen Freunden zu treffen als mit mir?", „Können wir den nächsten Sonntag ganz für uns verbringen?", „Kannst du mit deinem Chef nicht mal wegen der vielen Überstunden reden?", „Warum bist du gestern so spät nach Hause gekommen?", „Gefällt dir diese Frau/dieser Mann?" Und so weiter und so weiter. Der Bindungsängstliche fühlt sich konfrontiert mit all diesen Fragen wie im Kreuzverhör und hat ständig das Gefühl, sich erklären und rechtfertigen zu müssen, was ihm gar nicht behagt und seinen Widerstand schürt.

Aber es bleibt natürlich nicht bei den Fragen. Vorwürfe und Schuldzuweisungen stehen in bindungsphobischen Beziehungen ebenso auf der Tagesordnung. Die Frustration und Wut, die Bindungsängstliche in ihren Partnern provozieren, entladen sich in verbalen (manchmal auch körperlichen) Aggressionen. Es hängt vom persönlichen Gemüt ab, auf welchem Weg die Anklage erhoben wird. Einige bringen nicht mehr als bissige Kommentare hervor, andere ergehen sich in Redeattacken, die sich ins Schreien steigern können. Die sehr Ängstlichen und Konfliktscheuen schweigen und bewältigen ihren Kummer und ihre Wut leise mit sich selbst. Sie wollen keine weitere Abweisung riskieren und es entspricht ihrer Gewohnheit, keine Probleme anzusprechen. Dieses Verhalten trifft vor allem auf Männer zu. Der Vorwurf bleibt stumm. Da die Wut aber ein Ventil braucht, entlädt sie sich dann häufig auf Nebenschauplätzen. So reagieren die stumm Gequälten häufig übermäßig gereizt auf Kleinigkeiten: eine verschüttete Milch kann sie an die Decke jagen. Wie ich in dem Absatz über „Selbstaufgabe" (s. S. 209) bereits geschrieben habe, kann sich die unterdrückte Wut aber auch in Depressionen und Jammern ihren Weg bahnen. Manchen Partnern gelingt es sogar, sich total anzupassen, und man hört kaum ein Wort der Klage. Die chronisch Konfliktscheuen verarbeiten ihren Verdruss jedoch häufig psychosomatisch: Sie werden krank. (Es soll in diesem Buch allerdings bei diesem kurzen Hinweis auf den Zusammenhang von unterdrückter Aggression und psychosomatischer Erkrankungen bleiben, denn das ist ein weites Feld, dass ich hier nicht beschreiben möchte.)

Die gemeinsame Überschrift der Anklage aller Partner einer bindungsgestörten Beziehung lautet: „Du bist schuld, dass unsere Beziehung nicht funktioniert und dass es mir so schlecht geht."

Die Partner fühlen sich als Opfer und die Botschaft: „Ändere dich, damit es mir besser geht", wird in allen Varianten verbal wie nonverbal als „Du-Botschaft" verkündet. Jammern, klagen, maulen, zetern, meckern, schreien, weinen, schweigen, zicken und immer wieder fragen, fragen, fragen. Der Effekt dieser Anklagen liegt auf der Hand, ist allerdings nicht im Sinne der Partner. Der Bindungsängstliche wird bestätigt in seiner Auffassung, dass Beziehungen grundsätzlich anstrengend, einengend und beschwerlich sind und reagiert auf seine gewohnte Weise mit Flucht, Angriff oder Totstellreflex. Da das Gespräch zumeist keinen Erfolg zeigt, greifen viele verzweifelte Partner irgendwann auch zu einem anderen Medium – dem Brief. Schriftlich können sie sich ihren ganzen Frust und Kummer, aber auch ihre großen Gefühle von der Seele schreiben und hoffen, hierdurch mehr zu erreichen.

Aber es mangelt auch nicht an „Ich-Botschaften." Diese drehen sich vorzugsweise um die großen Gefühle der Partner. Der Satz „Ich liebe dich!" liegt ganz oben auf. Die Partner können nicht oft genug beteuern, wie sehr sie lieben, wie sehr sie sich sehnen, wie tief und wahrhaftig ihr Wunsch ist, alles möge gut werden. Das geht den meisten Bindungsscheuen genauso auf die Nerven wie die Anschuldigungen. Vor allem dann, wenn mit diesen Geständnissen die auf der Hand liegende Gegenfrage „Liebst du mich?" gestellt wird. Sie fühlen sich in die Enge getrieben. Sie fühlen sich schuldig, bedrängt und hilflos, holen tief Luft und suchen das Weite – zumindest kurzfristig.

Die eigene Unabhängigkeit – eine Lösung? Wenn alle Maßnahmen, den Widerspenstigen oder die Widerspenstige ins sichere Netz zu kriegen, nicht helfen, greifen viele Partner zum „Gegengift". Sie versuchen nun selbst so unabhängig und überlegen wie möglich zu bleiben.

An dieser Stelle möchte ich auf ein Problem zu sprechen kommen, das in bindungsphobischen Beziehungen nicht selten auftaucht, nämlich die Unwilligkeit des bindungsscheuen Partners, sich zeitlich festzulegen. Da Festlegung ja ein rotes Tuch für Bindungsängstliche ist, planen die meisten von ihnen nicht gern voraus. Dies führt oft zu einer hohen Abrufbereitschaft des Partners. Der Bindungsängstliche weigert sich beispielsweise am Mittwoch bereits zu entscheiden, ob er Freitagabend Zeit hat. Der Partner wünscht sich nun aber sehr, den Freitagabend gemeinsam zu verbringen, weiß aber auch aus Erfahrung, dass er den Bindungsängstlichen nicht drängeln darf, weil der dann erst recht bockig reagiert. Also hält der Partner sich den Freitagabend offen und hofft bange, dass der Bindungsängstliche zu einer positiven Entscheidung kommt. Das ist lästig und ärgerlich. Der Bindungsängstliche befindet sich in der überlegenen Situation, weil es ihm nicht so viel ausmacht – sollte der Partner sich etwas anderes vornehmen – auf einen gemeinsamen Abend zu verzichten. Deswegen kann er sich die Entscheidung gelassen offen halten. Der Partner befindet sich hingegen in einer abhängigen Position, für ihn wäre eine alternative Verabredung oder den Abend allein zu verbringen in jedem Fall ein unerwünschtes Ergebnis. Durch die Planungsunwilligkeit des Bindungsängstlichen gerät der Partner mit seinen eigenen Plänen stark ins Hintertreffen. Wenn er nämlich beschließt, sich nicht von den spontanen Entscheidungen des Bindungsängstlichen abhängig zu machen und sich am Mittwoch bereits eine Freitagabendverabredung mit einer anderen Person zu sichern, dann hat er den Abend für die Beziehung blockiert. Hält er sich hingegen bis zum letzten Moment abrufbereit, kann es ihm passieren, dass er allein daheim hockt. Auch wenn der Partner normalerweise kein Problem damit hätte, einen Freitagabend allein zu verbringen, verspüren jedoch selbst die Introvertiertesten in dieser Situation eine gewisse Einsamkeit, weil der Partner sich gegen die Zweisamkeit entschieden hat.

Die Unwilligkeit, sich zeitlich festzulegen, ist natürlich auch ein Problem bei Paaren, die zusammenwohnen, die sich also eigentlich nicht extra verabreden müssten, um sich zu sehen. Um bei dem obigen Beispiel zu bleiben, spielt es jedoch keine Rolle, ob man zusammenwohnt oder nicht, wenn der Bindungsängstliche sein Wochenende mehr oder minder im Alleingang verplant.

Die eigensinnige Planungshoheit von Bindungsängstlichen als Alleinherrscher über Nähe und Distanz in der Beziehung führt bei vielen Partnern zu dem festen Vorsatz, sich dem nicht länger auszuliefern und ebenso „sein eigenes Ding" zu machen. Außerdem, so beschließen viele, werden sie zukünftig ganz cool und locker bleiben, wenn der Bindungsängstliche wieder ein Distanzmanöver einschlägt. So wie Frank, der 37-jährige Anwalt, verordnen sie sich Souveränität. So wie Frank scheitern jedoch die meisten an ihren guten Vorsätzen. Egal wie unabhängig sie sich nach außen geben, der Bindungsängstliche überholt sie von rechts. Die inszenierte Unabhängigkeit der Partner schlägt in den allermeisten Fällen wie ein Bumerang zurück. Der Bindungsängstliche ist immer im Vorteil, weil er wirklich so fühlt. Der Partner hingegen reagiert nur. Die selbst verschriebene „neue Unabhängigkeit" des Partners ist lediglich eine Strategie, um sich erstens weniger verletzbar zu machen und zweitens den Bindungsängstlichen zu manipulieren. Aber das ist nicht das, was er wirklich will. Der Partner will mehr Nähe und nicht mehr Unabhängigkeit. Er kämpft also gegen sich selbst, und das geht meistens nicht lange gut. So hoffen die Partner, dass der Bindungsängstliche, wenn sie selbst öfter mal Nein sagen, sich rarer machen und ihre neue Gelassenheit zeigen, sich daran stört und von sich aus mehr auf sie zukommt. Sie wollen den Spieß umdrehen. Bindungsängstliche haben aber ein sehr feines Näschen, wenn man sie manipulieren will. Sie wittern, dass ihr Partner sie lediglich ködern will. Ich erinnere daran, dass Bindungsängstliche sich im Innersten sehr schwach und deshalb auch leicht manipulierbar fühlen. Ihre drastischen Abgrenzungsmanöver sind ja lediglich Selbstschutzmaßnahmen, um nicht in eine unterlegene Position zu geraten. Sie sind von Natur aus extrem misstrauisch. Deswegen kaufen sie ihrem Partner – in diesem Fall zu Recht – seine veränderte Haltung nicht ab und testen sie. Vor allem die gleichgültigen Bindungsvermeider sind hart gesotten, was das Aushalten von Distanz betrifft und bewegen sich keinen Zentimeter auf den Partner zu. Erstens glauben sie ihm sein neues Verhalten sowieso nicht und zweitens kommt es ihnen entgegen. Der Partner läuft also ins Leere – und ärgert sich. Und es wird nicht lange dauern, und die neue „Gelassenheit" endet in Szenen, Tränen und Vorwürfen.

Bei den weniger hart gesottenen Bindungsvermeidern kann die künstliche Distanz aber auch den gewünschten Effekt haben. Sie sprechen auf die „Behandlung" an und werden zutraulicher. Die Partner freuen sich riesig, dass auf einmal der Bindungsängstliche initiativ wird und mehr Nähe will. Über diese Freude vergessen sie allmählich ihre guten Vorsätze und werden unvorsichtig. Doch je mehr der Partner sich fallen lässt, desto stärker kommen im Bindungsängstlichen wieder die Abgrenzungswünsche an die Oberfläche. Das Spiel kann von vorne beginnen.

7. „Was mache ich bloß falsch?" – Selbstentwertung

Die Beziehungsgestaltung des Bindungsängstlichen kratzt mächtig am Selbstwertgefühl der Partner. Sie müssen so viele Zurückweisungen ertragen. Selbst wenn ihnen ihr Verstand sagt, dass das Problem beim Partner und nicht bei ihnen liegt, signalisiert ihr Gefühl den Schmerz der persönlichen Zurückweisung. Unsere Psyche hört auf die gefühlte Botschaft „Du bist nicht erwünscht" und nicht auf die verstandesmäßige „Es ist nicht deine Schuld." Unsere Psyche kann ambivalente Botschaften schlecht verwalten. Im Zweifelsfall siegt immer das Gefühl. Da kann der Verstand noch so präzise arbeiten und dem Gefühl immer wieder sagen: „Es liegt nicht an dir", das Gefühl hört nur: „Aua, er/sie will mich nicht." Deswegen leitet das Gefühl an den Verstand gebetsmühlenartig die Frage zurück: „Was kann ich besser machen?" Die Frage impliziert, dass ich etwas falsch mache und öffnet somit die Pforten in das weite Reich der Selbstzweifel. Dabei arbeitet das Fehlersuchsystem der Partner meistens in zwei Richtungen. Erstens: „Was mache ich falsch? Oder was muss ich tun, damit du voll und ganz zu mir stehst?" Und zweitens: „Warum kann ich nicht von dir lassen, obwohl du mich immer wieder enttäuschst und frustrierst?" Beide Fragen führen zu einer intensiven Beschäftigung mit den eigenen, realen und vermeintlichen Schwächen. Wie weit die Fehlersuche und Verunsicherung reicht, hängt natürlich auch vom grundlegenden Selbstwertgefühl ab, das der Partner in die Beziehung mit einbringt. Je anfälliger man ohnehin für Selbstzweifel ist, desto mehr werden diese durch die ambivalenten Signale geschürt. Aber auch Menschen mit einem recht intakten Selbstwert können nicht widerstehen, sich akribisch auf ihre Schwächen abzutasten.

Man kann sich dem Problem aber auch von der anderen Seite nähern: Das Streben, es dem Partner möglichst recht zu machen und sich von seiner besten Seite zu zeigen, wird durch dieselbe Überlegung genährt: Ich muss mich verbessern, um dich dauerhaft von mir zu überzeugen. Eine Klientin, die eine langjährige, unglückliche Beziehung mit einem Bindungsvermeider hinter sich hatte, sagte, als ich sie auf ihre Selbstzweifel ansprach, dass sie nie welche verspürt hätte. Sie hatte sich immer nur die Frage gestellt: „Warum macht er das?" Sie hatte immer versucht zu analysieren, warum er so viel Angst hatte, sich einzulassen, und immer wieder flüchtete. Als ich sie dann fragte, ob sie sich denn angestrengt habe, um ihm zu gefallen, antwortete sie: „Und wie! Ich habe alles getan, damit er mich begehrt!" Hier verbergen sich die Selbstzweifel im Gewand der Perfektion. Warum hätte diese Klientin sich so anstrengen sollen, wenn sie wirklich davon überzeugt gewesen wäre, dass sie gut genug für ihren Partner sei?

Die Selbstzweifel sind nicht nur eine Folge der bindungsängstlichen Beziehung, sondern auch gleichzeitig deren Lösungsversuch. Im ersten Schritt werden die eigenen Fehler und Schwächen identifiziert, um sie im zweiten Schritt auszumerzen und darauf zu hoffen, dass der Partner dann sein „Jein" in ein Ja verwandelt.

Wenn man sich an der ersten Frage hinreichend aufgerieben hat, taucht zumeist in einer späteren Phase der Beziehung Frage Nummer zwei auf: „Warum komme ich nicht von ihm/ihr los?" Diese Frage ist quälend und führt zumeist genauso ins Leere wie die Frage Nummer eins. Viele sind hin- und hergerissen, ob ihre Abhängigkeit auf einen psychischen Defekt zurückzuführen ist oder ob es einfach „die große Liebe" ist, die sie bannt.

Manche Partner bleiben aber auch bei der ersten Frage hängen und kommen gar nicht auf die Idee, dass vielleicht mit ihrem Gegenüber etwas nicht stimmen könnte. Das sind zumeist jene, die von Kindesbeinen an sehr daran gewöhnt sind, dass sie aufgrund ihrer vermeintlichen Schwächen ohnehin nicht mit dauerhafter Zuneigung rechnen dürfen. Besonders anfällig sind also Partner, die einen ängstlich-anklammernden Bindungsstil verinnerlicht haben beziehungsweise zur Abhängigkeit neigen. Die meisten Partner plagen sich jedoch mit beiden Fragen. Einerseits sagt ihnen ihr Verstand sehr deutlich, dass es am anderen und nicht an ihnen liegt. Andererseits zweifeln sie an sich selbst – würde ein anderer Partner es schaffen, mit dem Bindungsängstlichen eine glückliche Beziehung zu führen, ihn sozusagen zu heilen? Nicht wenige, die dieses Buch lesen, wird die Frage quälen, ob ihr Partner wirklich bindungsängstlich ist oder ob er einen nur nicht genug liebt.

Das gekränkte und zutiefst verunsicherte Ego, das sich mit Selbstzweifeln und Perfektionismus plagt, will geheilt werden. Und wie? Indem es sich beweist, dass der Partner es doch liebt. Durch die Abtauchmanöver des Bindungsängstlichen muss dieser Liebesbeweis allerdings immer wieder neu erkämpft werden. Das gekränkte Ego will aber um jeden Preis gewinnen und es begibt sich immer wieder in den „Ring." Denn für das gekränkte Ego hängt so schrecklich viel von dieser Frage ab. An der Oberfläche fühlen die meisten Partner jedoch nur die „große Liebe" und die Angst, vom Partner verlassen zu werden. Dahinter versteckt sich jedoch eine gute Portion Selbstwertkränkung, die geheilt werden will. Es liegt auf der Hand, dass Menschen mit narzisstischen Strukturen (s. S. 86) besonders anfällig dafür sind, diesen Liebesbeweis immer wieder neu zu erkämpfen, und in ein regelrechtes Jagdfieber geraten, wenn ihr Partner sich ihnen immer wieder entzieht. Aber mit diesem Lösungsversuch hängt der betroffene Partner an der Angel. Er projiziert die Heilung seines verletzten Egos auf den bindungsängstlichen Partner. Dieser soll ihm die Wunde verbinden. Also wird er nicht müde, an der Beziehungsfront zu kämpfen – um sich immer wieder eine blutige Nase zu holen.

Unglückliche Verbindung. Selbstwert und Liebe: Der Grund für dieses Verhalten ist die Annahme, dass man selbst Einfluss darauf nehmen könnte, ob man geliebt wird oder nicht. Diese Annahme ist falsch und ein fundamentaler Denkfehler, der in Liebesdingen immer wieder zu verzeichnen ist. Wenn sich ein anderer Mensch in einen verliebt, fühlen sich die allermeisten Menschen aufgewertet, weil sie geneigt sind, diesen „Erfolg" sich selbst zuzuschreiben. Selbstbewusste Menschen fühlen sich bestätigt. Weniger selbsbewusste Menschen denken: „Irgendetwas muss ja doch an mir dran sein, dass diese Person sich in mich verliebt hat." Die psychologische Konsequenz dieses Denkens ist, dass die Liebe einer anderen Person das eigene Selbstwertgefühl stabilisiert – und dass der Verlust der Liebe das Selbstwertgefühl erschüttert, weil das Scheitern der Liebe als persönlicher Misserfolg gewertet wird. Deshalb schwankt bei vielen Menschen das eigene Selbstwertgefühl mit der Zuneigung des Partners.

Tatsächlich ist es jedoch eher so: Wenn sich eine andere Person in einen verliebt und diese Liebe auch über einen langen Zeitraum aufrechterhalten kann, dann aus dem Grund, weil diese Person grundsätzlich liebesfähig ist. Aus irgendwelchen Gründen, die mit dem Verstand schwer zu lokalisieren sind, hat sie sich (zufällig) in mich verliebt. Wenn diese Person nicht mir begegnet wäre, dann hätte sie sich in einen anderen Menschen verliebt. Wenn ein

Mensch sich hingegen nicht in mich verliebt, dann liegt es nicht daran, dass ich nicht liebenswert wäre, und auch nicht unbedingt daran, dass er nicht liebesfähig wäre, sondern weil dieser Mensch sich eben nicht in mich verliebt – dafür wird sich aber bestimmt ein anderer in mich verlieben. Wenn hingegen ein Mensch, der ein ernstzunehmendes Bindungsproblem hat, sich nicht eindeutig bekennen kann, dann kann ich an mir bis zur Vollendung feilen, sein Bindungsproblem wird sich hierdurch nicht lösen. Letztlich hat es nicht so viel mit einem selbst zu tun, wie man häufig denkt, ob sich jemand in einen verliebt oder nicht, sondern mit den Vorlieben, Schwächen, Stärken und psychologischen Defekten des anderen.

Es soll hier nicht bestritten werden, dass man einen gewissen Einfluss darauf hat, ob ein anderer Mensch sich für einen interessiert oder nicht. Natürlich machen ein ansprechendes Äußeres, nette Eigenschaften und gewisse Fähigkeiten eine Person attraktiv. Aber stellen wir uns mal den folgenden Menschen vor: Einen Mann, 37 Jahre alt, von Beruf Musiker. Er ist von durchschnittlicher Attraktivität und bemüht sich um eine annehmliche Erscheinung. Hierfür macht er regelmäßig Sport, duscht und rasiert sich jeden Tag und achtet auf seine Kleidung. Außerdem übt er jeden Tag vier Stunden Cello, um ein guter Musiker zu bleiben. Weil er sich für Politik interessiert, liest er täglich Zeitung. Zudem ist ihm daran gelegen, moralisch verantwortlich zu handeln, weswegen er sich auch innerlich mit sich auseinandersetzt. Dies alles tut er, um seiner Existenz Sinn und Würde und eine gewisse Lebensqualität zu verleihen. Im Großen und Ganzen ist er mit sich zufrieden, was ihn allerdings nicht davon abhält, sich sowohl musikalisch als auch politisch und moralisch weiterzuentwickeln. Das tut er für sich, weil ihm das wichtig ist. Nun verliebt dieser Mensch sich in eine Frau, die ihn mal haben will und dann auch wieder nicht. Das macht ihn sehr nervös. Er fragt sich, was er besser machen kann, damit sie ihn ganz und immer will. Er bemüht sich, witziger, leidenschaftlicher, großzügiger und noch athletischer zu werden. Er kauft sich ein größeres Auto. Er feilt an seinen Kochkünsten. Er macht ihr Geschenke. Das macht er für sie, damit sie ihm ganz verfällt. (Das heißt, er macht es eigentlich doch für sich, damit er sich gut fühlen kann.) Seine Bemühungen führen jedoch nicht zum gewünschten Ergebnis – die Frau bleibt ambivalent. Frage: Ist das seine Schuld? Was hat er falsch gemacht? Er hätte sich nicht so verdreht sollen, es bringt sowieso nichts. Das Fazit aus diesen Überlegungen? Es ist gut, wenn man sich pflegt, an seinen Fähigkeiten arbeitet, über sich nachdenkt und versucht, sich persönlich weiterzuentwickeln. Aber dies sollte man so oder so tun, und zwar unabhängig davon, ob ein anderer Mensch einen deshalb toll findet oder nicht. Der eigene Wert hängt nicht davon ab, ob ein anderer ihn anerkennt.

8. „Das macht mich fertig" – Vernachlässigen eigener Interessen und selbstschädigendes Verhalten

Eine glückliche Partnerschaft gehört neben Gesundheit und Beruf zu den Grundfesten der persönlichen Lebensqualität. Ist die Partnerschaft in einer Krise, überschattet dies zumeist alle anderen Lebensbereiche. Wer in einer Partnerschaftskrise steckt, ist unzufrieden und unglücklich, und dies in der Regel nicht nur eine Stunde am Tag, sondern mehr oder minder durchgängig. Insbesondere bindungsphobische Beziehungen reißen den Partner leicht in einen Sog des Unglücks, weil sie von Anfang an auf Treibsand gebaut sind. Die Partner sind chronisch verunsichert. Partner, die in nicht-bindungsgestörten Beziehungen eine Krise durchleben, können zumeist auf glückliche Zeiten zurückblicken, die für die gegenwärtige Krise ein Fundament des Vertrauens darstellen. Sie teilen eine gemeinsame Vergangenheit, die glücklich, sicher und verbindlich war. Aus dieser Vergangenheit können sie schöpfen, da sie die Erfahrung gemacht haben, dass sie fähig sind, zusammen glücklich zu sein. Partnern, die in einer bindungsängstlichen Beziehung leben, fehlt dieses sichere Fundament in der Regel. In den meisten Fällen war der Wurm von Anfang an drin. Die Partner hatten nie das Gefühl, wirklich vertrauen zu können. Ihre Beziehung ist in der Wurzel kariös. Die gemeinsame Basis fehlt. Sie befinden sich in einer Dauerkrise. Die Partner straucheln und taumeln und können weder weg, noch richtig hin. Das Dilemma der Bindungsängstlichen wird zu ihrem Dilemma. Der Kampf, die Geschichte zu ihren Gunsten zu entscheiden, kostet enorm viel Lebensenergie. Die Nervosität, Angst und Trauer, die sie in der Beziehung erleiden, verlangen nach Dämpfung. Der Mangel an Sicherheit und Geborgenheit will irgendwie kompensiert werden, man braucht ab und zu eine Gefühlspause, um sich zu erholen. Eine Nebenwirkung, die bindungsphobische Beziehungen deshalb oft mit sich bringen, ist der verstärkte Zugriff auf Trostmittel. Der Zuneigungshunger, unter dem die betroffenen Partner notorisch leiden, verstärkt oft jene Süchte, für die sie ohnehin anfällig sind. Sei es rauchen, Alkohol, essen, kaufen, spielen (auch Computerspiele) oder Arbeit. Sie können sich auch häufig nicht mehr so gut auf Dinge konzentrieren, die ihnen früher Freude bereitet haben. Sei es, ein gutes Buch zu lesen oder einen Film zu schauen. Aufgrund des Kontrollverlusts fühlen sie sich ständig nervös. Eine Betroffene erzählte: „Ich habe es früher geliebt, an den Wochenenden stundenlang zu lesen, einen Einkaufsbummel zu machen oder ins Kino zu gehen. Aber seitdem ich in dieser unglücklichen Beziehung feststecke, kann ich mich nicht mehr gut konzentrieren und habe die Freude an diesen Dingen verloren. Stattdessen tigere ich oft in der Wohnung auf und ab, trinke literweise Kaffee und rauche viel zu viel. Anstatt ein Buch zu lesen, telefoniere ich mit Freundinnen oder putze sinnlos die Wohnung, um irgendwie meine nervöse Energie loszuwerden. Abends trinke ich immer ein paar Gläser Wein, das ist auch so eine neue Angewohnheit. Aber ehrlich gesagt ist der Wein das einzige Mittel, das mal für ein paar Stunden dieses nervöse Gefühl abstellt."

Eine andere Betroffene verfiel immer in einen Kaufrausch, wenn sie sich mal wieder eine Abfuhr von ihrem Freund geholt hatte. Ein männlicher Klient hingegen gab sich in immer kürzeren Abständen „die Kante". Deswegen hatte er auch meine Beratung aufgesucht. Es stellte sich dann schnell heraus, dass er seit Jahren nicht von einer Frau loskam, die seinen Wunsch zu heiraten und eine Familie zu gründen, ständig in der Schwebe hielt. Süchte jeglicher Ausprägung haben den „Vorteil", dass sie sehr kurzfristig Abhilfe verschaffen. Die Partner können das ständige Gefühl von Hilflosigkeit nur schwer aushalten und innerlich drängt es sie, „irgendetwas" dagegen zu tun. Der Griff zur Zigarette, zum Glas Alkohol, der Gang ins Kaufhaus, essen, arbeiten oder Computer spielen, bieten eine kurzfristige Handlungsmöglichkeit, einen schnellen Trost.

Verheiratet mit einem Beziehungsphobiker – die Resignierten und die Träumer

Nicht alle Partner steigern sich in einer bindungsphobischen Beziehung in die Symptome des Kontrollverlusts. Es gibt auch Partner, die sich in einer bindungsgestörten Beziehung eingerichtet haben. Sie haben entweder resigniert oder sie träumen. Die Grundlage zur Resignation oder Träumerei bietet häufig eine Ehe oder eine feste Dauerbeziehung. Der klassische Fall sieht in etwa so aus wie bei Anna, 44 Jahre, die seit 20 Jahren mit Wolfgang, 51 Jahre, verheiratet ist. Am Anfang ihrer Beziehung war Wolfgang leidenschaftlich und zärtlich und umgarnte Anna mit allen Mitteln der Werbung. Nachdem sie jedoch geheiratet hatten, flaute seine Leidenschaft stark ab und sein kühles und distanziertes Naturell gewann wieder die Oberhand. Wolfgang ist kein „Kuscheltyp", er benötigt nicht viel Nähe. Im Abstand von eineinhalb Jahren kamen die Kinder Britta und Melanie auf die Welt und gaben Anna die Wärme und Zuwendung, die sie in ihrer Ehe vermisste. Anna fühlt sich in ihrer Ehe einsam, aber durch die Kinder ist sie abgelenkt. Sie steckt ihre ganzen Energien in die Mutterrolle. Wolfgang ist während der Woche häufig auf Geschäftsreisen und Anna ahnt, dass er ihr nicht treu ist, aber sie will es auch nicht so genau wissen. Finanziell sorgt Wolfgang gut für die Familie, Anna kann sich einigen Luxus leisten. Auch ist er den Kindern ein liebevoller Vater, wenn er am Wochenende daheim ist. Dies weiß Anna zu schätzen und sie will den Kindern die Familie erhalten. Also bleibt sie bei Wolfgang und gibt sich mit dem zufrieden, was sie hat. Sie hat resigniert.

Die Träumer sind nun jene Partner, die die traurige Realität in ihrer Beziehung mehr oder minder vollkommen ausblenden. Wäre Anna eine Träumerin, würde sie von Wolfgangs Stabilität und Zuverlässigkeit, von seinem beruflichen Erfolg und seiner liebevollen Beziehung zu den Kindern schwärmen. Dass Wolfgang sie auf seinen Geschäftsreisen mit anderen Frauen betrügt, käme ihr nicht in den Sinn: „Der zuverlässige Wolfgang doch nicht!" Kraft ihrer Verdrängungsmechanismen sind die Träumer in ihrer Welt glücklich – auch wenn Freunde und Bekannte sich zum Teil wundern, wie wenig sich die Beschreibungen des Träumers mit ihren eigenen Beobachtungen decken. Aber wer will schon die unangenehme Rolle übernehmen, einen Träumer zu wecken?

Die Beziehungskonstellationen der Träumer und der Resignierten sind dabei sehr ähnlich. Sie leben zwar in einer festen Beziehung, beispielsweise einer Ehe, die auch vom Bindungsvermeider nicht (zumindest nicht laut) infrage gestellt wird, und verspüren insofern eine gewisse Sicherheit. Doch der Bindungsvermeider hält Distanz durch häufige Abwesenheit, die entweder an berufliche Verpflichtungen oder an Hobbys und Vereine gebunden ist. Sofern er Gelegenheit hat, nimmt er es mit der Treue auch nicht so genau, aber er „funktioniert" mehr oder minder, wenn er mit dem Partner zusammen ist. Wolfgang zum Beispiel sucht zwar nicht viel Nähe zu Anna, aber er ist auch nicht launisch, er geht freundlich mit ihr um. Insofern bietet Wolfgang Anna auch in seinem Verhalten eine gewisse Stabilität.

Oft sind Bindungsängstliche auch keine schlechten Eltern – sofern sie es so weit kommen lassen. Ihre Nähebedürfnisse können sie leichter bei den Kindern zulassen als beim Partner. Die Kinder sind für sie erheblich weniger bedrohlich, da sie sich per se in einer abhängigen Position befinden und somit die Ängste des Bindungsängstlichen vor Verlust und Unterlegenheit nicht so leicht auslösen. Die Kinder stellen in dieser Konstellation häufig den Kitt für die ansonsten emotionsarme Beziehung dar. Allerdings muss man auch erwähnen, dass es viele Eltern gibt, die aufgrund ihrer Bindungsängste keine innere Bindung zu den Kindern aufbauen können und insofern ihr Problem „weiter vererben". Allerdings ist diese Problematik sehr komplex und wird hier nicht weiter behandelt, weil der Exkurs zu umfangreich würde, wenn man dem Thema gerecht werden wollte.

Aufgerieben in der Beziehung – der Absturz in Angst und Depression

Diejenigen Partner, die sich nicht mit ihrem Schicksal abfinden und auch nicht verdrängen, wie sehr sie das Verhalten ihres Partners verunsichert und verletzt, sehen sich häufig in den Klauen des Kontrollverlusts gefangen. Sie sind häufig so eingenommen von ihrem dringlichsten Wunsch, den Flüchtenden aufzuhalten, dass sie jegliches Augenmaß für dessen Schwächen verlieren. Sie sind abhängig, geradezu süchtig. Ihre Gedanken und Gefühle drehen sich fast ausschließlich um die Beschaffung der „Droge".

Anders jedoch als bei stoffgebundenen Drogen benötigen sie nicht immer mehr, sondern stellen sich wie Überlebenskünstler darauf ein, mit immer weniger auszukommen. Ein Zugeständnis nach dem anderen wird gemacht, um das bisschen Nähe zu erhalten, das sie noch ergattern können. Durch die gestörte Beziehungsdynamik wird der Partner immer abhängiger und der Bindungsvermeider immer unabhängiger. Je mehr der Partner nämlich um Nähe und Verbindlichkeit kämpft, desto stärker kämpft der Bindungsvermeider um seine Freiheit. Das Beste, was er zu geben hatte, hat er in der Anfangsphase der Beziehung gegeben, als er noch frisch verliebt war und seine Ängste noch in Schach halten konnte. Ab dann geht es, unterbrochen von Zwischenhochs, bergab. Der Bindungsvermeider zieht eine Aktie nach der anderen aus der Beziehung. Der Partner gerät zunehmend in Panik, seine Angst, den anderen zu verlieren, steigert sich. Sein Blick verengt sich tunnelartig auf den Erhalt der Beziehung. Andere Lebensinhalte werden nur noch verschwommen wahrgenommen. Die Angst mischt sich mit trauriger Verzweiflung, das Lebensgefühl des Partners wird immer depressiver. Und wenn ihn die Depression dann im Griff hat, ist der Partner davon überzeugt, dass er es nicht überleben würde, wenn die Beziehung zerbräche.

Die traurig-ängstliche Grundstimmung, unter der viele Partner leiden, ist eine natürliche Folge des emotionalen Kontrollverlusts beziehungsweise der sehr unglücklichen Beziehung. Die ängstlich-depressiven Gefühle verzerren die realistische Einschätzung der Situation. In dieser Stimmung gefangen, können sich viele nicht vorstellen, ohne diesen Partner noch einmal glücklich zu werden. Sie können sich auch nicht vorstellen, sich noch einmal neu in einen anderen Partner zu verlieben. Es fühlt sich alles so unsäglich traurig und verzweifelt an. Den geliebten Bindungsängstlichen zu verlieren ist irgendwie wie Sterben, so empfinden es viele. Nicht wenige beschäftigen sich mit Selbstmordfantasien. Dabei haben glücklicherweise die wenigsten vor, diese ernsthaft in die Tat umzusetzen. Die gedankliche Inszenierung des eigenen Selbstmordes stellt eine Entlastungsfantasie dar und wird aus der Verzweiflung geboren. Da die Partner sich in einer völlig hilflosen Position befinden, scheint ihnen der Selbstmord die letzte Handlungsmöglichkeit zu sein, die sie von ihrem Leiden befreien kann. In ihrer Fantasie stellen sie sich sogar vor, dass der Bindungsängstliche dann endlich kapieren wird, wie sehr der Partner gelitten und was er ihm alles angetan hatte. Petra, die wegen Markus nach München gezogen war und dort von ihm bald fallen gelassen wurde, erzählte, sie habe sich die ersten Wochen, nachdem Schluss gewesen sei, oft in Gedanken Abschiedsbriefe geschrieben: „Da ich auf Erden vergeblich auf dich warte, warte ich im Himmel", und ähnlichen „Blödsinn" (so sieht sie es heute) habe sie sich zusammengesponnen. Wenn sie mit dem heutigen Abstand auf die Endphase der Beziehung und die folgende Zeit zurückblickt, kann sie gar nicht mehr fassen, wie tief sie in den Sog des Kontrollverlusts und der Verzweiflung hineingeraten war. Rückblickend erkennt sie, dass sie sich weit über ein angemessenes Maß hinaus selbst verloren hatte und Markus' Bedeutung für ihr Leben maßlos überschätzt hatte. Aber im Nachhinein sieht man ja immer klarer. Petras Erfahrung ist jedoch sehr bezeichnend dafür, welche enormen Strömungskräfte einen Menschen, der in einer bindungsphobischen Beziehung gefangen ist, von sich selbst weg treiben können. Petras nachträgliche Bewertung der Beziehung ist sehr charakteristisch für einen Partner, der den emotionalen Kontrollverlust durchlitten und emotionalen Abstand gewonnen hat. Mir ist noch kein ehemaliger Partner begegnet, der sich im Nachhinein nicht mit der Frage beschäftigt hätte, welche „fremde Macht" ihn damals ergriffen und „so weit hat sinken" lassen.

Es liegt auf der Hand, dass Menschen, die ein passendes Kindheitsmuster mitbringen und die ohnehin dazu neigen, sich in Beziehungen abhängig zu machen, noch stärker und länger im Strudel des Kontrollverlusts versinken können. Aber wie gesagt, letztlich kann es jedem passieren. Die Dynamik als solche ist von ungeheurer Kraft. Es können sogar gerade willensstarke Menschen, Kämpfernaturen, besonders betroffen sein. Sie sind selbstbewusst und erfolgsorientiert. Sie sind daran gewöhnt, im Leben zu bekommen, was sie wollen. Sie sind schlecht trainiert im Aushalten von Verlusten und Niederlagen. Anstatt den Verlust, die „Niederlage" zu akzeptieren, wollen sie mit dem Kopf durch die Wand, weil sie es nicht aushalten, wenn sie nicht das bekommen, was sie wollen. Dazu fällt mir der folgende schöne Aphorismus ein: „Lieber Gott, gib mir die Kraft zu kämpfen für Dinge, die ich verändern kann. Und gib mir die Kraft, Dinge anzunehmen, die ich nicht verändern kann. Und gib mir die Weisheit, das eine vom anderen unterscheiden zu können."

Negative Verstärkung – die Beziehung ist wie eine Sucht

In vielen Fällen ist es so, dass die Partner Versuche unternehmen, von dem bindungsängstlichen Unglücksmacher loszukommen, aber es letztlich nicht schaffen. Das Ablösen von einem bindungsphobischen Partner kann mit einer Suchtentwöhnung verglichen werden. Deshalb ist es so schwierig. Das Hauptsymptom sind die Entzugsschmerzen.

Berühmte Psychologen namens Petrowitch Pawlow und Frederic Skinner erforschten die Gesetze zur Konditionierung und damit auch die Grundlagen des menschlichen Suchtverhaltens anhand von Hunde- und Rattenexperimenten. Zum einen kann man ein Lebewesen positiv konditionieren. Der „Pawlowsche Hund" lernte, dass er auf eine bestimmte Taste drücken muss, wenn ein Tonsignal ertönt, um Futter zu erhalten. Bald hatte er den Ton so eng mit Futter assoziiert, dass ihm schon der Speichel lief, wenn er nur den Ton hörte. Man kann Lebewesen aber auch durch negative Verstärker konditionieren, fand Skinner heraus. Seine Ratten lernten, dass der schmerzende Elektroschock aufhört, wenn sie eine bestimmte Taste drückten.

Wenn wir die Gesetze der Konditionierung auf eine Trennungssituation übertragen, dann bedeutet dies, dass der Schmerz (der Trennungsschmerz beziehungsweise Entzugsschmerz) aufhört, wenn wieder Kontakt zum Partner hergestellt wird. Stellen wir uns vor, dass ein Partner in akuter Wut und klarer Einsicht beschließt, dass es so nicht weitergehen kann. Nachdem alle Versuche, den Bindungsängstlichen zu einer Verhaltensänderung zu motivieren, gescheitert sind, sieht er keine andere Wahl, als die Beziehung zu beenden, um sein seelisches Gleichgewicht wiederherzustellen.

Wut ist ein Gefühl, das stark macht – stark genug, um die Trennung auszusprechen. Wir Psychologen nennen es auch „Trennungsaggression". Wenn der wütende Partner die Trennung an einem Arbeitswochentag durchzieht, hat er besonders gute Chancen erst einmal stabil zu bleiben, denn die Alltagsstruktur kann verhindern, dass er in ein tiefes Loch fällt. Dank der täglichen Routinen vermag er seine Entzugsschmerzen noch ganz gut niederzuringen. Dann kommt jedoch das Wochenende. Noch schlimmer: der Sonntag. Er fühlt sich entsetzlich einsam und allein und seine Wut weicht einer tiefen Trauer. Die Trauer lässt ihn sich schwach fühlen. Schöne Erinnerungen an die gemeinsame Zeit kriechen in ihm hoch, während die schlechten Erinnerungen an Kraft und Farbe verlieren. Er ist im Elend. An seine Freunde mag er sich nicht wenden, sie verbringen den Sonntag mit ihren Partnern. Er quält sich durch den Tag und fühlt sich depressiv. Seine Abwehrkräfte werden immer schwächer, er streicht ums Telefon. Ein Anruf, so denkt er, würde genügen und ich könnte die geliebte Stimme wieder hören, ich könnte sie/ihn vielleicht heute Abend noch sehen und alles wäre wieder gut. Irgendwann hält er es einfach nicht mehr aus, der Trennungsschmerz fühlt sich zu schlimm an. Seine Gedanken, die vor ein paar Tagen noch ganz klar zu dem Ergebnis gekommen waren, dass ein begrenztes Leiden durch eine Trennung allemal besser ist als ein Dauerleiden, indem die Beziehung so weitergeführt wird, sind auf einmal gar nicht mehr von dieser Lösung überzeugt. Sie haben sich mit der Depression verbündet und flüstern ihm nun ein, dass doch alles nicht so schlimm war und es auch so viele schöne Momente gegeben hat. Und – ganz wichtig: „XY liebt mich doch, auch wenn er/sie Probleme hat, dies so zu zeigen, wie ich mir das wünsche. Und trennen kann ich mich ja immer noch, aber ich will sie/ihn wenigstens noch einmal sehen, sprechen, berühren. Wie es ihr/ihm wohl geht? Wahrscheinlich auch nicht gut. Wir lieben uns doch, auch wenn alles so kompliziert und schwierig ist." So fräst sich ein Hoffnungsstrahl der Erlösung durch die bodenlose Trauer und der Gedanke nimmt Form an: „Ich muss sie/ihn sehen. Wenigstens muss ich wissen, ob er/sie auch leidet." Und so kommt ein Gedanke zum nächsten, der den Verzweifelten immer mehr überzeugt, dass die Trennung doch etwas übereilt war und zumindest im Moment nicht die richtige Lösung darstellt. Schon allein die Vorstellung, den Geliebten/die Geliebte noch einmal zu sehen, hebt die Stimmung. Und schließlich wird die „Taste" gedrückt, es wird wieder Kontakt hergestellt. Und der Schmerz, der eben noch so bodenlos war, verschwindet erst einmal oder wird zumindest viel erträglicher. Die negative Verstärkung hat funktioniert. Denn in den meisten Fällen ist der Bindungsängstliche auch froh, dass der Partner wieder ankommt. Oder der Bindungsängstliche hat selbst um den Partner gekämpft, weil der Verlust des Partners sein „Jein" in ein Ja verwandelt hat. Ich erinnere: Aus der Ferne können sich viele Bindungsängstliche durchaus sehnen, die Ängste und Zweifel werden in der Nähe und Festlegung laut. Wenn der Bindungsängstliche den Kontakt sucht, nachdem sein Partner sich getrennt hat, werden die meisten Partner früher oder später genauso schwach, als wenn er ihn nicht sucht. Wie bei dem Entzug von Drogen ist es auch bei einer Trennung, wenn sie gegen die Gefühle erfolgt. Es ist sehr schwer, die Entzugssymptome auszuhalten und sie nicht mit dem erneuten Griff zur Droge zu beenden.

Die Beziehung zu einem Bindungsphobiker birgt für die Partner eine ganze Reihe von Gefahren: vom emotionalen Kontrollverlust mit seinen tief greifenden Folgen bis hin zu Depressionen und psychologischen Verstrickungen, die an Süchte erinnern und die es dem Partner sehr schwer machen, sich aus dieser unglücklichen Konstellation zu befreien. Selbst wenn er mit dem Verstand längst gemerkt hat, dass sein Partner sich nicht wirklich einlassen wird und diese Beziehung niemals glücklich und ausgeglichen werden wird.

Im nächsten Kapitel stelle ich deshalb betont praxistaugliche Anregungen und Übungen vor, die Partnern helfen können, sich aus der Verstrickung einer bindungsphobischen Beziehung zu befreien. Denn erst mit freiem Kopf können Sie sich und Ihren Partner wieder mit klaren Augen sehen – und entscheiden, ob Sie diese Beziehung wirklich möchten oder nicht.

**Auswege aus dem Kontrollverlust –
finden Sie wieder zu sich selbst**

Für viele betroffene Partner wird sich die Frage stellen, ob sie der Beziehung noch eine Chance geben wollen oder ob sie sich besser endgültig zu einer Trennung aufraffen sollten. Diese Entscheidung kann ich Ihnen nicht abnehmen. Sie hängt unter anderem von dem Ausmaß der Bindungsunfähigkeit Ihres Partners ab und von Ihrem persönlichem Leidensdruck und Ihrer persönlichen Leidensfähigkeit. Zudem mögen für den Einzelnen gemeinsame Kinder und der Erhalt der Familie eine wichtige Rolle spielen. Es hängt auch von der Bereitschaft Ihres Partners ab, sich mit seiner Problematik auseinanderzusetzen, selbst etwas verändern zu wollen. Im Allgemeinen ist es jedoch so, dass die Bindungsängstlichen sich nicht ändern werden, weil der Partner das will. Das liegt in der Natur der Sache. Wenn Sie sich also entschließen sollten, bei Ihrem Partner zu bleiben, werden Sie sich wohl damit abfinden müssen, dass er so bleibt, wie er ist, und Sie sich mit dem, was Sie bekommen, zufrieden geben müssen. Egal ob Sie sich entscheiden, Ihre Beziehung fortzusetzen oder sich zu trennen, in beiden Fällen müssen Sie zu sich selbst zurückfinden und sich um ein gehöriges Maß unabhängiger machen als bisher. Das ist Ihnen wahrscheinlich schon lange klar. Die Frage ist nur wie? Um es vorwegzunehmen: Es ist nicht leicht, aber es ist möglich. Das zentrale Problem ist, dass Sie momentan im Kummertal feststecken und den Weg nach oben nicht erkennen können – die Bergspitze erscheint sehr weit weg, der Aufstieg kaum zu schaffen. Wenn der Kontrollverlust Sie fest im Griff hat, sind Ihre Gefühle und somit auch Ihre Gedanken von Ängsten und Depressionen beherrscht – von kurzen Zwischenhochs abgesehen. Die Angst und die Depression lassen Sie Ihren Partner, die Beziehung und die Zukunft stark verzerrt wahrnehmen. Alles erscheint so schwer und so tragisch.

Verlustangst kann sich wie Liebe anfühlen

Eine der tückischsten Nebenwirkungen des emotionalen Kontrollverlusts in bindungsgestörten Beziehungen ist die Verwechslung von Verlustangst und gefühlter „großer Liebe." Da bindungsgestörte Beziehungen durch den Achterbahn-Modus so aufregend, leidenschaftlich und dramatisch sind, kommen viele Betroffene zu dem falschen Schluss, dass diese Beziehung etwas ganz Einmaliges und Besonderes wäre. Gerade weil sie so intensiv fühlen und nicht vom Partner loskommen, meinen sie, es müsste sich um die große Liebe handeln. Die Partner sind wie hypnotisiert. Die Beziehung und der Bindungsängstliche werden mystifiziert und maßlos romantisiert. Deswegen reagieren viele Partner auch so störrisch, wenn ihnen gute Freunde raten, sich zu trennen und das Theater nicht mehr mitzumachen. In ihrer Liebestrance meinen die Betroffenen, dass keiner außer ihnen die Tiefe und Komplexität dieser einmaligen Liebe versteht. Sie finden, Außenstehende banalisieren diese zwar zugegebenermaßen schwierige, aber hoch komplexe Beziehung. Natürlich ist Ihre Beziehung einmalig. Aber das Muster, in dem Sie gefangen sind, ist es nicht. Dieses Beziehungsmuster gibt es in allen Variationen. Hören Sie auf, sich etwas vorzumachen und Ihre Beziehung zu mystifizieren. Schreiben Sie sich am besten Folgendes auf den Zettel: „Die Intensität deiner Empfindung zeigt dir nicht die Stärke deiner Liebe, sondern den Grad deiner Abhängigkeit."

Es ist aber auch durchaus möglich, dass Ihr Partner, abgesehen von seiner Bindungsangst, enorm attraktive Eigenschaften aufweist und die Beziehung tatsächlich sehr viel Potenzial hätte, wenn es nicht diesen Defekt gäbe. Das ist wirklich sehr traurig, sogar tragisch. Auch wenn es Ihnen sehr schwerfällt und Sie das eigentlich nicht wahrhaben wollen, aber genau dieser Defekt ist in den meisten Fällen tatsächlich so gravierend und die Änderungsbereitschaft des Betroffenen so gering, dass das Potenzial dieser Beziehung nie zur Entfaltung kommen wird. Wenn Ihr Partner keine Arme hätte, dann wäre es für Sie sichtbar, dass er Sie nicht umarmen kann. Bindungsangst ist jedoch äußerlich nicht erkennbar und deswegen tun sich die meisten Partner unheimlich schwer damit zu akzeptieren, dass es sich wirklich um eine tief greifende emotionale Störung ihres Partners handelt.

Wenn Sie aus diesem Drama aussteigen wollen, wenn Sie genug haben vom Leiden und den Demütigungen, dann sollten Sie sich im ersten Schritt bewusst machen, dass Ihre Gefühle Sie fehlleiten, dass Sie sich in diesem Fall nicht auf sie verlassen können. Das wird sehr schwer sein, weil sie sich so echt anfühlen. Das sind sie ja auch, aber: Sie interpretieren sie falsch. Was sich so intensiv anfühlt, ist Angst und nicht Liebe. Oder genauer: die Angst lässt Ihre Liebe so riesig erscheinen. Sie benötigen jetzt Ihren Verstand, um die folgende Unterscheidung vorzunehmen:

1. Ein Teil (wie viel?) meiner Gefühle ist vermutlich echt.
2. Ein großer Anteil von meinen Gefühlen ist ein Produkt aus Verlustangst, Verzweiflung, gekränkter Eitelkeit, Zuneigungshunger und Kontrollbedürfnis.

Es ist ganz wichtig, die Illusion zu durchschauen und den Zauber zu bannen. Hierfür ist es notwendig, die Auswirkungen des emotionalen Kontrollverlust auf das, was sich wie Liebe anfühlt, zu erkennen. Versuchen Sie sich den Grad Ihrer Angst in Prozenten klarzumachen. Um loslassen zu können – sei es mit dem Ziel, sich tatsächlich vom Partner zu trennen oder die Beziehung anders als bisher fortzusetzen –, darf die Verlustangst Sie nicht mehr dominieren. Sie ist die Hauptursache Ihres Leidens. Auf die Bekämpfung dieser Angst sollten Sie fortan alle Ihre Energien richten und nicht auf das Einfangen oder Halten des Partners. Egal ob Sie die Beziehung fortsetzen oder beenden wollen, in beiden Fällen müssen Sie das Ende Ihrer Beziehung in Kauf nehmen. Ich bin mir völlig im Klaren darüber, dass die meisten von Ihnen genau das nicht hören wollen. Sie haben sich erhofft, dass ich Ihnen sagen kann, mit welchen Mitteln Sie die Beziehung retten, Ihren Partner überzeugen können. Aber genau hier liegt die Paradoxie von bindungsgestörten Beziehungen: Je mehr Sie sich bemühen, desto größer wird die Wahrscheinlichkeit, dass Sie scheitern. Ich erinnere noch einmal daran, dass Bindungsängstliche panisch reagieren, wenn Sie das Gefühl haben, dass man sie in die Falle locken, festbinden, zu Zusagen drängen will. Sie können den inneren Widerstand gegen eine feste und verbindliche Beziehung Ihres Partners gar nicht überschätzen. Die einzige Chance, die Sie haben ist: loslassen. So grausam sich das für Sie anhören mag. Das Loslassen erfüllt hierbei zwei Funktionen: Wenn Sie Ihr Leben wieder unter Ihre eigene Kontrolle bringen und Ihre Abhängigkeit und Ihr Leiden hierdurch beseitigen oder wenigstens reduzieren möchten, müssen Sie loslassen. Und auch wenn Ihre Beziehung überhaupt noch eine Chance haben soll, dann nur, indem Sie aufhören an ihr festzuhalten.

Das grundlegende Problem für die meisten von Ihnen wird sein, dass Sie so gefangen sind in dieser Beziehung, dass Sie sich nicht vorstellen können, wie Sie auf Ihren Partner je verzichten könnten. Das Schlimmste wäre: Ihr Partner würde Sie verlassen. Und noch schlimmer: wegen einer/eines anderen! Bei diesem Gedanken ziehen sich Ihnen alle Eingeweide zusammen. Ich gehe jetzt noch einen Schritt weiter (aber bitte legen Sie das Buch nicht beiseite, es wird wieder besser!): Ihre Angst ist nicht unberechtigt. Ihr bindungsängstlicher Partner hat fürchterlich „die Hosen voll" und immer einen Fuß in der Nähe der Tür. Da Bindungsängstliche normalerweise genauso viel Angst vor der Zweisamkeit wie vor dem Alleinsein haben, neigen viele von ihnen dazu, sich zum leichteren Absprung von der Hauptbeziehung in die nächstbeste Affäre zu flüchten. Tappen Sie nicht in die Eifersuchtsfalle! Ich versichere Ihnen (jetzt wird es wieder besser!), Ihr allerschlimmster Albtraum wird nicht wahr werden: Er oder sie werden mit der nächsten Beziehung NICHT glücklicher. Es liegt nicht an Ihnen! Die Bindungsangst liegt im Betroffenen und der Knoten kann nur dort und ausschließlich von ihm selbst gelöst werden. Kein Partner der Welt wird dieses Problem für ihn lösen. Machen Sie sich die folgende Gleichung bewusst: Je mehr Ihr Partner für Sie empfindet, desto stärker ist sein Fluchtimpuls! Wenn er es also überhaupt in einer anderen Beziehung länger als mit Ihnen aushalten sollte, dann weil seine Gefühle dort weniger und seine Angst somit besser regierbar ist.

Erste Hilfe für Partner – das Gespräch mit dem inneren Kind

Wenn ich von „Bekämpfung" der Angst spreche, meine ich aber gleichwohl, dass Sie Verständnis und Mitleid für diese Angst, also für sich selbst, aufbringen dürfen und sollten. So wie ich den Bindungsängstlichen für den Umgang mit ihrer Angst das Gespräch mit ihrem inneren Kind empfohlen habe, so möchte ich diesen Rat auch den betroffenen Partnern erteilen. Versuchen Sie ganz bewusst, eine „Bewusstseinsspaltung" vorzunehmen: Da ist zum einen das „innere Kind" in mir, das schreckliche Angst hat, verlassen zu werden, und das meint, es würde diesen Verlust nicht überstehen. Bei dem Gedanken, den Partner zu verlieren, fühlt es sich abgrundtief traurig, geradezu verzweifelt. Warum, werden Sie sich jetzt möglicherweise fragen, soll das ein „inneres Kind" in mir sein? Das bin doch ich! Ich finde die Metapher vom „inneren Kind" sehr hilfreich, weil sie veranschaulicht, dass unsere Persönlichkeit sich aus vielen Anteilen zusammensetzt. Und jener Teil in Ihnen, der glaubt, ohne diesen Partner nicht leben zu können, ist ein kindlicher Anteil, der sich aus einer tiefen menschlichen Sehnsucht speist. Nämlich noch einmal so geborgen und umsorgt zu sein wie einst von der Mutter. Aus der einstigen Symbiose mit der Mutter verbleibt ein Wunsch nach Abhängigkeit, der unterschiedlich stark ausgeprägt in jedem von uns weiterlebt und der in Liebesbeziehungen wieder aktiviert wird. Unabhängigkeit ist immer auch anstrengend. Jeder Mensch sucht in seinem Partner auch ein Stück nach seinen Eltern und sehnt sich danach, umsorgt zu werden und Verantwortung abzugeben. Dieses

Bedürfnis ist tief biologisch in uns verankert. Aus dieser tiefen Ebene nähren sich unbewusst jene Ängste vor dem Verlassenwerden und dem Alleinsein. (Auf die Problematik jener Menschen, die über ein gesundes Maß hinaus geneigt sind, sich in Beziehungen abhängig zu machen, gehe ich später noch genauer ein.) Es ist der kindliche Anteil in uns, der das Gefühl hat, er könnte die Trennung kaum überleben, denn eine Trennung von der Mutter hätte uns tatsächlich in eine abgrundtiefe Einsamkeit geworfen und hätte sogar tödlich enden können. Es ist hilfreich, wenn Sie sich bewusst machen, dass Ihre Verlustangst nicht mit Ihrer ganzen Person gleichzusetzen ist, sie ist nur ein Teil von Ihnen. Ich betone dies deshalb, weil die meisten Partner, wenn sie in einer bindungsängstlichen Beziehung gefangen sind, sich von ihren Gefühlen vollkommen vereinnahmt fühlen. Deswegen ist es sehr wichtig, zu den eigenen Gefühlen ein wenig Abstand zu schaffen. Diesen Abstand kann der erwachsene Anteil Ihrer Person in Ihnen herbeiführen. Dieser erwachsene Anteil ist der Gegenspieler zu dem kindlichen Anteil. Ich habe bereits an anderer Stelle geschrieben, dass wir sowohl Bedürfnisse nach Abhängigkeit in uns tragen als auch Bedürfnisse nach Unabhängigkeit und Autonomie (s. a. S. 71ff). Der erwachsene Anteil in uns repräsentiert den Wunsch nach Eigenständigkeit. Das Überleben und das Lebensglück des erwachsenen Anteils hängt nicht von der Zuwendung seines Partners ab. Trennen Sie diese beiden Anteile in Ihrer Persönlichkeit. Lassen Sie das innere Kind nicht permanent den Erwachsenen regieren.

Der „innere Erwachsene" in Ihnen soll die Aufgabe übernehmen, das „innere Kind" in Ihnen zu trösten. Trösten Sie Ihr inneres Kind so, wie Sie ein Kind trösten würden, dem ein schlimmer Verlust droht. Seien Sie diesem Kind eine gute „Mama", ein guter „Papa" und erklären Sie ihm, dass es zwar sehr traurig sein wird, wenn diese Beziehung zerbricht, aber diese Traurigkeit nicht ewig anhalten wird. Erklären Sie ihm, dass es besser ist, jemanden gehen zu lassen, als an jemanden zu klammern, der einem nur wehtut und der einem immer Angst macht. Erklären Sie ihm, dass es viel länger unglücklich sein wird, wenn es sich weiter so abhängig von diesem Menschen macht, als wenn es die Tatsache akzeptiert, dass dieser Mensch ihm nicht das geben kann, was es sich wünscht und braucht. Versichern Sie Ihrem inneren Kind immer wieder, dass Sie, der gute Erwachsene, es nicht im Stich lassen und immer für es da sein werden.

Bislang haben Sie sich nicht gut genug um Ihr inneres Kind gekümmert. Sie haben immer wieder zugelassen, dass ihm wehgetan, dass ihm das Herz gebrochen wird. Sie müssen ihm nun erklären, dass es Menschen gibt, die es nicht so lieben können, wie das Kind es sich wünscht. Sie müssen ihm erklären, dass es nicht sein ganzes Glück von diesem Menschen abhängig machen darf.

Falls Sie mit Ihrem bindungsängstlichen Partner zusammenbleiben wollen, weil Sie als erwachsener Mensch trotz seiner Bindungsphobie gerne mit ihm zusammen sind, müssen Sie Ihrem inneren Kind erklären, dass es sich mit dem begnügen muss, was es von diesem Menschen erhält, weil dieser Mensch nicht mehr geben kann und nicht mehr geben will. Falls Sie sich entschließen, sich endgültig zu trennen, müssen Sie Ihrem Kind erklären, dass es besser für es ist, wenn es kurzfristig sehr traurig ist, als wenn es langfristig immer traurig bleibt. Sie müssen ihm versichern, dass Sie ganz bestimmt einen anderen Menschen finden werden, der es mehr lieben wird, der zu mehr Liebe fähig ist.

Was Sie Ihrem inneren Kind ganz eindringlich klarmachen müssen, ist, dass es nicht seine Schuld ist, wenn die Beziehung scheitert. Und dass sein persönlicher Wert nicht von dieser Liebe abhängt.

**Auswege aus der Abhängigkeit:
neun Hilfen, die den erwachsenen Anteil in Ihnen stärken**

Es ist wirklich nicht leicht, die starken Gefühle, die oft in bindungsgestörten Beziehungen empfunden werden, rational in den Griff zu bekommen. Dies ist aber nötig, ganz gleich, ob Sie sich trennen oder weiter mit Ihrem Partner zusammenbleiben wollen. Ich habe neun Anregungen für Sie zusammengestellt, die Sie direkt in die Praxis umsetzen können.

1. Schaffen Sie Gegengewichte zum Thema „Beziehung"

Durch den mehr oder minder permanenten Leidensdruck, den man als Partner in einer bindungsgestörten Beziehung verspürt, wird die Beziehung leicht zum Lebensmittelpunkt und Lebensinhalt. Andere Interessen werden vernachlässigt, weil man nicht genug Energie hat und auch innerlich kein Raum verbleibt, um sich auf etwas anderes zu konzentrieren, geschweige denn, sich für etwas anderes zu begeistern. Dazu kommt die große Bereitschaft, sich dem Partner anzupassen. Viele übernehmen den Freundeskreis und sogar die Hobbys Ihres Partners, um ihm möglichst häufig nahe sein zu können, zu demonstrieren, wie gut man zueinander passt, und um Konflikte zu vermeiden.

Um sich unabhängiger zu machen ist es von entscheidender Bedeutung, dass Sie sich wieder Lebensbereiche erobern und Erfolgserlebnisse sichern, die ausschließlich in Ihrer Hand liegen. Sie benötigen dringend festen, eigenen Boden unter den Füßen. Nehmen Sie sich Zeit und überlegen Sie gründlich, welche Bereiche in Ihrem Leben Sie zufrieden stellen und glücklich machen – jenseits von Ihrer Beziehung. Machen Sie eine Art Bestandsaufnahme. So könnten Sie beispielsweise über Ihre berufliche Situation nachdenken, Ihre Freizeitbeschäftigungen, Ihren Umgang mit Ihren Kindern oder über Probleme mit einem Freund. Vielleicht fällt Ihnen hierbei auf, dass Sie nicht ganz ausgefüllt sind, dass Sie möglicherweise zu wenig Hobbys oder zu wenige Freunde haben – zu wenig Gegengewicht zu dem Thema „Beziehung". Hier könnte die Überlegung hilfreich sein, wie Sie Ihre Zeit ausfüllen würden, wenn Sie keine Beziehung hätten. Überlegen Sie sich, wie Sie Ihre Lebensqualität unabhängig von der Beziehung verbessern können. Es ist der beste Zeitpunkt für eine berufliche Veränderung und sei es auch nur die Teilnahme an einer interessanten Fortbildung, um die Aufmerksamkeit verstärkt auf den Beruf, also auf ein anderes Thema als die Beziehung zu lenken. Vielleicht finden Sie eine Neigung, die Sie bislang nie verwirklicht haben. Möglicherweise wollten Sie schon immer ein bestimmtes Instrument erlernen, haben diesen Wunsch aber nie in die Tat umgesetzt. Es kann auch eine Sportart sein, ein ehrenamtliches Engagement oder der Vorsatz, vermehrt ins Theater und Kino zu gehen. Es gibt so unendlich viele interessante Dinge und Beschäftigungen auf dieser Welt, dass Sie bestimmt einiges finden werden, was Sie gern neu anfangen oder vertiefen wollen. Es ist jetzt der beste Zeitpunkt, um auf Eis gelegte Wünsche und Veränderungen in Ihrem Leben umzusetzen. Es geht darum, dass Sie sich bewusst machen, dass Ihr Leben und Ihr Lebensglück nicht allein von dieser Beziehung abhängen.

Eine Klientin fing aus diesen Überlegungen heraus an, Klarinette spielen zu lernen. Das machte ihr so viel Spaß, gab ihr so viele Erfolgserlebnisse und füllte ihre Freizeit so sinnvoll aus, dass ihr ihre Beziehung einfach nicht mehr so wichtig war wie vorher. Sie erzählte: „Früher waren die Wochenenden oft besonders bedrückend. Ich wartete auf einen Anruf von Uwe und bangte, dass wir etwas gemeinsam unternehmen. Anstatt zu warten, nehme ich heute meine Klarinette in die Hand und übe. Ich habe mich schon dabei ertappt, dass ich stundenlang gar nicht mehr an ihn dachte. Das wäre früher unvorstellbar gewesen." Sie hat mit der Musik etwas für sich gefunden, das sie völlig unabhängig von ihrem Partner glücklich macht. Hierdurch wurde ihr bewusst, wie viel Einfluss sie auf ihre persönliche Zufriedenheit nehmen kann, unabhängig davon, wie ihr Partner sich verhält. Dies verlieh ihr so viel Auftrieb, dass sie auch beruflich eine wichtige Veränderung durchführte, die ihre persönliche Zufriedenheit noch mehr erhöhte. Mit diesen Maßnahmen hat sie ihr Leben wieder in die eigene Hand genommen. Und genau darum geht es: Sie dürfen sich nicht hilflos mit Ihren ganzen Gefühlen den Manövern Ihres Partners ausliefern, stellen Sie die Kontrolle über Ihre Lebenszufriedenheit wieder her.

Die Konzentration auf sinnvolle und glücklich machende Beschäftigungen hat mehrere Nebeneffekte, die Partner in bindungsphobischen Beziehungen geradezu retten können:

- Sie leitet die Aufmerksamkeit von den Beziehungsproblemen weg und verschafft somit einen gesunden emotionalen Abstand. Bestimmt kennen Sie Momente, in denen Sie so mit anderen Dingen beschäftigt sind, dass Sie Ihre Beziehung für diese Zeit vergessen. Sie werden festgestellt haben, wie erholsam und gesund das ist.
- Die Beziehung verschafft Ihnen wesentlich mehr Frustration als Erfolgserlebnisse. Deswegen ist es für Ihre emotionale Bilanz sehr wichtig, sich auf anderen Gebieten Erfolgserlebnisse zu verschaffen. Hierdurch reduzieren Sie erheblich Ihre Abhängigkeit vom „Beziehungserfolg". Der Erfolg auf anderen Gebieten stärkt Ihr Selbstbewusstsein. Somit kommen Sie mit Ihrem Partner wieder mehr auf Augenhöhe. Seine Bedeutung für Ihr Leben wird auf eine gesunde Weise reduziert.

- Durch die verstärkte Erfahrung, dass Sie selbst Einfluss auf Ihren persönlichen Erfolg und auf Ihre Zufriedenheit nehmen können, sinkt Ihr Gefühl der Abhängigkeit. Sie werden sich autonomer und wesentlich freier fühlen.

Manche Partner haben Angst, dass ihnen ihr Partner noch mehr abhanden kommen könnte, wenn Sie sich wieder vermehrt auf sich selbst beziehen. Diese Sorge ist unberechtigt. Falls Ihr Partner sich tatsächlich von Ihnen abwenden sollte, weil Sie wieder mehr zu sich selbst finden, dann sollte Ihnen das nur als Beweis dienen, dass er oder sie wirklich nicht der oder die Richtige war. Normalerweise ist die höhere Unabhängigkeit jedoch ein guter Weg, um aus dem Beziehungsclinch heraus zu finden. Sie werden sich ausgeglichener fühlen. Die zermürbenden Diskussionen um die Beziehung nehmen ab und Ihr Partner, der ohnehin ein Problem damit hat, sich für Sie verantwortlich zu fühlen, wird wieder mehr Luft zum Atmen verspüren und sich somit wieder lieber in Ihrer Nähe aufhalten.

Im Übrigen können und sollten Sie Ihrem Partner ruhig offen kommunizieren, warum Sie sich mehr um sich selbst kümmern und weshalb das für Ihre Beziehung wichtig ist. Ich rate Ihnen ausdrücklich davon ab, einen heimlichen „Ich-werde-es-dir-jetzt-mal-zeigen"-Trip zu unternehmen. Das ist unsouverän und das haben Sie nicht nötig. Bleiben Sie transparent und locker, damit zeigen Sie ihm zum einen, dass Sie nicht gegen ihn, sondern für sich handeln. Und zum anderen sind Sie ein gutes Vorbild, denn Ihr Partner hat ja seinerseits Schwierigkeiten transparent zu kommunizieren.

2. Treten Sie klar für Ihre Rechte ein

Viele Partner haben Angst, das brüchige Beziehungsband durch Konflikte zu belasten und sagen oft Ja, obwohl sie Nein fühlen. Sie passen sich immer mehr der verworrenen Kommunikation ihres Partners an und wollen möglichst alles unterlassen, was ihn noch mehr verscheuchen könnte. Wenn dann jedoch das Fass wieder überläuft, kommt es zu Szenen, Schreierei und Tränen. Machen Sie sich auch hier unabhängiger. Sagen Sie Ihrem Partner klar, was Sie wollen und was für Sie akzeptabel ist und was nicht. Streichen

Sie gemeinsame Unternehmungen, die Sie ausschließlich ihm zuliebe mitmachen. Wenn Sie auf eine Party gehen wollen und Ihr Partner lieber zu Hause bleiben möchte, dann gehen Sie allein. Oder umgekehrt. Wenn Sie, nur um mit ihm zusammen zu sein, auf eine gänzlich uninteressante Veranstaltung mitgehen wollen, dann lassen Sie das. Treffen Sie sich lieber mit einem Freund, einer Freundin, besuchen Sie Ihre Mutter oder gehen Sie lieber Ihrem (neuen) Hobby nach. Zum einen macht Sie diese hohe Anpassungsbereitschaft selbst unglücklich und zum anderen unattraktiv. Das Wichtigste ist allerdings, dass Sie auch in diesem Punkt zu Ihrer Autonomie und Lebenszufriedenheit zurückfinden müssen. Egal, ob Sie bei Ihrem Partner bleiben oder sich trennen, Sie müssen lernen, zu Ihrem „emotionalen Selbstversorger" zu werden und nicht mehr darauf zu bauen, dass er sie glücklich macht. Auch diese Kehrtwendung in Ihrer Einstellung sollten Sie ihm freundlich und offen mitteilen.

Machen Sie sich grundsätzlich frei von der falschen Überzeugung, dass das Gelingen Ihrer Beziehung von Ihrer Anpassungsbereitschaft abhängt. Ihr Partner hat sein Beziehungsproblem völlig unabhängig davon, wie viel Sie sich anpassen, wie viele Konflikte Sie vermeiden und wie sehr Sie auf ihn eingehen. Sollte Ihr Partner jedoch auf Ihre neue Selbstständigkeit und den damit verbundenen Machtverlust ärgerlich reagieren, obwohl Sie ihm Ihre Gründe freundlich und offen dargelegt haben, dann sollten Sie das als Hinweis nehmen, dass er ein Problem hat, Einfluss und Kontrolle über Sie zu verlieren, und nicht als Hinweis, dass Ihre Maßnahmen falsch sind. Unterwürfigkeit rettet Ihre Beziehung nicht, sondern verlängert nur Ihren Fall.

3. Lassen Sie sich nicht in seine Probleme verstricken

Ein Hauptsymptom bindungsgestörter Beziehungen ist die übermäßige gedankliche Beschäftigung mit dem Problem des bindungsunwilligen Partners. Die ständige Ambivalenz, das hartnäckige „Jein", verleitet den Partner dazu, den Bindungsscheuen bis in dessen letzte Gehirnwindungen verstehen zu wollen. Triebfeder für dieses Verstehenwollen ist die daran geknüpfte Hoffnung, etwas verändern zu können. Nach dem Motto: Wenn wir erst einmal verstehen, wo das Problem genau liegt und welche Ursachen es hat, dann können wir es auch lösen. Wie ich bereits geschrieben habe, entwickeln sich manche Partner geradezu zu Experten für Bindungsängste. Mit dem Verständnis verbindet sich auch oft Mitleid für den Partner. Wie hätte dieser arme Mensch denn auch Bindungsfähigkeit erwerben können bei dieser Mutter? Verständnis ist ja schön und gut, aber in diesem Fall hat es den gravierenden Nachteil, dass es Sie zu stark an Ihren Partner bindet. Und es verleitet Sie dazu, selbst viel zu viel Verantwortung für die Beziehung zu übernehmen. Viele Bindungsängstliche nutzen diese Schwäche des Partners auch bewusst oder unbewusst aus: Sie reiten selbst auf ihrem Problem herum und bemitleiden sich dafür. Die meisten wollen den Partner ja auch nicht wirklich verlieren, sie wollen ja nur mehr Freiheit und eine möglichst unverbindliche Beziehung. Da bietet es sich an, mit dem Partner immer mal wieder über die eigenen Probleme zu sprechen. Hierdurch kann man den Partner mit Verständnis halten, ohne sich jedoch selbst wirklich verändern zu müssen.

Ich kann allen Partnern nur raten, nicht zu sehr in die Unterwelten der Bindungsangst hinabzusteigen und jeden Looping der Gefühlsachterbahn Ihres Partners mitzufahren. Sie werden die Widersprüche kaum auflösen können und Kopfschmerzen bekommen. Es besteht die riesige Gefahr, dass Sie sich selbst viel zu stark in diese Kompliziertheit verstricken und den Überblick über Ihre eigenen klaren Linien verlieren. Und die brauchen Sie in so einer Beziehung. Halten Sie auch hier einen gesunden Abstand ein! Machen Sie sich bewusst, was sich auch Ihr Partner bewusst machen muss: Heute ist er erwachsen und für seine Probleme selbst verantwortlich. Er kann sich Hilfe holen, er kann etwas verändern. Schreiben Sie sich am besten auf den Zettel: „Es gibt nichts Gutes, außer man tut es!" Bindungsängstliche sind Spezialisten darin, ihre Probleme – zumindest ansatzweise – zur Kenntnis zu nehmen, ohne sie zu verändern. Machen Sie sich immer wieder klar, Sie werden seine Probleme nicht lösen können. Sie haben genug damit zu tun, sich selbst aus der Abhängigkeit zu befreien und wieder die Kontrolle über Ihr Leben zu gewinnen.

In diesem Zusammenhang ist es auch sehr wichtig, dass Sie sich klarmachen, dass Sie keine Schuld an dem Verlauf der Beziehung tragen. Da Bindungsängstliche oft auf den ersten zehn Metern der Beziehung unschlagbar sind, neigen viele Partner dazu, sich für den dann folgenden Abstieg verantwortlich zu fühlen. Viele denken: Wenn ich mich nur anders verhalten hätte, dann wäre es anders gekommen. Weil der Bindungsängstliche sich so widersprüchlich und diffus verhält, neigen die Partner zu dem Glauben, sie müssten nur das richtige Knöpfchen finden, um den Partner wieder auf den gewünschten Kurs zu bringen. Falsch! Zu einer funktionierenden Partnerschaft gehören immer zwei Menschen.

4. Akzeptieren Sie Ihre Niederlage

Um loszulassen, müssen Sie sich von dem Gedanken befreien, Sie könnten „gewinnen". Akzeptieren Sie Ihre Hilflosigkeit, was die Veränderung seines Verhaltens betrifft. Vor allem die Kämpfernaturen tun sich schwer, einen Misserfolg zu akzeptieren. Sie haben überzogene Vorstellungen von ihren persönlichen Einflussmöglichkeiten. Die Kämpfernaturen können es als persönliche Herausforderung und Entwicklungsaufgabe annehmen, sich im „Loslassen zu üben". Das Festhalten ist ihre persönliche Schwäche. Solange es noch etwas zu kämpfen, zu regeln und zu drehen gibt, fühlen sie sich noch einigermaßen wohl. Dramatisch wird es, wenn man „nichts machen mehr kann". Da drohen die Verzweiflung und der Absturz in die Depression. Reflektieren Sie Ihre persönliche Einstellung zu dieser Hilflosigkeit und der Unfähigkeit aufzugeben und loszulassen. Aufgeben kann im richtigen Moment eine Stärke sein. Nämlich, die Weisheit zu erkennen, wo kämpfen sinnlos ist. Das tut in dem Moment zwar sehr weh, ist aber langfristig erheblich weniger schmerzhaft als ein verlorener Dauerkampf. Damit Sie nicht völlig in der Verzweiflung versinken, legen Sie den Hebel um und richten Sie Ihre Kämpferenergie auf sich selbst. Tun Sie alles, damit es Ihnen gut geht. Hierfür lohnen sich Ihre Energien und Ihr Kampf. Schreiben Sie sich auf den Zettel: „Der einzige Mensch, auf den ich Einfluss nehmen kann, bin ich selbst!"

5. Verbannen Sie Ihre verletzte Eitelkeit

Die verletzte Eitelkeit hängt eng mit der gerade beschriebenen Machtlosigkeit zusammen. Das Verhalten der Bindungsgestörten ist extrem verletzend für das Ego der Partner. Sie müssen viele

Abfuhren einstecken und Unterlassungen ertragen. Die persönliche Bestätigung ist sehr bruchstückhaft. Das kränkt. Die persönlichen Kränkungen sind häufig auch ein Grund dafür, dass die Partner sich so schwer abwenden können. Die wenigsten Menschen gehen gern mit einer persönlichen Niederlage vom Platz. Viele verbeißen sich deshalb in einen Machtkampf mit ihrer bindungsgestörten Zielperson. Robert, ein 33-jähriger Kaufmann, beschrieb diese Dynamik sehr anschaulich: „Nachdem Gabi und ich einige Monate zusammen waren, wurde sie in ihrem Verhalten sehr sprunghaft und launisch. Mal war sie ganz lieb und verschmust, dann wieder sehr zickig und abweisend. Zuckerbrot und Peitsche. Was mich am meisten frustrierte, war ihre Angewohnheit, manche Verabredungen ganz kurzfristig abzusagen. Je nach ihrer Laune fühlte ich mich wie ein Prinz oder wie ein Bittsteller. Ich war ein derartiges Programm von meinen vorherigen Freundinnen nicht gewohnt. Im Gegenteil, bisher war immer ich derjenige gewesen, der irgendwann mehr Distanz suchte. Ich konnte Gabis Verhalten nicht einordnen, es gab keinen roten Faden, wann sie wie reagierte. Ich fürchtete ihre Zurückweisungen und bemühte mich sehr, sie bei Laune zu halten. Ich brachte ihr häufig Blumen und kleine Geschenke mit und versuchte besonders cool und lässig zu sein, um sie zu beeindrucken. So viel Aufwand hatte ich noch nie in einer Beziehung betrieben. Es wurmte mich unendlich, dass ich sie nicht richtig an die Angel kriegte, sie schwamm mir immer wieder davon. Ich war permanent beleidigt, auch wenn ich versuchte, mir möglichst nichts anmerken zu lassen. Wenn sie einen schlechten Tag hatte, meckerte sie ständig an mir herum. Das verunsicherte mich sehr. Ich zerbrach mir den Kopf, wie viel an dem, was sie sagte, wohl stimmte. Wenn sie hingegen einen guten Tag hatte, war sie hingebungsvoll und leidenschaftlich und wir hatten den aufregendsten Sex. Ich setzte meine ganzen Energien daran, sie – mir fällt kein besseres Wort ein – zu bezähmen. Ich wollte sie mit allen Mitteln dauerhaft für mich gewinnen. Ich musste mir beweisen, dass ich sie kriege, dass ich der Stärkere bin. Ich konnte diese Abweisungen und Kränkungen, die sie mir immer wieder zufügte, nicht auf mir sitzen lassen."

Roberts Bericht mag in seiner Wortwahl sehr „männlich" sein. Eine Frau würde es wohl etwas milder, man könnte auch sagen „diffuser" formulieren. Aber gerade durch seine klaren Worte bringt Robert das Problem auf den Punkt: Der Partner hängt an der Angel, weil er sich so unterlegen fühlt und die persönliche Kränkung nicht auf sich sitzen lassen kann. Nach jeder Frustration, jeder Abfuhr muss er sich aufs Neue beweisen, dass der Näheflüchter ihn in Wahrheit doch liebt und leidenschaftlich begehrt. Er muss sich beweisen, dass die Zielperson letztlich nur aus Angst und anderen „niederen Motiven" davonläuft, aber nicht, weil man etwa selbst nicht genügend wäre. Eitelkeit ist ein starkes Motiv, dem Partner hinterherzulaufen, was sich viele jedoch nicht eingestehen mögen.

Machen Sie sich bewusst, wie viel Selbstwertkränkung bei Ihnen mit im Spiel ist. Und verlassen Sie sich auf meine Worte, Ihr Partner wird Sie nicht heilen können. Seine Bindungsangst wird ihn immer wieder dazu verleiten, Sie zurückzustoßen und Sie immer wieder zu kränken. Noch einmal: Sie haben keinen Einfluss auf ihn – egal wie toll Sie sind und was Sie tun.

6. Gestehen Sie sich die Realität Ihrer Beziehung ein

Partner von Bindungsängstlichen leiden unter einem schlechten Gedächtnis. Sie gewichten die „Sonnenstunden" der Beziehung dreimal so hoch und rufen sie sich immer wieder in Erinnerung, während sie die dunklen Stunden und Tage beiseiteschieben und vergessen. Eigentlich befinden sich die Partner permanent in einem Zustand des Wartens darauf, dass die eigentliche Beziehung beginnt. In den Köpfen der Partner findet die Beziehung in der Zukunft statt, auf diesen Zeitpunkt projizieren sie ihre Träume und Wünsche. Übermorgen, nächste Woche, nächstes Jahr wird er/sie sich endlich richtig zu mir bekennen, sich richtig einlassen.
Aufgrund der Nähe-Distanz-Taktik der Bindungsängstlichen bleibt die normale Alltagsphase der Beziehung aus. Ein alltägliches, verlässliches „normales" Miteinander findet nicht statt. Die Beziehung bleibt quasi auf dem Niveau der Annäherungsphase hängen. Dies ist auch ein Grund, warum sich bei den Partnern häufig nicht der Zustand der frischen Verliebtheit legt, da die Beziehung nie in ein Stadium der Sicherheit und Verbindlichkeit gelangt. Weil der bindungsscheue Partner in gewisser Weise unerreichbar bleibt, wird er zudem stark idealisiert wahrgenommen. Die Partner kommen nie in einen Zustand, in dem sie sich mal entspannt zurücklehnen und die

Schwächen ihres Partners wahrnehmen können – abgesehen von seiner Hauptschwäche, seiner Bindungsangst. Dazu sind sie viel zu sehr damit beschäftigt, den Partner einzufangen. Ich rate Ihnen deswegen zu einem Realitätscheck. Notieren Sie sich schriftlich die guten und die schlechten Seiten Ihrer Beziehung. Machen Sie sich bewusst, in welchem Verhältnis sie zueinander stehen – wie viel Ihrer Zeit sind Sie mit schlechten Gefühlen und Gedanken beschäftigt im Vergleich zu den guten? Denken Sie gründlich darüber nach, was Sie an Ihrem Partner stören würde, wenn Sie ihn sicher hätten. Überprüfen Sie die unterschwelligen Versprechen, die Ihr Partner Ihnen macht – was ist bisher wirklich eingetreten? Machen Sie sich bewusst, dass die Realität das ist, was Sie in dieser Beziehung bisher erlebt haben, und nicht das, was Sie sich erträumen. Erstellen Sie „Mängellisten" und halten Sie sich diese vor Augen, um Ihrem schlechten Gedächtnis vorzubeugen. Und hören Sie auf, sein oder ihr Verhalten zu verstehen, zu rechtfertigen und zu entschuldigen. Verständnis ist zwar unter normalen Umständen eine lobenswerte Eigenschaft, aber in diesem Fall versperrt es Ihnen den Blick auf die realen Schwächen Ihres Partners und Ihrer Beziehung.

EXKURS: Warum komme ich immer an die Falschen?
Bindungswunsch und Bindungszwang

Die Dynamik des emotionalen Kontrollverlusts und der negativen Verstärkung wirken mit so großer Macht, weil unser Bedürfnis nach Bindung sehr existenziell und tief greifend ist. Bei den Menschen, die in ihrer Kindheit einen sicheren Bindungsstil erworben haben, besteht ein gesunder Bindungswunsch, der sie antreibt, Bindungen zu suchen und aufrechtzuerhalten. Durch dieses starke Motivationssystem können auch sie in den Sog des emotionalen Kontrollverlusts geraten. Allerdings nicht so lange und in der Regel auch nicht so abgrundtief wie ein Mensch, dessen natürlicher Bindungswunsch durch seine Kindheitserlebnisse in einen Bindungzwang übersteigert wurde. Schlechte Kindheitserfahrungen können nicht nur wie bei den Bindungsängstlichen zu einer Vermeidung von engen Bindungen führen, sondern auch genau zum Gegenteil: zu einer extremen Abhängigkeit von Bindung beziehungsweise vom jeweiligen Partner.

Liebe und Abhängigkeit

Manche Menschen haben aufgrund von bestimmten Persönlichkeitsmustern eine Neigung dazu, immer wieder in krank machende Beziehungen hineinzugeraten und extrem lange an ihnen festzuhalten. Sie sind quasi der Gegenpol zu den bindungsängstlichen Naturen. Sind die Bindungsängstlichen bestrebt, sich durch Distanz vor Verletzung und Vereinnahmung zu schützen, so sind die Abhängigen bestrebt, dem geliebten Menschen so nah wie möglich zu sein, denn jede Trennung und Entfernung machen ihnen Angst. Ist die Angst des Bindungsängstlichen die Angst vor der Hingabe, so ist die Angst des Abhängigen die vor der Eigenständigkeit. In ihrem Wachbewusstsein verspüren sie allerdings nur massive Verlustängste. Auf einer tieferen Ebene verbirgt sich jedoch dahinter die Angst davor, auf eigenen Füßen zu stehen und ein unabhängiges Leben zu führen. Sie brauchen den anderen, um sich vollwertig und lebensfähig zu fühlen. Durch ihre persönliche Entwicklungsgeschichte konnten sie ihr eigenes Ich nicht stark genug entwickeln und benötigen deswegen ein starkes Ich von außen, das ihnen Halt gibt. Je abhängiger sie sich jedoch vom anderen machen, desto schwächer fühlen sie sich. Wollten sie jedoch mehr Eigenständigkeit, müssten sie ihre Umklammerung etwas lockern, sie müssten also etwas Distanz einnehmen. Da Distanz jedoch ihre Verlustängste auslöst, vermögen sie diesen wichtigen Lösungsschritt nicht zu vollbringen.

Um die größtmögliche Nähe zum Partner herzustellen, benötigen sie eine erhebliche Anpassungsbereitschaft, denn Eigenständigkeit und Individualität gefährden die Nähe. Je stärker ein Mensch seine eigene Persönlichkeit entwickelt, je individueller er sich entfaltet, desto mehr unterscheidet er sich vom anderen. Je mehr Kontur die eigene Persönlichkeit gewinnt, desto deutlicher verläuft die Trennungslinie zwischen Du und Ich. Folglich sind die Abhängigen bestrebt, sich bestmöglich an die Bedürfnisse, sozusagen an die „Form" des anderen anzupassen, um ihm so nah wie möglich zu sein. Grundvoraussetzung hierfür ist, dass sie die eigenen Wünsche und Bedürfnisse, so weit es geht, verleugnen, sie im „Idealfall" gar nicht mehr spüren. Denn je dringlicher ich einen Wunsch verspüre, desto mehr Energien setzte ich daran, ihn zu verwirklichen. Wenn der eigene Wunsch dem Wunsch des anderen jedoch zuwiderläuft, dann müsste ich ihn gegen den anderen behaupten. Dies wiederum könnte zu einer Auseinandersetzung führen. Ich müsste mich also aus-einander-setzen und mich somit, zumindest für diesen Moment, vom anderen lösen. Das Sich-getrennt-Fühlen macht aber Angst und um diese Angst zu umgehen, werden die eigenen Wünsche unterdrückt, damit die Harmonie und die Nähe zum Partner gesichert bleibt. Die Abhängigen sind folglich ebenso konfliktscheu wie die Bindungsängstlichen, nur dass ihre Konfliktscheu nicht in eine chronische Verweigerungshaltung mündet, sondern in eine chronische Anpassungsleistung. Streben die Bindungsängstlichen ein Höchstmaß an Kontrolle an, so neigen die Abhängigen zur Unterwerfung. Folglich trotzen sie nicht gegen die Erwartungen ihres Partners, sondern sind beflissen, diese zu erfüllen. Wittert der Bindungsängstliche Erwartungen bereits, bevor sie ausgesprochen werden, um sich ihnen zu widersetzen, so ahnt der Abhängige Erwartungen, um ihnen bestmöglich nachzukommen.

Damit die Anpassung gelingt, bedarf es aber noch einer weiteren psychischen Notwendigkeit: der Idealisierung des Partners. Sind die Bindungsängstlichen sehr misstrauisch und halten einen kritischen Sicherheitsabstand ein, haben die Abhängigen einen Weichzeichner in ihre Wahrnehmung eingebaut. Denn der kritische Blick auf den/die Geliebte/n würde ja wiederum Distanz schaffen. Außerdem ist der Blick gerade wegen der Nähe so verschwommen. Wenn Sie ein Bild ganz nah betrachten, werden Sie es nicht so scharf sehen können, wie wenn Sie es auf Armeslänge von sich entfernt halten.

Die Kindheit der Abhängigen

Neben dem lebensgeschichtlichen Hintergrund, der abhängige Persönlichkeiten hervorbringt, liegt eine Ursache auch im Wesen der Person. Die Abhängigen bringen ein besonders warmes, gefühlvolles Gemüt und ein hohes Einfühlungsvermögen mit auf die Welt. Dies verbindet sich mit einem geringen Aggressionspotenzial und wenig Kampfbereitschaft. Sie sind von Natur aus friedfertig, gutmütig und harmoniebedürftig. Aber auch etwas phlegmatisch, eine Neigung zur Passivität ist ihnen bereits in die Wiege gelegt.

Ihre Kindheit ist häufig jenen Kindheiten der Bindungsängstlichen sehr ähnlich, nur haben die Abhängigen unbewusst eine andere Entscheidung getroffen, um mit ihren Problemen fertig zu werden. Es gibt eine große Schnittmenge zwischen den Bindungsängstlichen und den Abhängigen, was ihre frühen kindlichen Erfahrungen betrifft. Nur sind die einen aufgrund ihrer Kindheit rechts abgebogen und die anderen links. Elternhäuser wie ich sie im Kapitel II unter dem Stichwort „ängstlich-vermeidende Bindung" (s. S. 84) und „gleichgültig-vermeidende Bindung" (s. S. 92) beschrieben habe, können auch einen abhängigen Persönlichkeitsstil hervorbringen. Ob ein Kind sich eher für die Abhängigkeit oder Unabhängigkeit „entscheidet", hängt vermutlich stark von seinem angeborenen Gemüt ab. Die Zusammenhänge sind wissenschaftlich noch nicht klar zu beantworten.

Der anklammernde Bindungsstil, den ich unter dem entsprechenden Abschnitt beschrieben habe, ist hier auch synonym mit dem Wort „Abhängigkeit" zu verwenden. Dort wurde beschrieben, dass ein elterliches Erziehungsverhalten, das stark zwischen Zuwendung und Zurückweisung schwankt, einen anklammernden Bindungsstil begünstigt. Aber auch zu viel Anpassungsdruck in der Kindheit (s. S. 121) oder ein sehr überbehütendes Verhalten der Mutter und der Eltern kann Abhängigkeitstendenzen beim Kind sehr verstärken. Derselbe Erziehungsstil kann also je nach Gemütsveranlagung des Kindes entweder zu starken Autonomiebestrebungen wie bei den Bindungsängstlichen führen oder zu starker Abhängigkeit. Kinder mit abhängigen Tendenzen legen sich früh ein Verhaltensmuster zu, das sie ihren Eltern möglichst nahe bringt: Sie sind lieb, brav, folgsam und fleißig. Sie erfüllen eifrig die Erwartungen ihrer Eltern, denn nur so können sie sich ein Stück Liebe sichern – oder zumindest Strafe oder Missachtung vermeiden. Im Unterschied zu den Bindungsvermeidern haben sie also nicht völlig resigniert – sie sehen noch gewisse Einflussmöglichkeiten auf das Verhalten ihrer Eltern. Die Anpassung des Kindes an die Bedürfnisse der Eltern, mit dem unbewussten Ziel, sich immer wieder zu beweisen, dass die Eltern es doch lieb haben und dass es doch etwas wert ist, zwingt das Kind seine eigenen Bedürfnisse weit zurückzustellen. Da sein Blick ängstlich auf die Eltern und deren Wünsche fixiert ist, übt es wenig, den Blick nach innen zu richten – auf die eigenen Bedürfnisse und Wünsche. Stattdessen trimmt es sich darauf, die Wünsche seiner Umgebung zu erspüren. Ohne dieses eigene Wollen entwickelt sich jedoch das „Ich-Gefühl" zu schwach. Denn wenn ich meine eigenen Bedürfnisse kaum fühle, dann fühle ich mich selbst wenig. Wenn ich immer nur mache, was die anderen wollen, und schon gar nicht mehr weiß, was ich selbst überhaupt will, entsteht ein Lebensgrundgefühl der Fremdbestimmung. Selten habe ich das Gefühl, dass ich es bin, der etwas will und tut. Dieser geringe Kontakt zu den eigenen Wünschen führt auch zu einer ausgeprägten Entscheidungsschwäche, unter der diese Menschen als Erwachsene oft leiden.

In seinem Streben nach Anerkennung und Liebe bleibt das Kind abhängig von den Eltern. Sein Blick ist auf deren Zustimmung gerichtet, damit wird das „Du" im Erleben des Kindes überwertig. Es klammert an den Eltern, weil es unterschwellig ständig Angst hat, ihre Liebe zu verlieren, wenn es sich von ihnen entfernt. Es muss die Eltern sozusagen im Auge behalten, weil es nicht auf ihre Liebe vertraut. Die Nähe und Anpassung an seine Eltern verleiht ihm ein gewisses Maß an Kontrolle über seine Beziehung zu ihnen. Durch diese enge Bindung an die Eltern übt sich das Kind zu wenig, „die Welt da draußen" zu erkunden und eigenständige Erfahrungen zu sammeln.

Auch als Erwachsene sehnen sich viele dieser Kinder noch nach der Anerkennung und einem überzeugenden Liebesbeweis ihrer Eltern. Zudem haben sie nicht gelernt, eigenes Wollen in eigene Entscheidungen umzusetzen und somit selbstständig zu handeln. Sie fühlen sich angewiesen auf eine andere starke Person, die sie liebt und leitet. Sie fühlen sich am sichersten in der Abhängigkeit, Unabhängigkeit macht ihnen Angst. In ihrer übersteigerten Form kann diese Angst in Panikattacken münden.

Ich möchte an dieser Stelle hervorheben, dass die obigen Ausführungen nicht zwangsläufig zugrunde legen, dass die Eltern dieser Kinder ihre Kinder tatsächlich wenig oder gar nicht lieben. Ich habe unter meinen Klienten auch solche beraten, die aus relativ intakten Familien kommen. Bei einer entsprechend „weichen" Gemütsveranlagung des Kindes reicht es manchmal schon, wenn die Mutter oder die Eltern zu stark bemüht sind, das Leben des Kindes nach ihren Vorstellungen zu regeln, dies kann durchaus in sehr liebevoller Absicht geschehen. Durch die ungünstige Passung von kindlicher Veranlagung und Erziehungsstil reicht dies jedoch bei manchen Menschen aus, um einen abhängigen Persönlichkeitsstil zu entwickeln.

„Wenn ich will, dass du mich liebst, muss ich mich so verhalten, wie du mich haben willst", ist das Programm dieser Kinder. Es wird später auf erwachsene Liebesbeziehungen übertragen. Der abhängige Erwachsene braucht den Partner, damit nun dieser ihm bestätigt, dass er eigentlich doch liebenswert ist und damit er ihn vor zu viel Eigenständigkeit schützt. Um dies zu erreichen, greift er zu den erlernten Strategien: Anpassung bis hin zur Selbstverleugnung, Konfliktvermeidung und hilfloses Klammern.

Rebecca, 21 Jahre, gibt in ihrem Bericht eine typische Schilderung einer abhängigen Beziehung:

„Als ich David kennenlernte, war ich so, wie ich immer sein wollte: sehr schlank und selbstbewusst. Ich hatte gerade das Abitur mit einer sehr guten Note bestanden und durch den Prüfungsstress fünf Kilo abgenommen. Während meiner Schulzeit war ich eher der Strebertyp und galt als Mauerblümchen. Aber das gute Abi und die neue Figur gaben mir einen starken Auftrieb. Ich kaufte mir gewagte Klamotten und schminkte mich das erste Mal. Ich dachte, jetzt fängt ein neues Leben an, ich kann mich noch mal ‚ganz neu erfinden'. Nach dem Abi jobbte ich, um die Zeit bis zum Studienanfang zu überbrücken, in einer Werbeagentur als Mädchen für alles. Die Kollegen in der Werbeagentur hatten das alte Mauerblümchen nie gesehen. Zum ersten Mal flirteten Männer mit mir, ich war der Agentur-Liebling. So viel Anerkennung und Aufmerksamkeit hatte ich in meinem ganzen Leben noch nicht erhalten. David arbeitete in der Agentur als Werbegrafiker. Er war zehn Jahre älter als ich und sah sehr gut aus. Erst dachte ich, er würde wie die anderen nur flirten. Als er mich dann aber zum Abendessen einlud und mir erzählte, er habe sich in mich verliebt, bin ich fast tot umgefallen. Ich konnte es kaum fassen, dass so ein toller Mann wie David sich für mich interessierte. Bis dahin hatte ich kaum Erfahrungen mit Männern gemacht und ich hatte unheimliche Angst, dass David meine Unerfahrenheit abschrecken würde. Aber das Gegenteil war der Fall. Er fand meine Naivität und mangelnde Lebens- und Liebeserfahrung charmant und liebenswert, so sagte er jedenfalls. Er nahm für mich so eine Art Vaterrolle ein. So erklärte er mir oft Dinge über Politik, die Kollegen oder seine spirituellen Ansichten und ich sog alles begierig in mich auf. Er beriet mich auch in Modefragen und erklärte meiner Frisörin, wie sie mir die Haare schneiden sollte. Mir war das alles sehr recht, da ich mich in Geschmacksfragen nie besonders sicher gefühlt hatte. Ich hatte nur ein Ziel: ihm zu gefallen. Manchmal ging mir zwar seine belehrende Art auf die Nerven, aber ich hätte nie den Mut gehabt, ihm das zu sagen. Eigentlich tat ich einfach nur das, was er wollte. Ich lebte in der ständigen Angst, ihn zu verlieren, weil ich immer dachte, dass ich einen Mann wie David eh nicht langfristig halten könne. Dazu fühlte ich mich zu uninteressant. Nach etwa fünf Monaten unserer Beziehung fing er an, mir zunehmend Vorhaltungen zu machen, dass ich zu unselbstständig sei und mich zu abhängig von ihm machen würde. Er analysierte auch meine Beziehung zu meinen Eltern und erklärte mir, ich müsste mich stärker von ihnen lösen. Er wolle mich zu mehr Selbstständigkeit erziehen, so drückte er sich tatsächlich wörtlich aus. Anstatt ihm entgegenzusetzen, dass ich wohl alt genug sei und keine Erziehung benötigen würde, stimmte ich ihm zu. Seine Kritik an mir verunsicherte mich sehr und schürte meine Angst, ihn zu verlieren. Also bemühte ich mich noch mehr, alles richtig zu machen. Er forderte mich auf, stärker meine eigene Meinung gegen ihn zu vertreten. Es sei auf die Dauer langweilig, wenn ich immer nur zustimmen würde. Ich wusste jedoch nicht, was ich ihm entgegensetzen sollte. Ich muss ehrlicherweise gestehen, dass ich über viele Dinge, über die er gern redete, auch gar keine eigene Meinung hatte. Außerdem wollte ich keinen Streit riskieren. Meine Freundin redete auf mich ein, mir seine oberlehrerhafte Art nicht gefallen zu lassen, aber ich traute mich einfach nicht, ihm das zu sagen. Ich merkte, dass mir David zunehmend entglitt. Er selbst gab mir den Rat, ich wäre interessanter für ihn, wenn ich mich ein wenig rarer machte. Er legte mir ausführlich dar, dass es der Leidenschaft nicht guttue, wenn einem jemand ‚aus der Hand frisst'. Je mehr er mir jedoch zeigte, dass er dabei war, das Interesse an mir zu verlieren, desto mehr klammerte ich an ihm. Im Kopf wusste ich, dass das eigentlich falsch war, aber ich konnte einfach nicht anders. Ich fühlte mich so schwach, so ängstlich und so traurig. Die Vorstellung, ihn zu verlieren, war unerträglich. Und je schwächer und abhängiger ich mich fühlte, desto weniger konnte ich es ertragen, wenn er mal keine Zeit für mich hatte. Ich weinte und bettelte sogar, dass er sich mit mir träfe. Dann eröffnete mir David eines Tages, dass er eine Auszeit benötige, weil ich zu viel an ihm klammern würde und er sich nicht mehr sicher sei, ob er mich noch liebe. Er wollte eine Woche keinen Kontakt zu mir haben und am Ende dieser Woche wollte er mir dann mitteilen, ob er die Beziehung fortsetzen werde. Er hatte in der Woche Urlaub, sodass wir uns tagsüber auch nicht bei der Arbeit sahen. Das waren die schrecklichsten Tage meines Lebens. Ich fühlte mich wie ein Todeskandidat, der darauf wartet, ob der Richter den Daumen hebt oder senkt. Meine Freundin schimpfte mit mir. Sie sagte, ich sollte mir das nicht gefallen lassen. Sie riet mir dringend, den Spieß umzudrehen und ihm mitzuteilen, dass der Abstand auch mir guttun würde und auch ich mir überlegen würde, ob die Beziehung noch einen Sinn mache. Sie sagte, dass wäre die einzige Chance, ihn aus seiner überheblichen, viel zu sicheren Position zu treiben. Aber ich hatte zu viel Angst, er könnte mich dann einfach fallen lassen. Ich hielt es auch nicht durch, ihn eine Woche lang nicht zu sehen und nicht zu wissen, wie es weitergeht. Nach drei Tagen ging ich abends bei ihm vorbei. Er reagierte genervt, ich weinte wieder und flehte ihn an, bei mir zu bleiben. Das hat ihm, glaube ich, den Rest gegeben, und er machte am selben Abend Schluss. Ich war wochenlang völlig am Boden zerstört. So richtig kam ich erst darüber hinweg, als ich ein halbes Jahr später Peter kennenlernte ..."

Wenn Eltern nicht loslassen können

Ich möchte noch einmal auf die Problematik jener Kinder eingehen, deren Mütter oder Eltern schwer loslassen können. Auf diese Konstellation bin ich bereits unter der Überschrift „Die Mutter wollte zu viel Nähe" (S. 124) eingegangen. An dieser Stelle möchte ich den Erziehungsstil in Hinblick auf Kinder mit Abhängigkeitstendenzen beleuchten. Nicht nur Mütter, die zu wenig auf die Bedürfnisse ihres Kindes eingehen, sondern auch jene, die dem Kind jeden Wunsch von den Augen ablesen und es ständig behüten, können ein abhängiges Persönlichkeitsmuster beim Kind hervorbringen. Es sind meist Mütter, die selbst starke Abhängigkeitsstrukturen aufweisen. Sie möchten ihr Kind vor allem Bösen beschützen und verhindern somit, dass das Kind eigene Erfahrungen sammelt. Die Impulse des Kindes zur Eigenständigkeit, aber auch normale Frust- und Unlustäußerungen des Kindes werden in zudeckender Zärtlichkeit erstickt. Das Kind hat so kaum Möglichkeiten, eigene Lösungen für sein Leben zu finden. Die Mutter ist ständig besorgt und will dem Kind das Leid abnehmen und Lösungen anbieten. Sie macht sich so für das Kind unabdingbar, in der zumeist unbewussten Absicht, es sehr eng an sich zu binden. Das Kind erwirbt wenig Selbstvertrauen, da es ständig die unausgesprochene Botschaft erhält: „Ich traue dir nicht zu, dass du es ohne mich schaffst!" Die enge Umklammerung macht das Kind natürlich auch wütend, nur darf es diese Wut nicht zulassen, weil die Mama doch so lieb ist, es nur gut meint und sich aufopfert. Das Kind will seiner Mama nicht wehtun. Der enttäuschte mütterliche Blick oder gar die Tränen in den Augen der Mutter bringen das Kind dazu, jede gesunde Aggression zu unterdrücken und sich schuldig zu fühlen. Das Kind hat also kaum eine Chance, sich eigenständig zu entwickeln und etwas ohne die Zustimmung der Mutter zu tun. Dies kann ebenso wie ein liebloses elterliches Verhalten dazu führen, dass das Kind keinen Zugang zu seinen eigenen Bedürfnissen und Wünschen entwickelt und sich unbeholfen in der Welt fühlt. Durch die enge Symbiose bildet sich ein Kokon um Mutter und Kind, der den Kontakt zur äußeren Realität puffert. Das Kind lernt nicht, eigene Entscheidungen zu treffen und sie umzusetzen. Hierdurch bleibt immer ein wackeliges Gefühl, wenn es auf eigenen Füßen stehen soll. Es braucht die Hand seiner Mutter oder später einer anderen Person, an der es sich festhalten kann, um durchs Leben zu gehen.

Partnerschaft und Abhängigkeit

Menschen mit einem abhängigen Persönlichkeitsmuster machen sich von ihrem Partner so abhängig, wie sie es als Kinder von ihren Müttern waren beziehungsweise häufig auch noch als Erwachsene sind. Denn die innere Ablösung von den Eltern gelingt schlecht, auch wenn sie bereits in einer erwachsenen Partnerschaft leben. Dies führt häufig zu einem inneren Spagat zwischen der Herkunftsfamilie und dem Partner beziehungsweise der eigenen Familie. Einerseits ist der Blick noch auf das Elternhaus und dessen Zustimmung gerichtet, anderseits benötigen sie auch die Bestätigung ihres Partners. Ob sie nun zu ihren Eltern oder zu ihrem Partner blicken, am wenigsten blicken sie auf sich selbst und ihre eigenen Vorstellungen vom Leben.

Die Lösung von Problemen wird an den Partner delegiert, sie übergeben ihm die Verantwortung, für ihr Glück zu sorgen. Um den Partner ganz eng an sich zu binden, erdrücken sie ihn mit ihrer Liebe und Bedürftigkeit. Wenn der Partner diese Ansprüche nicht erfüllen kann, drücken sie ihre Agressionen zumeist nicht offen aus, sondern sie vermitteln ihm, wie enttäuscht sie sind. Sei es durch leidende Blicke, Selbstmitleid oder Jammern. Sie erwarten und warten, dass der Partner etwas unternimmt, um sie von ihrem Leid zu erlösen. Sie hängen sich mit dem ganzen Gewicht ihrer Bedürftigkeit an seine Schultern. Dass dies für bindungsängstliche Partner das reinste Gift ist, dürfte auf der Hand liegen. Sie haben ja schon Probleme, mit angemessenen Erwartungen ihres Partners umzugehen. Aber auch bindungsfähige Partner werden durch die passive Bedürftigkeit von Abhängigen in die Flucht getrieben. Zum einen machen sich die Abhängigen durch ihr Klammern wenig begehrenswert, da der Partner kaum einen Impuls entwickeln kann, sich dem Abhängigen von sich aus anzunähern, da dieser sowieso ständig an ihm hängt. Diese Enge löst beim Partner zwangsläufig Abwehrimpulse aus. Zum anderen tragen Abhängige in ihre Partner zu viele Schuldgefühle hinein. Die Ansprüche, die der Abhängige stellt, kann nämlich auch der gutwilligste Partner kaum erfüllen, und somit lebt er unter der latenten Anklage, nicht zu genügen. Diese teils offene, teils unterschwellige Schuldzuweisung des Abhängigen macht den Partner zwangsläufig auch wütend, weil er sich manipuliert und erdrückt fühlt. Je mehr sich der Partner jedoch gegen die Ansprüche des Abhängigen abgrenzt, umso stärker werden dessen Verlustängste. Der Abhängige klammert dann noch mehr und so kann leicht ein Teufelskreis entstehen.

Anregungen für Menschen mit abhängigen Strukturen

Wenn Sie für sich erkannt haben, dass Sie zu den Menschen gehören, die sich übermäßig in Beziehungen extrem abhängig von ihrem Partner machen, haben Sie schon viel erreicht. Der Ausweg aus diesem Problem gelingt am besten durch eine tiefe innere Auseinandersetzung mit diesem Problem.

Es liegt auf der Hand, dass Menschen mit einer abhängigen Struktur an ihrer Verselbstständigung arbeiten müssen. Hierfür benötigen sie mehr Zutrauen in ihre Fähigkeiten und inneren Abstand zu ihren Kindheitserfahrungen. Das innere Kind in ihnen benötigt besonderen Zuspruch und einen sehr starken Halt durch den inneren Erwachsenen. Es liegt jedoch in der Natur des Problems, dass der innere Erwachsene bei abhängigen Menschen etwas schwach entwickelt ist, weil die Fähigkeit zum eigenständigen Handeln zu wenig gefördert wurde.

Es dürfte deutlich geworden sein, dass das Problem von abhängigen Menschen sich nicht allein auf Liebesbeziehungen beschränkt, sondern dass sie generell stark verunsichert sind, was sich auf alle Lebensbereiche auswirkt.

Was die Liebesbeziehung angeht, sind natürlich die Ratschläge, die ich unter dem Abschnitt „Auswege aus dem Kontrollverlust" (S. 229) gegeben habe, auch für abhängige Naturen hilfreich. Für sie gilt es besonders zu beachten, dass sich ihr Gefühl der Liebe auch aus anderen Empfindungen speist, insbesondere dem Empfinden, nicht allein in der Welt klarzukommen. Ihr Zuneigungshunger ist besonders stark, ihr Selbstvertrauen besonders niedrig.

Es würde leider den Rahmen dieses Buches sprengen, wenn ich auf diese Thematik in dem Umfang eingehen würde, der nötig wäre, um Ihnen eine wirkliche Hilfe zu bieten.

Deswegen muss ich mich leider dazu entschließen, es bei ein paar Hinweisen zu belassen. Der erste Hinweis ist, dass dieses Problem in der Regel sehr gut zu bewältigen ist, wenn man daran arbeitet. Die Prognose, dass Sie aus diesem Muster herausfinden beziehungsweise es viel besser als bisher handhaben können, ist sehr gut. Ich möchte Ihnen deswegen unbedingt Mut machen, am Ball zu bleiben. Am schnellsten und effektivsten wird Ihnen eine Psychotherapie helfen. Mit dem Problem, das Sie haben, kennt sich jeder Psychotherapeut aus. Es ist in mehr oder minder starker Ausprägung weit verbreitet. Es gibt auch viele Selbsthilfe-Bücher zu diesem Thema. Auch mit Selbsthilfe können Sie schon viel weiter kommen. Falls Sie mehr hierzu lesen möchten, finden Sie in der Literaturliste im Anhang empfehlenswerte Bücher. Im Fachjargon wird Ihre Persönlichkeitsstruktur als „depressiv" bezeichnet. Ich gebe Ihnen dieses Wort mit an die Hand, damit Sie effektiver im Internet oder Buchhandel recherchieren können. Erschrecken Sie nicht über diese Bezeichnung, sie bedeutet einfach nur, dass Sie ein Kindheitsmuster erworben haben, wie ich es oben beschrieben habe. Besonders ans Herz legen möchte ich Ihnen zum Einstieg das Buch von Fritz Riemann „Grundformen der Angst." Hier wird ein sehr guter Überblick über diese Persönlichkeitsstruktur in leicht verständlicher Sprache vermittelt.

Menschen mit diesem Persönlichkeitsmuster sind auch gefährdet für Angststörungen, sogenannte „Panikattacken", die meistens ausgelöst werden, wenn der Betreffende allein Auto fahren muss, sich in einem Bus befindet, sich in Kaufhäusern oder überhaupt in der Öffentlichkeit aufhält. Panikattacken können aber auch ausgelöst werden, wenn der Betreffende allein zu Hause ist und sich kein anderer Mensch in der Nähe befindet. Hinter diesen Panikattacken versteckt sich zumeist die Grundangst: „allein und schutzlos in der Welt zu sein", sich dort nicht orientieren und sich nicht selbst helfen zu können. Falls Sie diese Ängste kennen, können Sie auch unter dem Stichwort Angst beziehungsweise Panikattacken recherchieren.

7. Begraben Sie Ihre Hoffnung

Eine ganz verzwickte Tücke von bindungsgestörten Beziehungen ist der Glaube und die Hoffnung auf Besserung. Diese hängen wesentlich mit den diffusen Verheißungen zusammen, die die meisten Bindungsängstlichen für die Zukunft in Aussicht stellen. Es sind diese „Jein"-Formulierungen, also Sätze wie „Ich liebe dich, aber ich bin noch nicht so weit", „Ich will mich ändern, aber im Moment muss ich erst mal ...", „Du bist der wichtigste Mensch in meinem Leben, auch wenn ich das nicht so zeigen kann" und so weiter. Der gute Start der Beziehung und die leidenschaftlichen Auftankstationen halten die Illusion am Leben, es werde noch Großes kommen. Diese Hoffnung, sogar wenn sie nur ein „Fünkchen" ist, lässt viele Partner nicht loskommen.

Es sind aber nicht nur die „Jein"-Formulierungen, sondern auch die „Jein"-Handlungen, die die Hoffnung am Leben erhalten. Zum Beispiel die „Zwischenhochs" und die „Inseln der Nähe", auf denen die Partner immer wieder Hoffnung tanken. In dem „Jein" steckt schließlich auch das „Ja" und hieran krallen sich die Partner. Hinzu kommt, dass ein Mensch, der selbst keine Bindungsängste aufweist, sich nicht in die Problematik einfühlen kann, er kann sich bestenfalls eindenken. Somit projiziert er seine Sehnsucht und seine positiven Beziehungsgefühle in den bindungsgestörten Partner. Sprich: Er kann sich einfach nicht vorstellen, dass es so schwierig sein kann zu vertrauen und sich festzulegen. Deswegen unterschätzt er chronisch das Ausmaß des Problems und somit auch die Stärke des Neins, das in dem Wort „Jein" ebenso wie das Ja steckt. Solange jedoch Hoffnung besteht, kann der Partner nicht loslassen. Ist die Hoffnung jedoch erst einmal begraben, kommen die meisten auf einmal sehr schnell über die Beziehung hinweg. Diese Erfahrung habe ich immer wieder gemacht. Die Hoffnung ist der Stoff, aus dem ein Dauerleiden entstehen kann. Das bedeutet aber auch: Wenn die Hoffnung gestorben ist, befreien und erholen sich viele erstaunlich schnell von der Beziehung. Häufig muss erst ein gravierendes Ereignis passieren, das für den Partner derart weit über die Grenze seiner Belastbarkeit hinausgeht, dass er endgültig beschließt: „Jetzt ist Schluss!" Die Hoffnung schwindet auf einen Schlag und damit auch die Abhängigkeit. Auch hier passt wieder sehr gut der Vergleich mit einer

Sucht. Viele ehemalige Raucher erzählen von einem Ereignis, das sie mit einem Ruck zu der wütenden Entscheidung kommen ließ: „Jetzt ist Schluss!" Und auf einmal war es gar nicht mehr so schwer. Alle zahlreichen, halbherzigen Entwöhnungsversuche, die vorher unternommen wurden, waren hingegen quälend und erfolglos geblieben. Erst der klare Entschluss, gefasst in einem Moment der Wut, hat es auf einmal leicht gemacht. Diese „Trennungsaggression" hilft auch, vergleichsweise schnell über eine gescheiterte Beziehung hinwegzukommen.

8. Doch noch ein Hoffnungsschimmer

Da ich ja in diesem Buch Menschen mit Bindungsängsten viele Ratschläge gegeben habe, wie sie sich aus ihrem Problem befreien können und auch als Psychotherapeutin mehrfach die Erfahrung gemacht habe, dass dies möglich ist (zumindest eine erhebliche Verbesserung), wäre es widersprüchlich, wenn ich den betroffenen Partnern kategorisch empfehle, alle Hoffnung fahren zu lassen. Folglich rate ich Ihnen zu einem „Hoffnungsrealitätsabgleich", mit dem Sie einschätzen können, wie wahrscheinlich eine Verhaltensänderung Ihres Partners ist. Hierfür sollten Sie sich die folgenden Fragen beantworten:

- Wie lange leide ich schon unter der Bindungsphobie meines Partners? (Je länger, desto schlechter)
- Wie oft hat er/sie schon eine Änderung angekündigt und nichts ist passiert?
- Hat mein Partner ein Problembewusstsein, oder weist er Bindungsängste weit von sich? Oder: Räumt er sein Problem zwar ein, erklärt aber mit diesem gut leben zu können? Oder verspricht er immer wieder Änderungen, führt sie letztlich aber nie durch?
- Wie weitreichend schätze ich die Probleme meines Partners ein? Ist er ein „gleichgültiger Bindungsvermeider" (s. S. 92) oder hat er „nur" zu viel Gängelei von seinen Eltern erfahren?

Es ist mir bewusst, dass für den Partner und Laien das Ausmaß des Problems schwer einzuschätzen ist. Aber es muss an dieser Stelle erwähnt werden, dass diese Kriterien einen erheblichen Einfluss auf die Wahrscheinlichkeit haben, ob sich Ihr bindungsängstlicher Partner ändern wird. Je tief reichender die Störung, desto schwieriger ist Veränderung. Außerdem sind Menschen, die unter einer sehr tief reichenden Bindungsstörung leiden wie beispielsweise die gleichgültigen Vermeider, häufig wenig motiviert, etwas zu verändern. Zum einen, weil ihre psychischen Abwehrstrategien sehr verfestigt sind, so empfinden sie oft wenig Leidensdruck. Zum anderen, weil sie ahnen, dass eine Veränderung sehr weitreichend wäre und viele verdrängte Ängste an die Oberfläche spülen würde, und das macht ihnen wiederum Angst vor der Veränderung.

Setzen Sie sich einen Zeitrahmen, in dem Sie eine sichtbare Bemühung und Veränderung Ihres Partners erwarten. Fragen Sie ihn offen nach seiner Bereitschaft, an sich zu arbeiten. Teilen Sie ihm Ihre Gedanken mit. Wenn er sagt, er komme gut zurecht und er wolle nichts an sich und der Beziehung verändern, glauben Sie ihm das. Bindungsängstliche geizen in der Regel nicht mit Warnungen. Es liegt in Ihrer Verantwortung, den Bindungsängstlichen ernst zu nehmen oder seine Aussagen zu verdrängen und zu verharmlosen. Wenn Sie sich wünschen, dass er/sie zum Beispiel dieses Buch liest, dann können Sie daran, ob er/sie es liest oder angelesen herumliegen lässt, bereits sehen, wie viel Interesse er/sie wirklich an einer Veränderung hat.

Ich möchte jedoch noch einmal betonen, dass die Macht des Partners, eine Veränderung anzustoßen nur sehr begrenzt ist. Die Menschen mit Beziehungsängsten, die zu mir in Psychotherapie gekommen sind, sind ausschließlich aus freien Stücken gekommen und nicht, weil ihr Partner dies wollte.

Falls Sie also mit Ihrem Partner zusammenbleiben wollen, akzeptieren Sie ihn, wie er ist. Versuchen Sie mithilfe meiner Ratschläge, eine gesunde Distanz zu Ihrem Partner einzunehmen und sich mit dem zufriedenzugeben, was Sie von ihm bekommen. Wie gesagt, Sie müssen erheblich unabhängiger werden, um das zu schaffen, und Ihre Batterien verstärkt in anderen Lebensbereichen aufladen. Loslassen ist Ihre einzige Chance.

9. Schluss machen

Falls Sie zu dem Ergebnis kommen, dass Sie mit dem, was Sie von Ihrem Partner bekommen, nicht leben können und die Beziehung beenden möchten, dann nehmen Sie sich bitte die folgenden Hilfestellungen zu Herzen.

Die spezielle Dynamik bindungsgestörter Beziehungen stellt mehrere Fallen bereit, die die endgültige Trennung sehr schwer machen. Die schlimmste Falle, die mindestens wie Klebstoff, meist sogar wie Zement wirkt, sind die starken Gefühle und die Verzweiflung, die bei dem Gedanken aufkommen, die Partnerschaft endgültig zu beenden. Sie müssen sich deshalb gegen Momente starker Sehnsucht und Entzugsschmerzen wappnen und Maßnahmen treffen, die einem Rückfall vorbeugen, wenn Sie sich von Ihrem Partner trennen wollen. Behandeln Sie Ihr Problem am besten wie eine Suchterkrankung. Dieser Vergleich mag Ihnen zwar sehr drastisch erscheinen, aber das Festhalten an einer bindungsgestörten Beziehung weist tatsächlich sehr viele Parallelen zu einer stoffgebundenen Abhängigkeit auf:

- Das persönliche Glücksempfinden hängt von diesem Menschen (der Droge) ab.
- Die Gedanken kreisen beständig um die Sicherstellung und Beschaffung der Droge.
- Trotz des Wissens, dass die Droge für den Körper und die Seele schädlich ist, muss sie weiter zugeführt werden.
- Es werden gravierende Nachteile für andere Lebensbereiche in Kauf genommen, um die Droge weiter einzunehmen (Vernachlässigung von Interessen, Beruf, Freunden, Konzentrationsschwäche, Depressionen und Angstzustände, Stimmungsschwankungen, psychosomatische Erkrankungen).
- Es stellen sich starke Entzugssymptome ein, vor allem in Form depressiver Zustände, wenn die Droge abgesetzt wird.
- Es gibt viele vergebliche Versuche, von der Droge loszukommen oder sie kontrolliert einzunehmen.

Lassen Sie sich also ruhig auf den Gedanken ein, dass Sie abhängig sind und für den Ausstieg aus dieser Abhängigkeit ähnliche Vorkehrungen wie ein Junkie treffen müssen, der vom Heroin wegkommen möchte.

Wie bei stoffgebundenen Drogen ist für den Ausstieg aus der Sucht eine absolute Abstinenz erforderlich. Das heißt in diesem Fall eine totale Kontaktsperre, bis der Entzug abgeschlossen ist.

Der Entzug ist dann abgeschlossen, wenn Sie vollständig entliebt sind. Halten Sie sich auf gar keinen Fall ein Hintertürchen offen, indem Sie ihm oder ihr eine „Freundschaft" anbieten. Das funktioniert nicht. Es ist lediglich ein Spiel mit dem Feuer. Wenn Sie den Entzug abgeschlossen haben und durch das Verhalten Ihres Partners nicht so verletzt sind, dass er oder sie für eine Freundschaft sowieso nicht infrage kommt, dann können Sie den Freundschaftsgedanken auf diesen Zeitpunkt verschieben. Aber keinen Tag früher!

Meiden Sie Versuchungen wie Orte, an denen eine Begegnung mit Ihrem Expartner wahrscheinlich ist. Verbannen Sie Schlüsselreize wie Fotos, Geschenke, gemeinsame Musik etc. Entfernen Sie möglichst alles aus Ihrer persönlichen Umgebung, was Sie an Ihren Partner erinnert. Nehmen Sie keinen Kontakt zu seinen beziehungsweise Ihren Freunden und der Familie Ihres Expartners auf. Diese Kontakte dienen meistens nur dazu, um an Informationen heranzukommen, zu erfahren, was der Expartner macht und wie es ihm geht. Hierin liegt eine große Rückfallgefahr. Wenn es aus Ihrer Sicht sehr unhöflich wäre, den Kontakt zu einigen Menschen aus seinem Umfeld abzubrechen, erklären Sie ihnen einfach diese Maßnahme und sagen Sie ihnen, Sie würden sich melden, sobald der Entzug abgeschlossen ist.

Löschen Sie alle Telefonnummern und E-Mail-Adressen Ihres Expartners aus Ihren Verzeichnissen. Damit bauen Sie eine gute Hürde für spontane Rückfallhandlungen ein. Außerdem setzen Sie sich damit ein klares Zeichen für sich, dass diese Person aus Ihrem Leben „gelöscht" ist.

Erstellen Sie eine ausführliche „Mängelliste", auf der Sie alles notieren, was Sie unglücklich in Ihrer Partnerschaft gemacht hat und was Sie an Ihrem Expartner gestört hat. Diese Mängelliste führen Sie bei sich und betrachten sie immer, wenn Ihr Gedächtnis wieder zu versagen droht, wenn Sie sich bei Fantasien ertappen, wie schön doch alles war. Verbannen Sie insbesondere sexuelle Fantasien aus Ihrem Kopf. Durch den ständigen Wechsel von Nähe und Distanz sind bindungsgestörte Beziehungen besonders leidenschaftlich, und dies macht das Loskommen schwer. Sie können einen kleinen, aber wirksamen Trick anwenden: Machen Sie sich ein Gummiband um Ihr Handgelenk. Immer wenn Sie sich dabei ertappen, dass Sie an Ihren Expartner denken, schnippen Sie sich mit dem Gummiband, um den Gedankenfluss zu stoppen. Strukturieren Sie Ihren Tag und insbesondere Ihre Wochenenden. Vermeiden Sie es bitte, zu tief in die Trauer abzurutschen. Hier würden mir einige Kollegen widersprechen, die eher die Auffassung vertreten, die Trauer müsste „voll durchlebt" werden. Ich persönlich halte nichts von diesem „Verarbeitungsfundamentalismus" – zumindest nicht bei Trennungen. Bei Todesfällen ist es etwas anderes. Wenn Sie Ihrer Trauer und damit einhergehend Ihrem Selbstmitleid, das immer ein fundamentaler Bestandteil der Trauer ist, zu viel Raum geben, dann erhöhen Sie die Rückfallgefahr. Man muss auch immer bedenken, dass man sich in Gefühle hineinsteigern kann. Das haben Sie vermutlich während Ihrer Beziehung zur Genüge getan. Es geht jetzt darum, aus Ihren Gefühlen, übersteigerten Gefühlen, auszusteigen. Jetzt ist der Zeitpunkt in die Zukunft zu blicken! Deswegen nehmen Sie sich bitte viel vor. Verabreden Sie sich mit Freunden, gehen Sie Ihren Hobbys nach, treiben Sie Sport. Sport ist im Übrigen ein besonders wirksames Antidepressivum, weil er erwiesenermaßen sehr viele Glückshormone freisetzt. Auch wenn Ihnen durch den Verlustschmerz gar nicht nach Bewegung zumute ist, zwingen sie sich. Sie werden sehen, dass die körperliche Bewegung Sie in einen anderen Zustand bringt. Besonders gut funktioniert dies übrigens in Kombination mit fröhlicher Musik. Ein Freund von mir, der unter Liebeskummer litt, hatte sich selbst ein exzessives Sportprogramm verschrieben: Er ging jeden Tag in den Wald und trietze sich dort geradezu militärisch mit Laufen in Kombination mit Liegestützen. Er erzählte, nach diesen Bewegungsexzessen sei er geradezu „high" gewesen. Der selbst verordnete Drill habe ihm unheimlich geholfen, über die Trennung hinwegzukommen.

Wenden Sie sich an Freunde und auch an Ihre Familie, wenn Sie ein gutes Verhältnis haben. Sie brauchen in dieser Phase dringend die Unterstützung von Menschen, die sie mögen und lieben und die voll auf Ihrer Seite stehen. Scheuen Sie sich nicht, die Hilfe von Ihren Freunden anzunehmen. Freunde können in dieser Zeit Ihre wertvollste Stütze sein. Falls Sie das Gefühl haben, Freunde reichen nicht, dann scheuen Sie sich nicht, professionelle Hilfe aufzusuchen. Wir Psychologen sind für solche Fälle da, nehmen Sie diese Dienstleistung ruhig in Anspruch. Liebeskummer und

Schwierigkeiten, sich aus einer Abhängigkeit zu lösen, sind durchaus ein guter Grund zum Psychologen zu gehen. Denken Sie nicht, Ihr Problem wäre zu klein oder zum Psychologen gingen nur „psychisch Kranke." Sie gehen auch zum Zahnarzt, wenn Sie ein Loch im Zahn haben, und nicht erst, wenn Sie ein Gebiss benötigen. Da die Psychologen, die über die Krankenkasse abrechnen können, meistens sehr lange Wartezeiten haben, gebe ich Ihnen den Tipp, einen Psychologen aufzusuchen, der nicht über die Kasse abrechnet, denn diese haben zumeist auch kurzfristig einen Platz frei. Die Kassenzulassung hat im Übrigen nichts mit der Qualität des Psychologen zu tun. Investieren Sie ruhig das Geld für ein paar psychologische Gespräche, das kann sich durchaus lohnen. Sie können sich aber auch an eine öffentliche Beratungsstelle wenden, deren Adressen Sie im Branchenbuch finden. Auch diese haben häufig nicht so lange Wartezeiten und sind entweder kostenlos oder sehr günstig.

Flirten Sie ruhig und halten Sie die Augen offen nach einem neuen Partner. Auch hier würden wieder die Verarbeitungsfundamentalisten aufschreien, so soll man sich doch erst ganz gelöst haben, bevor man eine neue Beziehung eingeht! Ehrlich gesagt, halte ich diese Forderung für etwas lebensfremd. Das beste Gegengift gegen eine alte unglückliche Liebe ist eine neue Liebe. Passen Sie nur auf, dass Sie nicht wieder an ein ähnliches Exemplar geraten! Halten Sie die Ohren und Augen offen, nehmen Sie wahr und ernst, was er oder sie Ihnen erzählt. Versuchen Sie herauszufinden, woran seine oder ihre früheren Beziehungen gescheitert sind. Die Vergangenheit bietet viele Hinweise. Sie brauchen und sollen ja auch nichts überstürzen. „Untersuchen" Sie Ihren neuen Kandidaten ruhig genau, bevor Sie sich mit Haut und Haaren verlieben. Aber allein schon das Vorhandensein einer potenziellen neuen Zielperson kann ungeheuer stimmungsaufhellend wirken.

Schüren Sie Ihre Wut auf Ihren Expartner. Wut, die sogenannte „Trennungsaggression", ist ein sehr wichtiger Zwischenschritt bei der Ablösung vom alten Partner, den Sie nicht überspringen sollten. Erst wenn die Wut hinreichend ausgelebt wurde, kann im nächsten Schritt eine innere Versöhnung stattfinden. Führen Sie sich vor Augen, wo er oder sie sich immer wieder extrem unzuverlässig, egoistisch, unverschämt, verräterisch, hinterhältig, unaufrichtig, diffus und verantwortungslos verhalten hat. Entschuldigen Sie dieses Verhalten nicht! Machen Sie sich klar, wie beschissen es Ihnen damit ging. Schreiben Sie einen Abschiedsbrief, in dem Sie mit ihr oder ihm „abrechnen". Schicken Sie den Brief aber nicht ab, denn er würde wieder eine Verbindung herstellen. Sie brächten sich in die Gefahr, auf eine Antwort zu warten oder eine Antwort zu erhalten, die die Beziehung wieder in Gang setzen könnte. Sie können aber auch, um der Versuchung zu widerstehen, den Brief abzuschicken, die Briefform wegfallen lassen und nur für sich aufschreiben, wie wütend Sie das Verhalten Ihres Expartners gemacht hat.

Machen Sie alles, was Ihnen guttut und was Ihr Selbstwertgefühl steigert. Pflegen Sie sich, machen Sie sich schön. Gönnen Sie sich so viel Annehmlichkeiten, wie Ihre Zeit und Ihr Budget es zulassen. Falls Sie sich ändern wollen, machen Sie es nicht in der Akutphase der Trauer. Jetzt zählt nur, dass Sie so schnell wie möglich über die Beziehung hinwegkommen und es Ihnen so gut wie möglich geht. Überfordern Sie sich jetzt nicht mit Selbstkritik und Änderungsplänen. Ihre Genesung hat oberste Priorität – dafür ist (fast) jedes Mittel recht.

Fallen Sie nicht auf die Wiederannäherungsversuche Ihres Expartners herein. Bindungsscheue haben Angst vor der Festlegung. Das heißt, es wird Ihrem Partner wahrscheinlich nicht schmecken, wenn Sie sich endgültig trennen. Wie ich schon oft betont habe, kann bei vielen Bindungsängstlichen durchaus eine starke Sehnsucht aus der Ferne entstehen. Deswegen rechnen Sie damit, dass Ihr Expartner sich auf einmal unheimlich bemüht, Sie zurückzuerobern. Halten Sie sich vor Augen, dass Ihr Expartner sich wahrscheinlich gute Chancen ausrechnet, dass Sie wieder einlenken. Bisher war Ihr Expartner immer in der überlegenen Position und er hat sich daran gewöhnt, dass er sich fast alles erlauben kann, ohne dass Sie ihn (endgültig) verlassen. Es kann ihn ziemlich kampflustig machen, wenn Sie diesmal nicht so schnell zurückkommen. Machen Sie sich klar, dass das Glück einer Wiedervereinigung von kurzer Dauer sein wird. Sobald Ihr Expartner meint, er hätte sie sicher, werden seine Distanzbedürfnisse wieder auftauchen. Denken Sie daran, dass er ein tief gehendes Problem hat, das sich nicht einfach durch eine vorübergehende Trennung lösen lässt, nach dem Motto: „Jetzt hat er/sie endlich kapiert, wie wichtig ich ihm/ihr bin!" Ihr Expartner benötigt viel Willen, Kraft und Durchhaltevermögen, um seine Bindungsängste zu besänftigen. Eine Trennung wird ihn nicht therapieren. Dazu ist sehr viel mehr Engagement seinerseits nötig.

Seien Sie nicht beleidigt, wenn Ihr Partner nicht um sie kämpft. Nicht alle Bindungsängstlichen sind fähig, aus der Ferne Sehnsucht zu entwickeln. Besonders die gleichgültigen Bindungsvermeider sind enorm geübt, was das Aushalten von Trennung und Distanz angeht. Sie sind hochbegabt im Verdrängen und in Beziehungsdingen das Gegenteil einer Kämpfernatur. Tappen Sie nicht in die Falle, dass Sie aus lauter Kränkung, weil Ihr Expartner gar nicht kämpft, wieder den Kontakt suchen, um festzustellen, ob Sie ihm wirklich egal sind oder ob er sie nicht doch noch liebt. Das Wort „Loslassen" sollte zu Ihrem täglichen Mantra werden. Wenn Sie wieder auf Ihren Partner zugehen, geht das ganze Drama wieder von vorne los. Sollten Sie stark versucht sein, sich doch noch einmal in den Ring Ihrer persönlichen „Niederlage" und „Eitelkeit" zu begeben, dann lesen Sie bitte noch einmal die entsprechenden obigen Abschnitte und frischen Sie auch noch einmal Ihr Wissen über „gleichgültige Bindungsvermeider" auf.

Grundsätzlich gilt: An Liebeskummer stirbt man nicht. Er geht vorüber. Er geht umso schneller vorüber, je mehr Sie für sich akzeptieren, dass es vorbei ist und Sie Ihre Hoffnung begraben. Richten Sie sich stolz auf – Sie haben Besseres verdient. Das Bessere wird kommen. Ich versichere Ihnen das, auch wenn Sie sich das im Moment noch gar nicht vorstellen können. Das Bessere kommt umso schneller, je mehr Sie sich wieder hierfür öffnen. Außerdem können Sie die Erfahrung machen, dass es Ihnen ohne eine Beziehung erheblich besser geht als in einer unglücklichen Beziehung. Es gibt so viele schöne Dinge auf dieser Welt – eine Liebesbeziehung ist nur ein Teil davon, aber nicht Ihr ganzes Leben. Sie werden sich frei, unabhängig, selbstbestimmt, stolz und zufrieden fühlen, wenn Sie es geschafft haben, von Ihrem Unglück loszukommen.

Sie werden sich im Nachhinein sehr wundern, was Sie an diesem Menschen damals so unwiderstehlich fanden. Sie werden den Kopf über sich schütteln, dass es in Ihrem Leben eine Zeit gab, in der Sie so verzweifelt waren wegen dieses Menschen. Sie werden sich in den „Hintern treten", dass Sie das Theater so lange mitgemacht haben. Es wird der Moment eintreten, in dem Sie vollkommen gelöst sind und Ihr persönliches Geschichtsbuch an dieser Stelle zuschlagen können. Dann werden Sie sich diese Beziehung verzeihen müssen. Wenig kann uns so nachhaltig beschäftigen wie unsere eigenen Fehler und die Wut auf uns selbst. Vor allem, wenn Sie über eine lange Zeit in dieser Beziehung gefangen waren, werden Sie an Selbstvorwürfen zu kauen haben. Sie werden sich vorwerfen, dass Sie nicht viel früher den Absprung geschafft haben. Sie werden sich vorwerfen, dass Sie Ihren Stolz so verletzt haben. Sie werden sich Naivität und Charakterschwäche vorwerfen. Für diese Phase der Bewältigung kann ich Ihnen nur den Rat geben, das Gute in dieser Lebenserfahrung zu sehen: Sie sind um einiges klüger geworden – zum ausgewiesenen Experten für bindungsängstliche Beziehungen. Das feit Sie hoffentlich vor weiteren Erfahrungen in diese Richtung. Falls Sie vorher immer gedacht haben, dass Ihnen so etwas nicht passieren kann, hat Sie das Schicksal etwas Demut gelehrt. Auch das ist gut. Falls Sie meine Ratschläge ernst genommen haben, hat Sie diese unglückliche Beziehung einem neuen Hobby zugeführt oder Ihre Karriere befördert. Auch hierzu können Sie sich beglückwünschen. Auf jeden Fall sind Sie ein Stück reifer und reflektierter geworden. Also: Schwamm drüber. Es kann, wie gesagt, jedem passieren.

Ganz zum Schluss: Nachdem Sie sich gelöst haben und sich Ihr Verhalten verzeihen konnten, bleibt möglicherweise eine Frage immer noch hartnäckig in Ihnen haften: „Hat er oder sie mich wirklich geliebt, oder habe ich mir das alles nur eingebildet?" Die Frage also, die Sie während der ganzen Beziehung schon gequält hat, lässt Sie immer noch nicht los. Ich möchte Ihnen diese Frage so beantworten: Ja, ihr Partner hat sie geliebt, so wie es ihm möglich war. Vieles von dem, was er Ihnen gesagt oder gezeigt hat, war wirklich ernst gemeint. Aber seine Angst hat diese Liebe immer wieder kaputt gemacht und niedergerungen. Letztlich, so hart es klingen mag, ist Ihr Expartner aufgrund seiner Ängste nicht zu echter Liebe fähig.

Abschied von meinen Leserinnen und Lesern

Ich hoffe, Sie haben einige neue Einsichten gewonnen, die Ihnen weiterhelfen. Vor allem hoffe ich, dass Sie mit dem Lesen überhaupt bis hierher gekommen sind. Denn eigentlich hat man es ja nicht so gern, mit den eigenen Problemen und Schwächen konfrontiert zu werden. Ich gehe also davon aus, dass einigen Lesern unterwegs die Puste ausgegangen ist und sie das Buch beiseite gelegt haben. Mir ist auch durchaus bewusst, dass ich stellenweise sehr konfrontativ geschrieben habe. Ich habe mich dazu entschieden, weil meiner Meinung nach die Konfrontation stärker wachrüttelt, als wenn man durchgängig einen sehr empathischen Standpunkt einnimmt. Ich denke auch, dass man dem Problem eher gerecht wird, wenn man es von beiden Seiten aus betrachtet und klarmacht, dass Bindungsängstliche Opfer und Täter sind. Deswegen habe ich mich bemüht, sowohl empathisch als auch konfrontierend zu schreiben. Außerdem finde ich persönlich, dass sich eine durchgehend empathische Beschreibung wie eingeschlafene Füße lesen würde. Aus diesen Gründen habe ich das Risiko in Kauf genommen, dass einige Leser abspringen, weil ihnen dieses Buch irgendwie unangenehm ist. Dabei bin ich fest davon überzeugt, dass dieses Buch für die Betroffenen und auch für deren Partner sehr viel Hilfe bieten kann. Genauso wie ich fest davon überzeugt bin, dass man sich persönlich verändern und weiterentwickeln kann. Deswegen hoffe ich, dass es doch noch viele Leserinnen und Leser bis hierhin geschafft haben und ihnen die Lektüre gute Anstöße für ihre weitere Entwicklung geben konnte.

In diesem Sinne wünsche ich Ihnen viel Erfolg auf Ihrem weiteren Lebensweg und verbleibe mit herzlichen Grüßen, Stefanie Stahl.

Ein Nachwort für die PsychotherapeutInnen unter den Lesern

Im Unterschied zu der im allerletzten Abschnitt dieses Buches beschriebenen depressiven Persönlichkeitsstruktur ist das Hauptthema, die Bindungsangst, fachlich nicht so gut erforscht. Die psychologische Bindungsforschung hat bislang weitaus mehr zu Kindern als zu Erwachsenen zu sagen. Den meisten von Ihnen wird beim Lesen aufgefallen sein, dass ich, ohne diesen Begriff zu erwähnen, teilweise auf die „schizoide" Persönlichkeitsstruktur Bezug genommen habe, insbesondere wenn es um die Beschreibung der „gleichgültigen Bindungsvermeider" ging.

Ich habe auf den Begriff „schizoid" bewusst verzichtet (auch wenn ich ihn jetzt leider doch noch einmal hervorholen muss), weil für den Laien dieser Begriff fälschlicherweise mit dem Wort „schizophren" sehr eng assoziiert wird und mithin abschreckend ist. Während meiner jahrelangen Beschäftigung mit dieser Thematik ist mir immer wieder aufgefallen, dass schizoide Naturen in allen fachlichen Publikationen, die mir in die Hände gekommen sind, als sehr introvertiert, einzelgängerisch und wenig sozial kompetent beschrieben werden. Ich halte dies für eine Fehleinschätzung. Mir sind sehr viele Menschen mit schizoiden Zügen begegnet, auf die dieser Teil der fachlichen Beschreibung überhaupt nicht zutrifft. Nach meiner Erkenntnis sind Extraversion und Schizoidie zwei voneinander unabhängige Persönlichkeitsmerkmale. Menschen mit schizoiden Ausprägungen können durchaus sehr gesellig sein und sich sozial kompetent verhalten. Meiner Meinung nach werden durch diesen Fehler schizoide Ausprägungen eines Klienten in der Psychotherapie oft übersehen. Bei der Extraversion beziehungsweise Introversion handelt es sich ja bekanntermaßen um ein angeborenes Persönlichkeitsmerkmal, das zu 90 Prozent genetisch festgelegt ist. Meines Erachtens besteht zwischen der Introversion und der Schizoidie kein kausaler Zusammenhang. Mithin kann ein Mensch introvertiert und schizoid oder auch extravertiert und schizoid sein. Etwas anders verhält es sich bezüglich der sozialen Kompetenz – hier könnte man eher vermuten, dass die Kindheit der Schizoiden diese nicht besonders gefördert hat oder dass ihre tiefen Ängste sie im Sozialkontakt unbeholfen machen. Diesbezüglich habe ich die Erfahrung gemacht, dass es einigen schizoiden Menschen gut gelingt, ihr Problem durch eine sehr gute Intelligenz zu kompensieren. Bekanntermaßen sind schizoide Menschen ja oft intellektuell sehr begabt. Man könnte sogar umgekehrt behaupten, dass Hochbegabte oft eine Disposition zu schizoiden Zügen aufweisen. Ich konnte immer wieder feststellen, dass es einigen schizoiden Menschen sehr gut gelingt, sich kraft ihrer Intelligenz sozial unauffällig zu verhalten. Ihr eigentliches Problem und damit einhergehend sozial gestörte Interaktionen fallen erst im Nahkontakt mit ihnen auf.

Die tief greifende Angst schizoider Menschen, sich auf intime zwischenmenschliche Beziehungen einzulassen, kann meiner Meinung nach leicht verkannt werden, wenn diese Menschen extravertiert und sozial recht kompetent sind. Die extravertiert Schizoiden sind nicht gern allein. Sie erinnern im Erwachsenenalter eher an jene bindungsgestörten Kinder, die man als „distanzlos" bezeichnet. Als Erwachsene haben sie sich zwar dieses auffällige Verhalten abgewöhnt, aber hinter der scheinbar angepassten Oberfläche ist ihre Neigung erhalten geblieben, sich dort „Streicheleinheiten" abzuholen, wo sie sie erhalten können, wobei die Objekte recht austauschbar sind, weil keine innere Bindung zu ihnen entwickelt wird. Die Streicheleinheiten müssen hierbei nicht zwangsläufig erotischer Natur sein, sondern können sich auch einfach auf Zuwendung und Anerkennung im sozialen Miteinander beschränken. Ich kenne mehrere schizoide Menschen, die sogar ausgesprochen ungern allein sind, weil ihre Urangst des Verlassenseins in diesem Zustand sich stärker in ihr Bewusstsein drängt als in geselliger Zerstreuung. Schizoide Naturen sind in der Regel notorisch selbst abgewandt, unbewusst unternehmen sie sehr viel, um nicht zur Ruhe zu kommen, weil dann das innere einsame Grundrauschen zu laut würde. Die Flucht in die Arbeit ist hierbei, wie ich es in anderen Kapiteln immer wieder erwähnt habe, eine sehr beliebte Methode – ebenso wie soziale Aktivitäten.

Ich denke, einige Psychotherapien könnten erfolgreicher verlaufen, wenn die schizoide Grundproblematik richtig erkannt würde. Die Interventionen, die ich in den entsprechenden Buchabschnitten den Betroffenen als Selbsthilfetechniken an die Hand gegeben habe, haben sich in meiner psychotherapeutischen Arbeit sehr gut bewährt. Ich kann Sie Ihnen also guten Gewissens empfehlen. Sollten Sie Ihrerseits therapeutische Hilfen haben, die Sie in Ihrer Arbeit erfolgreich einsetzen, würde ich mich freuen, wenn Sie mit mir über meine E-Mail-Adresse oder telefonisch in Kontakt treten würden. Ebenso würde ich mich freuen, wenn Sie mir Anregungen oder Einwände zu meinen Überlegungen mitteilen würden.

Mit herzlichen kollegialen Grüßen.
Stefanie Stahl

Danksagung

Mein Dank gilt meiner Lektorin Carola Kleinschmidt für ihre sehr guten Anregungen und die harmonische Zusammenarbeit. Für das fachliche Lektorat und die sehr ermutigende Rückmeldung danke ich der Diplom-Psychologin und Bindungsspezialistin Dr. Anika Knauer. Für die einfühlsamen Schilderungen früh bindungsgestörter Kinder und die spannenden Gespräche danke ich der Psychotherapeutin und Freundin Helena Muser.
Außerdem bedanke ich mich bei meinen Klienten für ihr Vertrauen und die offenen Gespräche sowie bei allen, die sich in dem Buch wiedergefunden haben mögen.

Anhang

Ratgeber
Bauer, J., Prinzip Menschlichkeit. Warum wir von Natur aus kooperieren. Hamburg, 2006
Branden, N., Die 6 Säulen des Selbstwertgefühls: Erfolgreich und zufrieden durch ein starkes Selbst. München, 2005
Carter, S. & Sokol, J., Nah und doch so fern. Beziehungsangst und ihre Folgen. Frankfurt am Main, 2000
Chopich, E. J. & Paul, M., Aussöhnung mit dem inneren Kind, Freiburg, 2002
Delis, D. C. & Phillips, C., Ich lieb' Dich nicht, wenn Du mich nicht liebst. Nähe und Distanz in Liebesbeziehungen. Berlin, 2003
Gendlin, E. T., Focusing. Selbsthilfe bei der Lösung persönlicher Probleme. Reinbek, 1998
Halpern, H. M., Liebe und Abhängigkeit. Wie wir übergroße Abhängigkeit in einer Beziehung beenden können. Salzhausen, 2007
Lukas, E., Weisheit als Medizin. Viktor E. Frankls Beitrag zur Psychotherapie. Stuttgart, 1997

Merkle, R., So gewinnen Sie mehr Selbstvertrauen. Ein praktischer Ratgeber zur Überwindung von Minderwertigkeitsgefühlen und Selbstzweifeln. Mannheim, 2001

Riemann, F., Grundformen der Angst. Eine tiefenpsychologische Studie. München, Basel, 2006

Wetzler, S., Warum Männer mauern. Wie Sie Ihren passiv-aggressiven Mann besser verstehen und mit ihm glücklich werden. München, 2003

Fachliteratur

Bartholomew, K. & Horowitz, L. M., Attachment styles among young adults: A test of a four-category model. Journal of Personality and Social Psychology, 61, 226–244, 1991

Griffin, D. & Bartholomew, K., Models of the self and other: Fundamental dimensions underlying measures of adult attachment. Journal of Personality and Social Psychology, 67, 430–445, 1994

Grossmann, K. & Grossmann K. E., Bindungen – das Gefüge psychischer Sicherheit. Stuttgart, 2004

Belletristik

Hier ist eine kleine Auswahl von Romanen, in denen mindestens einer der Protagonisten unter Bindungsangst leidet.

Kommissar Adamsberg in den Krimis von Fred Vargas ist ein typischer Vertreter eines gleichgültigen Bindungsvermeiders.

Der Roman „Elementarteilchen" von Michel Houellebecq ist ein hervorragendes Porträt zweier stark bindungsgestörter Brüder.

„Homo Faber" von Max Frisch – der Klassiker eines Beziehungsvermeiders.

Musik

Das Lied „Bindungsangst" der Kölner A-cappella-Gruppe Basta auf ihrer CD „Basta" trifft den Nagel auf den Kopf und ist auch musikalisch ein Genuss.

Sein Hit „Feel" (I wanna contact the living) passt zu dem bindungsscheuen Robbie Williams wie die Faust aufs Auge.

Adresse

Focusing Institut Köln
Brüsseler Platz 6
50672 Köln
Tel: 02 21/5 62 57 70
E-Mail: Astrid.Schillings@gmx.de
Leiterin: Dipl-Psychologin Astrid Schillings

Impressum

Bibliografische Information der Deutschen Nationalbibliothek
Die Deutsche Nationalbibliothek verzeichnet diese Publikation in der Deutschen Nationalbibliografie; detaillierte bibliografische Daten sind im Internet über http://dnb.d-nb.de abrufbar.

ISBN 978-3-8319-0290-3

© Ellert & Richter Verlag GmbH, Hamburg 2008
6. Auflage 2011

Dieses Werk einschließlich aller seiner Teile ist urheberrechtlich geschützt. Jede Verwertung außerhalb der engen Grenzen des Urheberrechtsgesetzes ist ohne Zustimmung des Verlages unzulässig und strafbar. Dies gilt insbesondere für Vervielfältigungen, Übersetzungen, Mikroverfilmungen und die Einspeicherung und Verarbeitung in elektronischen Systemen.

Text: Stefanie Stahl, Trier
Lektorat: Carola Kleinschmidt, Hamburg
Gestaltung: Büro Brückner + Partner, Bremen
Titelgestaltung: tack.graphik GmbH, Berlin
Gesamtherstellung: GGP Media GmbH, Pößneck

www.ellert-richter.de